요한복음

Vol.1 · 1-4장

(주)죠이북스는 그리스도를 대신한 사신으로
문서를 통한 지상명령 성취와 하나님 나라 확장을 위해 노력합니다.

《요한복음 vol.1》
ⓒ 2018 노진준

이 책의 저작권은 저자와 독점 계약한 (주)죠이북스에 있습니다.
신 저작권법에 의하여 한국 내에서 보호받는 저작물이므로 무단 전재와 무단 복제를 금합니다.

· 읽는 설교 ·

요한복음
John

Vol. 1 · 1-4장

· 노진준 지음 ·

죠이북스

차례

들어가는 글   007

1장_ 이 세상이 정말 살 만한가요?   011

2장_ 힘을 잃어버린 자녀 됨의 권세   021

3장_ 주의 영광을 내게 보이소서   033

4장_ 세례 요한은 아니었다!   045

5장_ 세상 죄를 지고 가는 하나님의 어린양   057

6장_ 주님, 어디에 거하십니까?   069

7장_ 간사함이 없는 고백   081

8장_ 기쁨을 잃은 종교가 된 기독교   093

9장_ 성전의 완성, 예수 그리스도   105

10장_ 예수님은 제자들을 믿지 않았다   117

11장_ 하나님 나라를 바라보지 못하게 하는 것들   129

12장_ 결코 하나님 나라에 들어가지 못하리라   141

13장_ 놋뱀을 보는 자마다 살게 될 것이다   151
14장_ 내가 너를 사랑한다   161
15장_ 정죄함이 없으리라   171
16장_ 그도 흥하고 나도 흥하여야 하리라   183
17장_ 하나님이 주신 것   195
18장_ 몹시 다른, 그러나 결코 다르지 않은!   207
19장_ 은혜는 모든 편견을 역행한다   217
20장_ 볼 수 없다 해도 거기에 있음을 아는 것   229
21장_ 땅의 것에만 머물던 관심이 달라지다   241
22장_ 영이신 하나님 앞에서   253
23장_ 전도, 진실함으로 우리가 믿는 바를 드러내다   265
24장_ '그러므로'의 역설적인 사랑을 입은 자들   277

들어가는 글

한 가지 사고방식에 익숙해지면 다르게 생각하는 것이 말처럼 쉽게 되지 않습니다. 남의 입장에서 생각해 보라는 말은 쉽게 들리지만 막상 남의 입장에서 사고하고 이해하려고 하면 굉장한 절제와 자기 비움이 있어야 가능한 일이라는 것을 깨닫습니다. 예를 들면 여자와 남자는 매우 달라서 행복한 결혼생활을 위해서는 배우자의 입장에서 이해해야 한다고 하지만 굳어진 사고방식을 가진 사람이 서로를 이해하는 일은 마음먹는다고 해서 저절로 되는 일이 아닙니다. 이것은 이해의 필요를 인정하더라도 상당한 시간의 사고 훈련이 필요한 일입니다. 이 세상에는 마음만 먹으면 바로 되는 일도 있지만 아무리 마음먹어도 훈련이 없으면 절대로 안 되는 일도 있습니다.

저는 대학생 때 피아노를 배운 적이 있습니다. 그때 만나던 자매가 저에게 피아노를 가르쳐 준다고 해서 한 달 정도를 배웠습니다. 솔직히 피아노 치는 것이 뭐 그렇게 어렵습니까? 그냥 악보를 보고 오른손으로는 오른손

악보를 치고, 왼손으로는 왼손 악보를 치면 되는 것 아닙니까? 저는 〈작은 별〉이라는 동요를 한 손으로 칠 때는 무척이나 쉬워서 1-2개월이면 사람들을 감동시킬 만큼 칠 수 있을 거라고 생각했습니다. 그런데 다음 단계로 넘어가 왼손과 오른손을 모두 사용하여 쳐 보니, 두 손을 따로 움직이는 게 그렇게 어려운 일인지 몰랐습니다. 결국 제가 좋아하는 찬송가를 몇 번 치고 나서 피아노 배우기를 그만두었습니다. 피아노를 잘 치는 분들은 왼손과 오른손이 따로 치는 게 뭐 어려우냐고 하시겠지만 그것은 남의 사정을 모르고 하는 말입니다.

훈련이 필요한 것은 비단 피아노를 치는 것뿐만이 아닙니다. 우리 사고도 다르게 생각하기 위해서는 훈련이 필요한 법입니다. 그런데 우리는 이것을 매우 쉽고 당연하게 생각하는 것 같습니다. 성경 전체에 해당하지만 특히 요한복음을 보면 사고 패러다임의 전환을 요구하는 내용이 참 많이 나옵니다.

가령 많은 학자는 요한복음의 주제 중 하나가 믿음이라고 말합니다. 그런데 믿음을 단순히 지적인 동의로 생각하는 성향이 강한 현대인들로서는 요한이 말하고자 하는 믿음을 제대로 이해하기가 쉽지 않습니다. 예수님의 예지적 발언을 듣고 나다나엘이 예수님을 믿었다고 했고, 가나의 혼인 잔치에서 예수님이 물을 포도주로 바꾸었을 때에도 제자들이 믿었다고 했고, 예수님이 성전을 청결하게 하신 후 당신을 성전이라고 하셨을 때에도 제자들이 믿었다고 했고, 사마리아 여인의 증언에 사마리아인들도 예수님을 믿었다고 했고, 왕의 신하를 고쳐 주셨을 때에도 온 가족이 믿었다고 했고, 태어나면서부터 시각 장애인이던 사람도 믿었다고 했습니다. 반면 떡을 찾는 무리에게 주님은 믿지 않는다고 했고, 안식일에 병을 고쳤다고 문제 삼는 당시 지도자들에게도 믿지 않는다고 하셨으며 예수님의 친형제들도 예수님을 믿지 않았다고 했습니다. 믿는다는 게 무엇일까요?

생명은 요한복음의 또 다른 주제입니다. 사도 요한이 생명에 관해 거듭 말하고 있기 때문입니다. 그런데 요한이 말하는 생명은 단순히 사후의 영생이 아니고 적어도 이 땅에서는 삶의 길이보다는 완전히 달라진 삶의 질에 관한 것입니다.

저는 요한복음의 주제를 "다르게 생각해 보기"라고 정했습니다. 그 이유는 요한복음에서 예수님이 사람들과 나누시는 대화 가운데 사고의 관점이 몹시 달라서 마치 동문서답하는 것 같은 내용이 유난히 자주 등장하기 때문입니다. 특히 종교 지도자들과의 마찰, 혹은 제자들과의 대화에서 보이는 소통의 부재는 예수님이 말씀하시는 관점과 당시 사람들의 관점이 매우 달랐음을 보여 줍니다. 그리고 문제는 현대 교회와 교인의 관점이 당시 종교 지도자들과 제자들의 관점에 더 가까워 보인다는 것입니다. 무엇이 달랐을까요? 그 다름을 어떻게 극복할 수 있을까요? 본질의 회복, 성경이 말하고자 하는 의도의 회복은 결국 우리가 잘 알고 있다고 생각하는 부분들을 재조명함으로 가능하겠다 싶습니다.

저의 부족함과 한계 때문에 요한복음을 통한 예수님의 마음이 충분히 전달될 수 있을지는 잘 모르겠지만 여러분과 함께 다르게 생각하는 훈련을 해보는 자세로 요한복음 강해를 시작하려고 합니다. 단순한 정보와 지식의 습득이 아닌 입체적인 사고의 훈련을 기대해 봅니다.

노진준 목사

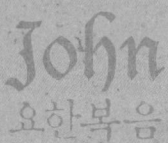

요한복음 1장 1-5절

태초에 말씀이 계시니라 이 말씀이 하나님과 함께 계셨으니 이 말씀은 곧 하나님이시니라 그가 태초에 하나님과 함께 계셨고 만물이 그로 말미암아 지은 바 되었으니 지은 것이 하나도 그가 없이는 된 것이 없느니라 그 안에 생명이 있었으니 이 생명은 사람들의 빛이라 빛이 어둠에 비치되 어둠이 깨닫지 못하더라

1장
이 세상이 정말 살 만한가요?

　이 세상의 허망함과 덧없음을 설명하기 위한 비유가 많이 있는데 그중에서 불교 초기 경전인 아함경(붓다가 45년간 그 제자들과 나눈 대화와 가르침을 모은 것)에 이런 이야기가 있습니다. 어떤 사람이 들판에 나갔다가 미친 코끼리에 쫓겨 넝쿨을 타고 우물 속으로 피신했습니다. 우물 바닥에는 독사가 입을 벌리고 있고 우물 입구에는 코끼리가 버티고 있어 올라가지도 내려가지도 못하는 상황에 넝쿨만 의지하고 있었습니다. 이때 어디선가 흰 쥐 한 마리와 검은 쥐 한 마리가 나타나 교대로 넝쿨을 갉아 먹기 시작했습니다. 그런데 그 사람은 매달려 있는 곳에서 우연히 벌집을 발견하고는 벌집에서 흐르는 꿀을 먹다가 단맛에 취해 버렸습니다.
　이 이야기는 자신이 처한 위험을 망각한 어리석은 사람의 이야기입니다. 여기서 흰 쥐와 검은 쥐는 낮과 밤을 가리키고 독사는 죽음, 꿀은 잠깐 누릴 수 있는 오욕, 벌집은 헛된 생각을 가리킵니다. 인생을 찰나로 놓고 보면 사람들이 얼마나 단순하고 인생이 얼마나 허무한지 알려 주는 이야기입니다.

어떤 사람은 코끼리도, 독사도, 쥐도 피할 수 없는 운명이라면 그 넝쿨에 매달려 있는 동안만이라도 달콤한 꿀을 먹을 수 있는 것이 행복이라 말하기도 할 것입니다. 하지만 그것은 찰나의 순간이고 곧 넝쿨이 끊어질 위기라면 잘 먹고 풍족한 것은 헛될 뿐입니다. 그렇게 매달려 있는 사람이 얼마나 비싼 옷을 입고 있는지, 얼마나 예쁘게 생겼는지, 얼마나 긍정적인 마음으로 매달려 있는지는 그리 중요하지 않습니다. 이렇게 생각하면 이 땅에서 좀 더 잘 살려고 애쓰는 것이 참 허무하지 않습니까?

인생은 칠흑 같은 어둠이다

요한복음에서는 이런 인간의 상태를 '어둠'이라는 말로 표현했습니다. 이 어둠은 단순히 앞이 보이지 않는 답답한 상태만을 의미하는 것이 아니라 '절망'을 의미합니다. 물론 성경에서는 이런 절망을 어쩔 수 없는 운명이라고 말하지 않습니다. 원래 인간은 그렇지 않았기 때문입니다.

넝쿨에 매달려 있는 사람이 곧 바닥에 떨어져 죽을 것을 모른 채 양질의 꿀을 배가 부르도록 먹는 것은 아무 의미가 없습니다. 이런 상황에서 벌집이 더 많은 곳으로 이동하려고 애쓰고, 조금이라도 더 배부르게 먹으려고 욕심을 부리는 것은 다 헛된 일입니다. 사람은 모두 이 세상을 치열하게 살고 있지만 무엇을 위해 그렇게 치열하게 사는지를 곰곰이 생각해 보아야 합니다. 대체로 죽음 앞에서는 다 허망한 것들입니다. "그래도 살아 있다는 것은 아름다운 일이다. 마지막 숨을 거둘 때까지 최선을 다하는 것은 귀한 것이다"라는 말은 진실일까요? 저는 지금까지 목회를 하면서 참 많은 장례를 집례했습니다. 그럴 때마다 든 생각은 고인이 아무리 영향력 있는 삶을 살았더라도 죽음은 언제나 불쌍하고 초라하다는 것입니다.

여러분은 "당신은 아름답게 창조되었다. 당신은 행복할 권리가 있다. 하나님이 당신 안에 무한한 가능성을 심어 놓으셨다"라는 설교를 들으면 어떠십니까? 요즘 기독교에서 인생을 지나치게 미화하는 이야기를 들으면 기독교는 동양 종교만큼 정직하지 못하다는 생각이 듭니다. "길지 않은 한 평생 원하는 대로 멋지게 살아보자"는 말도 결국은 허무함을 극단적으로 표현한 것에 불과합니다.

저는 솔직히 인생이 허무해서 마음껏 즐기자는 말은 이해되는데 인생이 멋지고 좋은 것이라 즐기자는 말은 잘 이해되지 않습니다. 성경은 인생을 그렇게 아름다운 것이라고 말하지 않습니다.

인생은 절망입니다. 칠흑 같은 어둠입니다. 사람들이 인생은 절망이라는 사실을 잊고 살기 때문에 이 어둠의 상태를 인식하지도 인정하지도 않는 것입니다. 이것이 망각이든 환각이든 말입니다. 물론 처음부터 인생이 그렇게 불행한 것은 아닙니다. 원래 인생은 목적이 있어 창조된 귀한 것이었습니다. 그래서 요한복음은 3절에서 이렇게 말합니다.

> 만물이 그로 말미암아 지은 바 되었으니 지은 것이 하나도 그가 없이는 된 것이 없느니라(1:3).

이 말씀은 성자 하나님이 만물의 창조에 함께하셨음을 보여줍니다. 1절과 2절에서 "태초에 말씀이 계셨고 이 말씀이 하나님과 함께 계셨으니 이 말씀은 곧 하나님이라"고 이야기하며 그 예수 그리스도가 하나님이시며 창세전부터 계셨다고 말하고 있습니다. 그리고 3절에서 만물이 그로 말미암아 지은 바 되었다고 했으니까 여기서 '그'는 예수 그리스도를 가리킵니다.

물론 이 말씀은 예수 그리스도가 창조에 개입하셨다는 예수님의 존재를 보여 주고 있기는 하지만 이 말씀의 의도는 이 세상의 모든 것은 하나님의 사랑과 목적에 의해 지음 받았다는 것을 말하고 있습니다. 즉 만물을 향한 주님의 계획과 사랑을 강조하고 있습니다. 4절에는 조금 더 어려운 말이 나옵니다.

그 안에 생명이 있었으니 이 생명은 사람들의 빛이라(1:4).

이 말씀은 읽기도 난해하고 해석도 다양합니다. 이 '생명'은 그리스도를 가리킬 수도 있고 모든 살아 있는 것들의 생명을 가리킬 수도 있습니다. 저는 생명을 죽음과 대조되는 것으로 이해합니다. '그 안에 생명이 있었고 그 생명이 사람들의 빛이었다'는 말은 인간은 처음 창조되었을 때, 즉 하나님 안에 있었을 때 진정한 의미의 생명이 있었다는 말입니다. 바로 그 생명 때문에 빛, 즉 절망을 의미하는 죽음의 반대되는 행복이 있었다는 말입니다. 이런 모습이 인간의 원래 상태였습니다. 하지만 인간이 타락하면서 불행해졌습니다.

빛을 잃어버렸기 때문에

요한복음은 인간의 타락 과정을 말하지 않습니다. 요한은 인간이 빛을 잃어버렸기 때문에 불행해졌다는 사실을 말합니다. 마찬가지로 바울이 모든 사람은 죄인이라고 말한 것도 결국 인생은 절망이라는 사실을 전하기 위함입니다. 모든 사람이 죄인이라는 말은 결과적으로 좋은 집에 살아도, 좋은 대학을 나와도, 착하게 살아도 결국 다 불행하다는 말입니다. 죽음이 그것을 증명합니다. 요한은 왜 그렇게 되었는가, 그것이 누구의 책임인가에 관해서는 일체 언급하지 않습니다. 불행한 인생을 정죄하기보다는 그들을 받아들이고 회복시키는 하나님의 사랑을 강조합니다. 5절도 그 맥락에서 읽어 보겠습니다. 개역개정에는 5절이 이렇게 되어 있습니다.

빛이 어둠에 비치되 어둠이 깨닫지 못하더라(1:5).

'깨닫다'라고 번역된 헬라어(καταλαμβανω)는 '압도하다', 혹은 '굴복시키다'라는 의미도 가지고 있습니다. 그래서 2011년 개정 NIV 영어 성경은 "The darkness has not overcome it"이라고 번역했고, ESV 영어 성경도 그렇게 번역했습니다. 그러니까 5절을 개역개정대로 "빛이 어둠에 비치되 어둠이 깨닫지 못하더라"고 번역하면 그런 인간의 절망적인 상태에 빛이 되신 예수님이 오셨지만 사람들은 그 빛을 이해하지 못했다는 의미로, 인간의 무지함과 불신이 강조됩니다. 하지만 새번역이나, 공동번역, 몇몇의 영어 번역처럼 "빛이 어둠에 비치매 어두움이 능히 이기지 못하더라"라고 번역하면 이런 절망적인 상태에 하나님의 빛이 강권적으로 임했다는 의미로, 하나님의 사랑이 강조됩니다. 문맥상으로 둘 다 가능하지만 요한복음 전체의 주제를 생각할 때 저는 후자를 선호합니다.

하나님은 어둠에 있는 사람들을 사랑하셔서 빛으로 세상에 오셨습니다. 우리에게 다시 생명을 주기 위해서였습니다. 그런데 이 사랑이 얼마나 크고 위대한지를 알려면 우리가 얼마나 절망스러운 상태에 있었는가를 알아야 합니다. 우리는 원래 괜찮은 사람들인데 하나님이 사랑하셔서 보너스로 영생을 주셨다고 생각하는 것과, 우리는 아무 소망도 없는 불행하고 불쌍한 사람들이었는데 하나님이 살려 주셨다고 생각하는 것은 아주 다릅니다. 조금 과격한 예일지 몰라도 자녀가 일류 대학을 졸업하고 연봉이 높은 회사에 취직해도 그 인생은 불행합니다. 사업에 성공해서 왕과 같은 대접을 받으며 강한 권력을 누리며 살아도 그 사람은 불쌍합니다. 남보다 나아서 남을 불쌍하다 말하는 것이 아니라 인생은 그 자체로 불쌍하고 불행합니다.

우물 속으로 피신한 사람이 큰 벌집을 차지했다고 깔깔거리며 좋아하지만 그것을 누릴 수 있는 시간이 몹시 짧아서 불쌍합니다. 여러분, 오해하지 마십시오. 저는 비아냥거리는 것도 아니고 불만에 차서 부정적인 이야기를 하는 것도 아닙니다. 합리적으로 생각해 보시기 바랍니다. 만일 영생이 있고 천국이 있는데 그것을 누릴 수 없다면 현재 아무리 좋은 집에 살아도 그 영생의 확실한 존재 때문에 그것은 불행입니다. 요한은 이 생명이 있음을 말하고 있는 것입니다. 이 표현이 몹시 추상적인가요? 다시 아함경으로 가 보겠습니다.

누군가는 끊어져 가는 넝쿨에 매달려 꿀로 배를 채우고 있는 모습이 살아 있는 동안만이라도 최선을 다하는 모습이라고 말할 수 있습니다. 또 누군가는 꿀에 취해서 인생은 살 만하고 아름다운 것이라고 노래할 수 있습니다. 그러나 죽음을 앞두고 꿀에 연연하는 모습은 전혀 행복해 보이지 않습니다. 이 절망과 불행을 전혀 보지 못하고 있는 것입니다. 이것은 좋은 집이나 건강한 몸으로 해결되지 않습니다. 이것은 좋은 대학에 들어가거나 사람들에게 인정받는다고 해결되지도 않습니다. 오직 어둠도 막을 수 없는 생명의 빛으로만 해결될 수 있습니다.

영생의 가치를 아는 자

한 부자 청년이 예수님을 찾아왔습니다. "선한 선생님! 내가 어찌하면 영생을 얻을 수 있겠습니까?"(눅 18:18 참조) 선한 선생님이라는 호칭에서 이미 그는 자신을 꽤 괜찮은 사람으로 여기고 있음을 예수님은 느끼셨을 것입니다. 예수님을 선한 선생님이라고 부름으로 자신도 예수님처럼 비슷하게 선한 사람이라는 것을 부각시켜 보고 싶었을 것입니다. 예수님은 이 부자 청년의 의도를 아셨습니다. 그래서 예수님은 "선한 분은 하나님 한 분뿐인데 왜 나를 선하다고 하느냐"(눅 18:19 참조) 하시면서 율법을 다 지키면 영생을 얻을 수 있다고 하셨습니다. 물론 예수님은 이 부자 청년의 마음을 알고 하신 말씀이었습니다. 부자 청년은 율법을 다 지켰다고(눅 18:21) 했습니다. 그러자 예수님은 아직 한 가지 부족한 것이 있는데 가진 것을 다 팔아 가난한 자에게 주라고 하셨습니다(눅 18:22).

이것은 엄청난 파격입니다. 제자들에게도 그런 것을 요구하신 적이 없습니다. 저는 이것을 구원을 얻기 위한 율법적 요구가 아니라 구원을 위한 은혜의 초청이라고 생각합니다. 이 대화는 가진 것을 다 팔아 가난한 자에게 주어야 하느냐 마느냐가 핵심이 아닙니다. 이 대화의 핵심은 '이 사람이 정말 영생의 가치를 아는가'입니다. 가진 것을 다 팔아서 가난한 자에게 주어도 괜찮을 만큼 생명의 가치를 아는가가 중요합니다.

생명의 가치를 알려면 당연히 죽음을 인식해야 합니다. 인간은 철저하게 불행해서 이 생명이 없으면 어떤 것도 의미가 없다고 말할 수 있을 때, "예수님 한 분만이면 됩니다"라는 고백에 힘이 생깁니다. 그 고백으로 가난한 사람에게 자신의 소유를 다 나눠 줄 수도 있고 오지로 들어가 복음을 전하기 위해 평생을 바칠 수도 있습니다.

그런데 오늘날 교회는 이 고백과 타협했습니다. 자꾸만 세상도 좋다고 말하는 것입니다. 오해하지 마십시오. 세상이 좋지 않다는 말이 아닙니다. 예수님이 없으면, 다시 말해 빛, 생명이 없으면 세상은 절대로 좋지 않다는 말을 하는 것입니다. 사람들이 빛인 생명을 회복할 수 없다면 큰 교회도, 좋은 집도, 일류 대학에 들어가는 것도, 안정된 직장에 취직하는 것도, 수려한 외모도 다 소용없습니다. 이 모든 것이 불쌍한 것인데 그것을 부러워하고 좋다고 말하는 것은 의미 없습니다. 그리스도인들이 세상이 어둠이라는 것을 정말 모른단 말입니까? 예수, 생명의 빛이 없어도 세상이 정말 살 만하다는 말입니까? 이 어둠을 인정하면 "하나님이 세상을 이처럼 사랑하사"(요 3:6)라는 말에 한 줄기 빛을 보는 시원함을 느끼게 될 것입니다.

John
요한복음

요한복음 1장 6-14절

하나님께로부터 보내심을 받은 사람이 있으니 그의 이름은 요한이라 그가 증언하러 왔으니 곧 빛에 대하여 증언하고 모든 사람이 자기로 말미암아 믿게 하려 함이라 그는 이 빛이 아니요 이 빛에 대하여 증언하러 온 자라 참 빛 곧 세상에 와서 각 사람에게 비추는 빛이 있었나니 그가 세상에 계셨으며 세상은 그로 말미암아 지은 바 되었으되 세상이 그를 알지 못하였고 자기 땅에 오매 자기 백성이 영접하지 아니하였으나 영접하는 자 곧 그 이름을 믿는 자들에게는 하나님의 자녀가 되는 권세를 주셨으니 이는 혈통으로나 육정으로나 사람의 뜻으로 나지 아니하고 오직 하나님께로부터 난 자들이니라 말씀이 육신이 되어 우리 가운데 거하시매 우리가 그의 영광을 보니 아버지의 독생자의 영광이요 은혜와 진리가 충만하더라

2장
힘을 잃어버린 자녀 됨의 권세

저는 예전에 이런 상상을 해본 적이 있습니다. '만약 내가 조선 시대에 태어났다면 양반이었을까? 아니면 상민이나 노예였을까?' 근거는 없지만 제 몸에서 흐르는 기품이나 고상함을 보면 아마 저는 왕족이거나 높은 귀족이 아니었을까 생각했습니다. 그런데 이렇게 생각하는 데는 한 가지 문제가 있었습니다. 조선에는 노 씨 성을 가진 왕족이나 귀족이 없다는 것입니다. 그런데 어느 날 조선 14대 왕 선조 때 이율곡과 함께 탕평책을 펼친 정치인 중에 영의정까지 지낸 노수신이라는 사람이 있다는 것을 알게 되었습니다. 저는 이 사실이 얼마나 반가웠는지 모릅니다. 그때부터 저는 그 사람의 자손일 것이라고 제 맘대로 생각했습니다.

제가 들은 바로는 조선 건국 초기에 양반은 전체 인구의 5퍼센트를 넘지 못했고 절반 이상이 노비였다고 합니다. 1720년대까지도 10퍼센트를 넘지 못하다가 조선 말기 1860년이 되어서야 양반이 전체 인구의 60퍼센트 이상 되었다고 합니다. 중인이나 상민들도 과거에 응시할 수 있는 길이 열리면서 이들이 양반처럼 행세했기 때문입니다. 신분 차이가 있는 사회에서는 어떤 신분으로 태어나는지가 무엇보다 중요해서 어떻게든 양반이 되려고 했습니다. 아마 이런 사회에서는 자녀의 권세라는 말이 금세 피부에 와 닿을 것입니다.

요즘 시대에는 '자녀의 권세'라고 하면 가장 먼저 떠오르는 것이 아마 유산 상속일 것입니다. 신분상의 위치를 이어 가는 것보다 더 중요한 것이 재산 상속일 테니까요. 몇 년 전에 저는 누군가가 저에게 기증하거나 유산 상속한 돈이 있는데 몰라서 찾지 못한 돈이 있는지 알아봐 주겠다는 이메일을 받은 적이 있습니다. 여러분도 혹시 이런 이메일을 받아 보신 적이 있으신지요? 사기성 메일은 아닌 것 같고 틀림없이 뭔가 있겠다 싶어서 저는 알아봐 달라고 요청했습니다. 그리고 얼마 후 연락이 왔습니다. 메릴랜드 주 정부에 제가 환급받지 않은 돈이 있다는 것입니다. 53달러 45센트였습니다.

53달러 45센트! 노수신의 몇 십 대 후손일 수 있는 막연한 가능성! 정말 시시하기 이를 데 없습니다. 그런데 어찌 생각하면 이 세상에는 이것보다 더 힘이 없고 시시해 보이는 게 있습니다. 바로 하나님의 자녀가 되는 권세입니다. 저는 하나님의 자녀가 되는 권세가 힘을 잃어버린 것이 현대 교회가 병든 증거라고 생각합니다. 현대 그리스도인들은 하나님 자녀로서 긍지나 자존심도 없고, 존재감도 없습니다. 하나님의 자녀가 되는 권세를 가졌다는 것으로 인한 소망도 없어 보입니다.

더는 말씀을 믿지 않는 현대인들

최근에는 어느 나라에서나 기독교가 위기라고 말합니다. 젊은이들이 교회를 떠나고, 기독교의 가치가 외면당합니다. 그 이유가 무엇이라고 생각하십니까? 물론 여러 복합적인 이유가 있습니다. 현대인들이 교회를 떠나는 이유는 교회가 매우 비합리적이며 비과학적인 것들을 믿으라고 강요해서이고, 믿어지지 않는 것을 억지로 믿으려고 하다 보니 의미도 가치도 찾기 어려워서라고 주장하는 사람들이 있습니다.

특히 요한복음에서 말하는 대로 태초부터 존재하며 세상을 창조한 말씀이 육신이 되어 사람들 가운데 거하게 되었다는 것은 현대인들 마음에는 와 닿지 않는 이야기입니다. 과학이나 역사로 증명할 수 없고 도저히 믿어지지 않는 터무니없는 이야기들과, 동정녀 탄생이니 성육신이니 부활이니 하는 말들은 현대인들, 특히 젊은이들에게 어떤 의미로도 다가갈 수 없습니다. 그렇기 때문에 저는 그들이 교회를 떠난다는 말에 어느 정도 공감합니다.

얼마 전에 읽은 길희성 교수의 「아직도 교회 다니십니까?」(대한기독교서회)라는 책은 대속의 죽음이니 부활이니 동정녀 탄생이니 하는 신학의 틀이 현대인들에게는 맞지 않기 때문에 그런 전통적인 신학의 틀을 바꾸지 않으면 기독교는 계속 감소할 것이라고 말합니다. 저는 이런 예언 아닌 예언을 읽으면서도 공감할 수 있었습니다. 매우 공감할 수 있었기 때문에 몹시 가슴이 아팠습니다.

전 세계적으로 기독교인이 감소하는 것은 분명한 사실입니다. 그래서 다시 기독교의 부흥을 꿈꾸고 교회의 전성기를 이루도록 돌파구를 찾아야 하는 것은 모든 기독교인이 가진 고민이고 함께 기도해야 할 제목입니다.

최근에는 그동안 기독교가 보여 준 독선적이고 거만한 태도와 잔인하고 과격한 십자군 정신으로 중무장된 전투적인 모습을 생각해 볼 때 교회는 이제 죄나 전도, 구원과 같은 과격한 단어들을 사용하지 말고, 상생, 화합을 말하자는 주장이 있습니다. 저는 그동안 교회가 보여 준 비합리적이고 모순된 면들과 세속적인 힘의 논리에 빠져서 과격하게 행동한 것들을 지적하는 이런 말들을 겸허히 들어야 한다는 것을 인정합니다. 인정할 수밖에 없어서 가슴이 아프고 눈물이 납니다. 하지만 그 원인이 전통적인 신학적 전제에 있다고는 생각하지 않습니다. 그래서 이제는 현대인들이 믿고 수긍할 수 없는 이야기들은 아예 하지 말아야 한다는 주장에는 동의할 수 없습니다.

세상의 풍조가 달라진 것은 틀림없지만 그 풍조에 따라서 우리가 믿고 고백하는 것을 바꾸어야 한다고 생각하지 않습니다. 저는 믿을 수 없는 것들이 믿어지는 성령의 도우심을 믿기 때문입니다. 이제부터 본문을 통해서 현대 교회의 문제를 두 가지 관점에서 살펴보겠습니다.

천국의 상속과 축복권의 관계

우선 저는 현대 교회의 문제가 정통 신학의 시대착오적인 입장에 있는 것이 아니라 자녀 됨의 권세를 소홀히 여기는 풍조에 있다고 생각합니다. 앞서 말씀드린 대로 조선 시대에는 어느 신분으로 태어나는지가 무엇보다 중요했습니다. 그렇기 때문에 신분이 높은 부모를 둔 자녀 됨의 권세는 정말 대단한 것이었습니다. 하지만 세월이 바뀌고 이런 신분 차이가 없어지면서 사람들이 생각하는 자녀 됨의 권세는 이제 신분상의 힘이 아니라 재산의 힘, 즉 유산의 상속권이 되었습니다.

우리가 사는 이 세상에서 인생을 살아가는 데 가장 강력한 힘은 아마도 돈일 것입니다. 돈이 가져다주는 편리, 자존감, 풍족함이 그리 대단한 것이 아니라고 말하면서도 상대적으로 돈이 없어서 배고픔과 무시, 소외를 경험해 본 사람들은 돈이 절대적인 힘이라는 것을 절감합니다. 제법 많은 재산을 상속받을 수 있다면 그 권세는 실제로 큰 힘이 되고 편리한 것이 됩니다. 그래서 교회는 이런 세상에서 자녀 됨의 권세를 천국 기업의 상속권이 아닌 축복권으로 이해하고 싶은 사람들의 심리와 타협했습니다.

천국의 상속권과 축복권은 어떤 관계가 있을까요? 논리는 간단합니다. 하나님이 우리를 자녀 삼으시고 영원한 나라를 기업으로 주셨다면 하나님이 우리가 이 땅에 사는 동안에도 넉넉하게 잘살기를 원치 않겠느냐는 것입니다. 하지만 이것은 심각한 왜곡입니다. 자녀 됨의 권세는 세상에서 말하는 형통과 대조(contrast)되는 개념인데 비교(comparison)의 개념으로 바꾸어 버렸습니다.

자녀 됨의 권세는 세상에서 복 받고 잘되는 것에 관한 이야기가 아니라 그것을 초월할 수 있는 전혀 다른 가치관에 관한 이야기입니다. 그런데 교회는 이 세상에서 형통하기 위한 수단과 방법으로 자녀 됨의 권세를 말하기 시작했습니다. 그래서 사람들은 그리스도인들도 잘살 수 있다는 말을 이 세상에서 잘사는 것에 궁극적인 관심을 가져도 된다는 말로 이해했습니다.

기독교가 처음부터 그런 것은 아닙니다. 초대 교회의 교인들은 달랐습니다. 저는 초대 교회가 현대 교회와 다른 점은 신학이 아니라 신학에서 비롯된 가치관이라고 생각합니다. 그들은 아직 미개하고 과학적인 지식이 없었기 때문에 그런 말도 안 되는 성육신이니 동정녀 탄생이니 하는 이야기들을 믿을 수 있었고, 현대인들은 과학적인 지식이 있고 머리가 커졌기 때문에 그런 이야기들을 믿을 수 없다는 말이 아닙니다.

초대 교회의 교인들은 자녀가 되는 권세가 영생에 관한 것이라는 믿음으로 세상을 초월하려고 애쓴 반면에 현대인들은 자녀가 되는 권세를 천국의 소유권이라고 말하면서도 실제로는 그것을 천국에 들어가는 공짜 입장권을 받는 싸구려 은혜로 전락시켜 버렸습니다. 현대인들은 은혜를 오히려 이 땅에서 잘되고 형통하는 수단으로 더 많이 강조했습니다. 이것이 초대 교인과 현대 교인의 차이입니다. 그러니까 처음부터 정통적인 신학적 입장에 문제가 있던 것이 아니라 교회 안의 변해 버린 가치관에 문제가 있던 것입니다. 자녀의 권세를 입체적으로 읽기보다 평면적으로 읽기 시작하면서 문제가 된 것입니다.

교회가 성장하면 무조건 축복이라고 말하고, 자녀가 일류 대학에 들어가면 무조건 하나님의 사랑이라고 말하고, 사업이 잘 풀리면 언제나 하나님의 능력이라고 읽기 시작하면서 교회는 변질되었습니다. 자녀 됨의 권세는 당장 손에 잡히는 좋은 것들에 관한 이야기가 되었습니다.

물론 교회는 천국의 상속권에 관해 말했습니다. 물론 영원한 나라의 기업에 대해서도 말했습니다. 하지만 세상에서의 편리와 안락을 포기하고, 희생할 수 있을 만큼 강력하게 말하지 않았습니다. 자녀 됨의 권세는 그리스도인들이 이 세상을 살아가는 궁극적인 원인과 동기가 된 것이 아니라 더불어 얻을 수 있는 보너스가 되어 버렸습니다.

자녀 됨의 권세를 회복하라

자녀 됨의 권세가 무엇입니까? 몹시 괴로운 아픔과 고난, 수치와 상실에도 존재의 가치를 잃어버리지 않는, 천국 관점에서의 변화된 신분 아닙니까? 가난해도, 장애를 가지고 살아도, 불공평한 조건과 환경에서도 괜찮다고 말할 수 있는 영원한 하나님 나라의 기업을 소유함이 아닙니까? 지금 교회의 문제는 현대인들이 영생이니 천국이니 하는 것에 관심이 없다는 이유로 그런 것들에 관해 말하는 것을 피하고 자녀 됨의 권세를 싸구려로 보이게 만든 것입니다. 적어도 우리 문제는 믿어지지 않는 영생이나 천국을 억지로 믿으려고 하는 것이 아니라, 분명히 믿는데도 자꾸 눈에 보이는 것들에 흔들리는 것 아닙니까?

우리의 상한 마음이 치유되고, 불공평한 세상에서 악전고투하며 살던 삶에 안식과 채움의 날이 없다면, 도대체 무슨 힘으로, 무슨 의미로 견디며 살아 낸단 말입니까? 초대 교인들은 이 믿음 때문에 순교의 길을 갔고, 믿음의 선배들은 이 믿음 때문에 자기를 부인하고 희생하며 우리 조국 땅에 들어와 수모와 가난을 경험하며 교회를 세웠습니다. 이런 믿음 때문에 지금도 믿음의 동역자들이 숨죽여 가며 그리스도의 이름으로 오지에서 살고 있는 것 아닙니까? 눈 한 번 질끈 감으면 부귀영화를 누릴 수 있고, 쾌락의 삶을 살 수 있는 유혹에도 오직 하나님 말씀으로 살겠다고 고집하는 것도 바로 이 자녀 됨의 권세 때문 아닙니까? 12절을 보겠습니다.

> 영접하는 자 곧 그 이름을 믿는 자들에게는 하나님의 자녀가 되는 권세를 주셨으니(1:12).

하나님의 자녀가 되는 권세, 이 권세의 가치를 잃어버린 것이 교회의 절망이고 교인의 무기력함입니다. 말씀이 육신이 되어 우리 가운데 거하신 성육신의 신학적 재해석이 교회를 살리고 교인을 살리는 것이 아니라 자녀가 되는 권세의 가치를 회복함이 교회를 살릴 것입니다. 희생도, 용서도, 대화도, 인내도 가능한 것은 하나님의 자녀 됨으로 우리에게 주어진 그 나라, 그 생명 때문입니다. 우리는 하나님의 자녀 됨에 다시 최고의 가치를 부여해야 합니다.

오직 예수님을 통해서만 가능하다

본문 말씀을 통해 한 가지 더 강조하고 싶은 것이 있습니다. 하나님의 자녀가 되는 이 권세는 오직 예수님을 통해서만 가능하다는 것입니다. 저는 이렇게 한번 생각해 보았습니다. '마음을 크게 열고 모든 종교를 포용할 수 있으면 어떨까?' 편협하게 "오직 예수"라고 외치는 것이 아니라 정상은 하나이지만 그 정상에 오르는 길은 여러 가지인 것처럼 모든 종교가 그 정상에 다 오를 수 있는 다양한 길이라고 말하는 건 어떨까요? 그런데 요한복음을 정직하게 읽으면 모든 관심은 오로지 예수님께로만 향해야 한다고 분명히 말하고 있습니다. 그리고 다른 어떤 수단도, 사람도 아닌 오직 예수님을 통해서만 자녀 됨의 권세가 있다고 말합니다. 6-8절을 보겠습니다.

하나님께로부터 보내심을 받은 사람이 있으니 그의 이름은 요한이라 그가 증언하러 왔으니 곧 빛에 대하여 증언하고 모든 사람이 자기로 말미암아 믿게 하려 함이라 그는 이 빛이 아니요 이 빛에 대하여 증언하러 온 자라(1:6-8).

저는 사도 요한이 왜 여기서 세례 요한의 이야기를 했을까 의아했습니다. 사실 사복음서는 자신이 예수님의 신발 끈을 푸는 것도 감당할 수 없다고 한 세례 요한의 겸손한 증언을 기록하고 있습니다. 그런데 요한복음은 세례 요한이 예수님의 길을 예비하기 위해서 온 사람이라는 그의 사역 목적보다 그 이상의 의미를 말하고 있습니다. 요한복음은 "세례 요한은 예수님의 길을 예비한 겸손한 사람입니다"라는 말을 하는 것이 아니라 "그는 절대로 아닙니다"라는 말을 하고 있는 것입니다. 8절에서도 세례 요한은 모든 사람이 믿도록 하기 위해서 왔지만 그는 그 빛이 아님을 강조했습니다.

세례 요한은 위대하지만 그 빛이 아닙니다. 바리새인들이 경건하고 열심이 있지만 그 혈통도, 그 열심도 구원에 이르게 하지는 못합니다. 니고데모에게 구도자의 마음이 있고 겸손함이 있었지만, 그도 거듭나지 않으면 하나님 나라를 볼 수 없습니다. 세례 요한이 증언했고, 예수님 자신이 증언했고, 자연 만물이 증언 한 바 오직 예수만 그리스도입니다. 오직 예수를 통해서만 하나님의 자녀가 되는 권세를 받을 수 있습니다. 그로 말미암지 않고는 아버지께로 올 자가 없고, 그를 믿는 자들이 아버지를 볼 것입니다. 어느 누구도 예수님을 대신할 수 없고, 어느 누구도 예수님과 동일시될 수 없습니다.

유대인이라는 혈통이 하나님의 자녀가 되게 해주는 것도 아니고, 목사라서, 장로라서 그 직분 때문에 하나님의 자녀가 되는 것이 아닙니다. 교회에 열심히 다니고, 경건하게 살려고 애쓴다고 해서 하나님의 자녀가 되는 것이 아닙니다. 어떤 신령한 체험이나 교회에 대한 공헌도가 하나님께 입양될 권리를 부여하는 것이 아닙니다. 오직 하나님의 아들 예수님만이 하나님의 자녀가 되는 권세를 줄 수 있습니다.

물론 저는 알고 있습니다. 이런 이야기가 아직 믿지 않는 분들에게는 독선적으로 들릴 수도 있고, 타종교를 비하하는 말로 들릴 수 있다는 것을 말입니다. 다른 사람의 마음이 다칠까 봐 예수만이 유일한 생명이라는 말을 함부로 해서는 안 된다는 말도 인정합니다. 몹시 무례해서 다른 사람들의 신앙을 무시하는 것처럼 들려서도 안 됩니다. 그렇지만 예수님의 은혜로 하나님의 자녀 된 사람들이 모여 예배하는 교회에서조차 "예수만이 생명입니다"라고 감격스럽게 외칠 수 없고, 그 고백을 자제해야 한다면 이 얼마나 슬픈 일입니까? 그렇게 해서 교회가 부흥하고, 기독교가 다시 힘을 얻는다 한들 이것이 무슨 의미가 있는지 모르겠습니다.

저는 이 세상 모든 사람과 함께 고백할 수 없음이 가슴 아프고 답답해서 호전적으로라도 전도하는 분들을 이해하지만, 무례함과 독선으로 타종교를 무시하는 것은 심히 안타깝습니다. 그래서 그리스도를 주라 고백한 사람들의 모임인 교회에서도 오직 그리스도만이 주님이라는 고백을 조심스러워하고, 그리스도를 만난 사람들이 자신의 삶에서 이 고백을 담대하게 하지 못하는 것이 더욱 안타깝습니다. 그리스도인의 공동체와 그리스도인의 삶에서는 사도 요한이 말하고 있는 이 고백이 더욱 분명하게 드러나면 좋겠습니다. "하나님의 아들 예수만이 우리의 빛이고 생명입니다." 우리는 예수님 때문에 하나님의 자녀가 되는 권세를 받았고, 이 권세 때문에 힘든 세상을 믿음으로 견디며 살아갈 수 있습니다.

John
요한복음

요한복음 1장 14-18절

말씀이 육신이 되어 우리 가운데 거하시매 우리가 그의 영광을 보니 아버지의 독생자의 영광이요 은혜와 진리가 충만하더라 요한이 그에 대하여 증언하여 외쳐 이르되 내가 전에 말하기를 내 뒤에 오시는 이가 나보다 앞선 것은 나보다 먼저 계심이라 한 것이 이 사람을 가리킴이라 하니라 우리가 다 그의 충만한 데서 받으니 은혜 위에 은혜러라 율법은 모세로 말미암아 주어진 것이요 은혜와 진리는 예수 그리스도로 말미암아 온 것이라 본래 하나님을 본 사람이 없으되 아버지 품 속에 있는 독생하신 하나님이 나타내셨느니라

3장
주의 영광을 내게 보이소서

　제가 하는 설교를 듣는 성도 중에서는 저의 출중한 외모 때문에 설교 내용을 기억하지 못하는 분들도 계시겠지만 대체적으로 제 외모보다는 제가 한 설교 내용을 더 많이 기억하실 것입니다. 사람들은 외모보다 메시지가 중요하다고 생각합니다. 그 사람이 어떤 사람인지보다 그 사람이 무슨 말을 하는지가 더 중요하다고 생각합니다. 그런데 정말 그럴까요? 어쩌면 이런 말은 간접적으로든 직접적으로든 어느 정도 신뢰가 형성되었을 때 하는 말 아닐까요? 아니면 그 말을 신뢰하게 만드는 외형적인 조건이나 모습이 전제된 것은 아닐까요? 같은 말도 누가 했는지에 따라 그 말의 무게가 달라지는 것 같습니다.
　저는 오늘 제 모습을 바꾸고 나왔다면 설교 메시지가 훨씬 강력할 수도 있겠다는 생각을 했습니다. 저는 이번 설교를 준비하면서 오늘은 내내 얼굴에 수건을 쓰고 있다가 설교가 시작되는 순간 확 벗는 극적인 장면을 연출할까도 생각해 보았습니다. 그런데 도저히 쑥스러워서 그렇게 하지는 못했습니다. 이 말을 들으시는 분들은 이게 생뚱맞게 무슨 짓인가 싶으시죠?

말씀드리자면 이런 상황입니다. 제가 어젯밤에 오늘 전할 설교를 준비하는 중에 하나님을 대면했습니다. 하나님은 영광스러운 모습을 제게 보여 주시고 제가 오늘 해야 할 설교 내용을 알려 주셨습니다. 그리고 오늘 제가 설교를 하기 위해 이렇게 여러분 앞에 섰는데 어제 본 하나님의 영광으로 인해 제 얼굴에서 광채가 나는 것입니다. 눈을 뜰 수 없을 정도로 찬란하고 눈부신 광채입니다. 설교하는 내내 얼굴에서 신비스러운 광채가 나다가 설교를 마치면 수건으로 얼굴을 가리고 나가는 것입니다. 그렇다면 여러분은 오늘 제게서 하나님의 영광을 볼 것이고 여러분은 제 설교를 통해서 확실하게 하나님의 음성을 들을 것입니다. 저는 그것이 제 영광이 아니라, 말씀을 통해 나타난 하나님의 영광임을 강조하기 위해서 수건을 쓰겠지만 여러분은 그 영광스러운 모습 때문에 제 설교를 더욱 진지하게 들으실 것입니다. 제 설교가 지난주와 같은 내용이라 할지라도 무게가 달라질 것입니다.

설교 중에 이런 영광은 모든 설교자가 고대하는 것이지만 일반 성도들도 자신의 삶에서 하나님의 영광스러움을 보고 싶어 합니다. 하나님의 함께하심을 믿지만 그것을 눈으로 확인할 길이 없어서 매우 답답하고 몹시 불안할 때가 많으니까요. 지금 내가 여기에 있는 것이 맞는지, 내가 경험하고 있는 이 아픔과 실패에 정말 하나님의 뜻이 있는 것인지 궁금해 합니다. 우리는 하나님이 오래전에 우리를 버리신 것은 아닌지 몹시 답답하고 불안해서 하나님을 한 번만 보면, 아니 확실하고 강력한 표적이라도 보면 숨통이 트일 것 같은 간절함을 가지고 있습니다.

은혜와 진리

불안함은 모세와 이스라엘 백성에게도 있었습니다. 그나마 모세가 곁에 있어서 하나님의 뜻을 전하고 그 백성을 인도했을 때는 괜찮았는데 모세가 시내산에 오르고 난 후에 이스라엘 백성은 몹시 불안해서 아론을 재촉해 금송아지를 만들었습니다. 저는 그들이 여호와 하나님을 잊었다고 생각하지 않습니다. 무엇이든 눈으로 볼 수 있는 것을 만들어 옆에 두어야 안심할 수 있으니까요. 이스라엘 백성은 그만큼 불안했습니다.

이스라엘 백성은 홍해를 건너는 기적을 보았고, 매일 만나를 체험했지만 솔직히 끝도 보이지 않는 광야의 긴 여정에서 긴장과 두려움을 어떻게 견딘단 말입니까? 명백한 죄였지만 그렇게 죄를 지을 수밖에 없는 약한 인간들로서는 넘어지지 않도록 확실하게 하나님이 인도해 주시기를 원한 것입니다. 그래서 모세가 그들의 시야에서 보이지 않자 그들은 우상을 만들었습니다. 모세는 이 백성이 그토록 약하다는 것을 알았습니다. 그래서 하나님께 이 백성의 죄를 용서해 주실 것을 구하며 하나님을 대면했습니다. 이때 모세가 절규하며 한 기도가 무엇인지 아십니까? 우리가 하고 싶은 기도입니다.

내가 참으로 주의 목전에 은총을 입었사오면 원하건대 주의 길을 내게 보이사 내게 주를 알리시고 …… 주께서 친히 가지 아니하시려거든 우리를 이곳에서 올려 보내지 마옵소서 나와 주의 백성이 주의 목전에 은총을 입은 줄을 무엇으로 알리이까 주께서 우리와 함께 행하심으로 나와 주의 백성을 천하 만민 중에 구별하심이 아니니이까(출 33:13, 15-16).

모세는 이 백성을 인도할 자신이 없었습니다. 그 백성이 끝까지 하나님과의 약속을 지키며 넘어지지 않게 할 자신이 없었습니다. 금송아지를 만듦으로 하나님의 진노를 사서 하나님이 그들을 버리겠다고 하신 말씀을 들은 모세는 그 백성을 약속의 땅까지 들어가게 할 자신이 없었습니다. 그래서 하나님의 임재하심과 동행하심을 원했고 그 표적을 원했습니다. 그래서 마침내 그는 이렇게 말합니다.

원하건대 주의 영광을 내게 보이소서(출 33:18).

이 말은 하나님을 보여 달라는 말이었습니다. 그때 주님은 "내 모든 선한 것을 네 앞으로 지나가게 하[리라]"(출 33:19)고 말씀하시고는 친히 모세 앞을 지나가셨습니다. 주님은 그 영광스러움이 몹시 거룩해서 모세가 죽을까 봐 모세를 돌 사이에 감추시고 그 영광의 등만 보게 하셨습니다. 영광의 등만 보았을 뿐인데 모세의 얼굴에는 백성이 가까이 하기도 두려울 만큼 광채가 났습니다. 그 영광스러운 거룩함은 죄인 된 백성이 감당할 수 없습니다. 요한은 모세가 본 이 영광의 장면을 염두에 두고 14절 말씀을 하고 있습니다.

> 우리가 그의 영광을 보니 아버지의 독생자의 영광이요 은혜와 진리가 충만하더라(1:14).

은혜와 진리! 이 두 단어는 교회에서 자주 사용하는 단어지만 그 이미지가 추상적이기도 하고 의미가 매우 다양해서 긍정적인 단어일 것이라는 막연한 짐작만 할 뿐 마음에 깊이 와 닿지는 않습니다. 이 '은혜'와 '진리'를 이해하기 위해서는 다시 모세가 영광을 본 사건으로 돌아가야 합니다. 여호와께서 그 영광을 보여 주시며 다시 십계명을 주기 위해 강림하셨습니다. 그때 여호와의 임재를 이렇게 묘사했습니다.

> 여호와께서 구름 가운데에 강림하사 그와 함께 거기 서서 여호와의 이름을 선포하실새 여호와께서 그의 앞으로 지나시며 선포하시되 여호와라 여호와라 자비롭고 은혜롭고 노하기를 더디하고 인자와 진실이 많은 하나님이라(출 34:5-6).

이 말씀은 "애굽에서 나왔으나 약속의 땅까지 어떻게 가야 할지 불안해하며 낙망한 불쌍한 죄인들에게 거룩한 영광의 하나님이 나타나 그 앞으로 지나가셨으니 그는 인자와 진실이 많은 하나님이셨다"는 말입니다. 지금까지 이것에 대해 이야기한 많은 학자의 주장에 따르면 이 '인자'와 '진실'이 바로 요한복음에 나오는 '은혜'와 '진리'입니다.

요한은 17-18절에서 느닷없이 율법에 관해 이야기하면서 "율법은 모세로 말미암아 주어진 것이요 은혜와 진리는 예수 그리스도로 말미암아 온 것이라"(요 1:17)고 했습니다. 요한이 율법과 은혜를 대조하기 위한 의도에서 율법은 모세를 통해 주어졌고, 은혜와 진리는 예수 그리스도로 말미암은 것이라고 말했다고 보기는 어렵습니다. 요한은 율법과 복음을 대조하기보다는 율법이 주어질 당시에 모세에게 임한 그 하나님의 영광을 상기한 듯합니다.

모세에게 임한 하나님의 영광, 하나님을 보여 달라고 할 때 그 앞을 지나가신 인자와 진실의 하나님! 모세는 그 영광을 보았습니다. 그리고 그 영광 때문에 율법은 하나님이 그들 가운데 거하셔서 그들의 하나님이 되시고, 그들은 하나님의 백성이 되는 표시가 되었습니다. 모세의 율법을 통해서 하나님의 백성은 하나님이 그들 가운데 계시며 그들과 동행하심을 알 수 있었습니다. 모세가 보고 싶어 한 하나님, 모세가 본 하나님의 영광이 은혜와 진실이었다면 이 하나님의 영광이 다시 나타난 것이 바로 그 아들 예수 그리스도입니다.

그래서 18절에서 요한은 "본래 하나님을 본 사람이 없으되 아버지 품속에 있는 독생하신 하나님이 나타내셨느니라"고 했습니다. 이 독생자의 영광이 은혜와 진리입니다. 그리고 인자와 진실입니다.

아들을 통해 영광을 보여 주시다

그럼 요한은 무슨 의도로 이렇게 장황하게 모세가 하나님의 영광을 본 사건과 예수님을 연결시켰을까요? 저는 이렇게 생각했습니다. 하나님을 보여 달라는 사람들 중에는 그 존재를 믿을 수 없어서 보여 달라는 사람도 있을 것입니다. 하나님을 본다고 그분을 믿게 되는 것이 아닌데도 사람들은 하나님을 직접 보면 믿음이 생길 것이라 생각하기도 합니다. 하지만 진짜 그렇다면 천사가 타락해서 사단이 되지는 않았을 것입니다. 하나님을 믿는 많은 사람이 하나님을 보여 달라고 할 때는 하나님을 믿을 수 없어서가 아니라 모세와 같은 심정에서일 것입니다. 이스라엘 백성은 자신들의 불순종에 진노하신 하나님이 여전히 그들과 함께하실 것이라는 자신이 없었을 것입니다. 하나님은 그 백성을 버리심이 마땅하고, 떠나심이 마땅합니다. 적어도 주변의 환경과 상황은 하나님이 함께하심보다는 하나님이 버리셨음을 말해주는 듯했습니다.

모세는 불안하고 두려웠습니다. 그래서 하나님의 임재를, 하나님이 함께하실 것이라는 증표를 보여 달라고 했습니다. 우리도 그렇습니다. 하나님을 못 믿어서가 아니라 믿어지는데도 우리가 몹시 연약해서, 몹시 허물이 많아서 하나님이 우리를 버리지 않고 우리와 동행하신다는 확신이 절실히 필요합니다. 고난당할 때마다 불안하고, 형통의 순간에도 마냥 누리며 즐거워하지 못하고, 결국 금송아지를 만든 그 백성의 연약함과 허물이 우리에게도 있습니다.

그때 하나님의 영광이 모세 앞에 나타났는데 그 하나님은 인자와 진실의 하나님이었습니다. 용서의 하나님이고 인내의 하나님이라는 말입니다. 요한은 이 하나님의 영광이 어둠 가운데 있던 사람들에게 다시 나타났다고 말하는 것입니다. 이 영광은 두려움과 공포가 아니라 은혜 위에 은혜였습니다. 모세에게 보여 주신 그 자비의 완성, 모세와 그의 백성에게 보여 주신 그 신실하심의 절정이 바로 하나님의 아들, 독생자의 영광이었습니다.

그렇다면 이 말씀은 이렇게 정리될 수 있습니다. 요한복음을 받아 보던 교회와 교인들은 당시 여러 어려움을 겪고 있었다고 짐작합니다. 밖으로는 핍박이 있었고, 안으로는 이미 교회가 한 세대를 지나면서 갈등이 생기기 시작했습니다. 무엇보다 힘든 것은 교회 생활의 정형화였습니다. 모든 게 형식적이고 습관적인 것 같아서 답답했습니다. 그럴 때 하나님의 은혜를 경험하고 믿음으로 살기로 작정한 하나님의 사람들이 간절히 기대하는 것은 새로운 경험입니다. 하나님이 보고 싶었습니다. 왠지 자신의 믿음은 참된 믿음이 아닌 것 같아서 믿음을 확인하고 싶었습니다. 누군가가 여기 하나님의 영광이 나타났고, 하나님의 계시가 임했다고 하면 귀가 솔깃할 만큼 간절했습니다.

하나님의 임재를 고대하는 교인들에게 요한이 한 말은 바로 예수 그리스도입니다. 하나님을 보여 달라던 모세에게 당신의 모습을 보여 주시며 인자와 진실을 말씀하신 하나님이 이제 그 아들을 통해 당신의 영광을 보여 주셨습니다. 그 영광의 계시는 결국 은혜와 진리, 다시 말하면 사랑과 진실입니다. 저는 이 말이 얼마나 역설적인지 알 것 같습니다. 사업이 매우 힘들어서 하나님 좀 보여 달라는 사람에게 예수님을 말한다면 참으로 답답합니다. 때로는 원론적이고 정형화된 답을 말하는 것 같아서 속이 상합니다. 물론 때로는 구체적인 방법이나 도움의 손길을 보내 주기도 하신다는 것을 믿지만 그런 손길을 통해서라도 하나님이 궁극적으로 하고 싶은 말씀은 예수님일 것이기 때문에 답답합니다. 그건 사람들이 기대하는 답이 아닐 것 같아서입니다.

사람들은 물 위를 걸으시는 주님도 보고 싶고, 물로 포도주를 만드는 열광적인 장면도 목격하고 싶고, 오병이어 기적도 보고 싶어 합니다. 그러나 요한복음은 이 모든 기적을 단지 하나님의 독생자의 영광의 표적들일 뿐이라고 말합니다. 그 현상과 능력에 주목하지 말고 예수님에게 주목하라는 말입니다. 연약함과 허물로 매일 넘어질 수밖에 없는 사람들에게 왜 예수님입니까? 하루하루를 버겁게 견디며 살아가는 사람들에게 왜 예수님입니까? 눈앞에 출렁이는 물결에 가려 아무것도 볼 수 없어 불안해하는 사람들에게 왜 예수님입니까? 바로 그가 은혜와 진리이기 때문입니다.

어떤 상황에서도 하나님이 당신을 믿는 자들을 사랑하시며 끝까지 함께하신다는 가장 확실한 증거는 성육신하셔서 우리를 위한 대속의 길을 가신 예수님입니다. 모세 앞을 지나가신 그 하나님의 임재가 이 예수님을 통해 온전히 드러났기 때문입니다.

주께서 내 오른손을 붙드셨나이다

요즘 제가 어려움 가운데 있는 분들에게 입버릇처럼 하는 말이 있습니다. "예수님만 바라봅시다." 이 말은 세상에서의 일상을 소홀히 하고 교회에만 열심을 내라는 뜻이 아닙니다. 그렇다고 항상 주님만 생각하고 살라는 경건주의적인 입장에서 하는 말도 아닙니다. 제가 하고 싶은 말은 하나님의 은혜와 진실하심을 보여 주는 예수님을 잊지 말자는 것입니다.

비록 우리는 허물이 많고 부족하지만 하나님은 우리를 놓지 않으실 것입니다. 비록 광야 같은 세상은 거칠고 적들은 장대하지만 하나님이 끝까지 함께하실 것입니다. 세상이 아무리 어지럽고 혼탁해도 하나님의 주권 아래 있고, 하루도 버틸 힘이 없을 정도로 자신에게 실망스러울 때에도 하나님은 우리를 놓지 않으십니다. 우리는 이 엄청난 사실을 예수님 때문에 압니다.

월터 브루그만이 「안식일은 저항이다」(복있는사람)라는 책에서 소개한 이야기를 하나 말씀드리겠습니다. 유럽 전쟁 때 한 여인이 전쟁터를 벗어나고자 난민이 되었습니다. 그 여인은 여덟 살 된 여자아이 하나를 데리고 1,127킬로미터를 걸어서 국경을 넘었습니다. 그 1,127킬로미터를 걷는 동안 여자아이는 그 여인의 손을 놓지 않고 꼭 붙잡고 걸었습니다. 안전지대에 들어서자 이 여자아이가 그 여인의 손을 놓았습니다. 그 여자아이의 손을 보니 살갗이 다 벗겨져 피가 흐르고 있었습니다. 그 아이는 손에 이런 상처가 있는데도 여인의 손을 놓을 수 없었습니다. 브루그만은 이렇게 말합니다. "그저 손을 잡은 게 아니다. 이것은 생사를 걸고 잡은 것이기에 쉽게 풀 수 없었다."

힘든 여정을 걸어가며 하나님의 영광을 구하는 사람들에게 하나님이 주신 답은 당신의 아들 예수 그리스도였습니다. 그리고 우리는 예수님을 바라보며 시편 기자와 같은 고백을 할 수 있습니다. "내가 항상 주와 함께하니 주께서 내 오른손을 붙드셨나이다"(시 73:23). 우리가 주의 손을 잡은 것이 아니라 주의 오른손이 우리를 붙잡으시고 "내가 너를 붙들고 놓지 않으리라"고 말씀하십니다. 그리고 그 약속의 확증이 바로 그 아들 예수 그리스도입니다.

혼란과 고난 중에 하나님의 임재와 도우심을 간절히 구하는 사람들에게 "예수님만 바라보세요"라는 말은 동문서답 같기도 하고 상투적인 위로로 들릴 수도 있습니다. 하지만 죄책감과 연약함에 한 발자국도 움직일 수 없어서 주의 영광을 보여 달라던 모세 앞을 지나가시며 "여호와라 여호와라 자비롭고 은혜롭고 노하기를 더디 하고 인자와 진실이 많은 하나님이라"(출 34:6)고 말씀하신 그 주님이 모세를 다시 일으켜 세우실 수 있었습니다. 그렇다면 오늘 주의 영광을 사모하는 교회에 사도 요한이 선포

한 "우리가 그의 영광을 보니 아버지의 독생자의 영광이요 은혜와 진리가 충만하더라"(요 1:14)는 말씀도 우리를 일으켜 세울 수 있을 것입니다. 주님만 바라보십시오!

John
요한복음

요한복음 1장 19-28절

유대인들이 예루살렘에서 제사장들과 레위인들을 요한에게 보내어 네가 누구냐 물을 때에 요한의 증언이 이러하니라 요한이 드러내어 말하고 숨기지 아니하니 드러내어 하는 말이 나는 그리스도가 아니라 한대 또 묻되 그러면 누구냐 네가 엘리야냐 이르되 나는 아니라 또 묻되 네가 그 선지자냐 대답하되 아니라 또 말하되 누구냐 우리를 보낸 이들에게 대답하게 하라 너는 네게 대하여 무엇이라 하느냐 이르되 나는 선지자 이사야의 말과 같이 주의 길을 곧게 하라고 광야에서 외치는 자의 소리로라 하니라 그들은 바리새인들이 보낸 자라 또 물어 이르되 네가 만일 그리스도도 아니요 엘리야도 아니요 그 선지자도 아닐진대 어찌하여 세례를 베푸느냐 요한이 대답하되 나는 물로 세례를 베풀거니와 너희 가운데 너희가 알지 못하는 한 사람이 섰으니 곧 내 뒤에 오시는 그이라 나는 그의 신발끈을 풀기도 감당하지 못하겠노라 하더라 이 일은 요한이 세례 베풀던 곳 요단 강 건너편 베다니에서 일어난 일이니라

4장
세례 요한은 아니었다!

　골프에 빠진 한 목사가 있었습니다. 골프를 매우 치고 싶어서 주일에 교회에는 아프다고 거짓말을 하고 필드에 나간 적도 있습니다. 그런데 그날 홀인원을 했습니다. 천사가 하나님께 물었습니다. "하나님, 목사가 주일에 골프장을 나갔는데 벌을 내리셔야지 홀인원을 하도록 하시면 어떻게 합니까?" 그러자 하나님이 "내가 이미 벌을 내렸다"고 하셨습니다. 천사는 의아했습니다. 그런데 정말 며칠 후에 이 목사가 병이 들어 시름시름 앓기 시작했습니다. 자신이 홀인원을 하고 나서 무척이나 자랑하고 싶은데 주일에 골프장에 간 것이 들킬까 봐 말도 못하고 속으로 끙끙 앓다가 그만 병이 난 것입니다. 성공과 형통은 사람을 교만하게 만들고 자기의 공적을 자랑하게 만듦으로 실족하게 할 수 있습니다. 남에게 인정받고 싶은 것은 모든 사람에게 큰 유혹이기 때문에 아주 사소한 일에서도 인정받을 수 있는 기회가 주어졌을 때 그것을 포기하는 일은 결코 쉽지 않습니다.

위험한 소명

폴 트립은 「목회, 위험한 소명」(생명의말씀사)이라는 책에서 목회자가 된다는 것은 그 자체로 위험한 소명이라고 말합니다. 목회자가 되는 것이 위험한 이유 중 하나는 목회자는 그 직분상 연예인과 비슷해서입니다. 연예인은 사람들의 인정과 인기에 의존해서 사는 사람들입니다. 그래서 연예인들은 인기가 떨어지면 존재감에 엄청난 위협을 받습니다. 목사도 사람들 앞에 서서 설교하고 성경 공부를 인도하면서 일과 삶에서 교인들의 인정을 받아야 하기 때문에 사람들의 시선을 의식하지 않을 수 없습니다. 그러면서도 사람의 시선을 의식하면서 목회를 해서는 안 될 것 같은 생각도 듭니다. 하나님이 아닌 사람에게 인정받으려고 하는 것이 마치 외도 같아서 하나님께만 인정받아야 한다고 생각하면서도 사람들의 시선을 무시할 수가 없습니다.

어찌 보면 연예인보다 목사가 더 힘든 일일지도 모릅니다. 연예인은 노골적으로 사람들의 시선을 의식하고 인기를 누릴 수 있지만, 목사는 어쩔 수 없이 사람들의 시선을 받을 수밖에 없는 자리에 있으면서도 그것을 초월하고 부인해야 할 것 같은 압박을 받기 때문입니다. 설교를 마치고 난 다음에도 사람들의 반응에 낙심해서는 안 되지만 사람들의 칭찬과 격려를 기대해서도 안 될 것 같아서 사람들의 반응을 초월하려고 합니다. 그러나 설교자로서 그 설교에 사람들이 긍정적으로 반응해 주면 좋을 것 같다는 마음이 생기기 마련입니다. 그래서 교인들의 반응에 굉장히 민감할 수밖에 없습니다. 교인들이 내 설교에 감동을 받으면 좋겠고, 위로를 받으면 좋겠고, 그 삶을 진지하게 고민하면 좋겠다는 생각을 하기도 합니다.

반면 교인들이 어떤 반응을 보이는지에 아무런 관심도 없이 나는 내가 전할 것만 전한다는 입장은 하나님을 온전히 신뢰하는 모습이라기보다는 오히려 무책임한 모습으로 보일 수도 있습니다. 자기가 한 설교에 대한 부정적인 반응으로 인해서 낙심하지도 말고, 긍정적인 반응으로 인해서 들뜨지도 말고, 교인들로 하여금 하나님을 바라보도록 하는 일에 최선을 다할 수 있도록 기도하고 다짐하는 것이 마땅하지만 그렇다고 설교의 반응에 무관심해서도 안 됩니다.

성격 때문이기는 하지만 저는 제 설교를 다시 듣지 않습니다. 그리고 제 설교에 대한 평을 누구에게 먼저 묻는 일도 거의 없습니다. 하지만 폴 트립이 "목회자란 사람들의 인정에 목말라 할 수밖에 없는 위험한 직업이다"라고 말한 것처럼 저에게도 이것은 굉장한 유혹임을 고백합니다. 오래전 어느 장로님이 "목사들은 칭찬해 주면 교만해지기 때문에 칭찬해 주면 안 된다. 칭찬과 상급은 나중에 하늘나라에 가서 받아야지 이 땅에서는 받지 못하도록 해야 한다"고 말씀하셨습니다. 그때 그 말이 맞는 말이라고 동의하면서도 섭섭하던 기억이 있습니다.

이런 이유 때문인지는 몰라도 교회는 칭찬에 참 인색한 편입니다. 겸손에 대한 동양적인 이해 때문이기도 하지만 오직 하나님께만 영광 돌리는 것이 그리스도인들이 추구해야 할 덕이라고 생각했기 때문에 옛날 목사님들은 칭찬받는 것을 두려워했고 교회에서 다른 사람을 쉽게 칭찬하지도 못했습니다. 아마도 사람들이 그렇게 생각하는 데 많은 영향을 준 성경 구절이 있다면 바로 오늘 본문이 아닐까 싶습니다.

세례 요한의 인기

오늘 본문은 세례 요한이 예수님에 관해, 그리고 자기에 관해 증언한 이야기를 소개하고 있습니다. 요한복음뿐만 아니라 사복음서 모두 세례 요한이 한 이 말을 기록하고 있는데 그는 자기에 관해 말하면서 "나는 물로 세례를 베풀거니와 너희 가운데 너희가 알지 못하는 한 사람이 섰으니 곧 내 뒤에 오시는 그이라 나는 그의 신발끈을 풀기도 감당하지 못하겠노라"(요 1:26-27)고 했습니다. 조금 전까지 제가 말씀 드린 위험한 소명이라는 관점에서 생각해 보면 세례 요한은 참 대단한 사람임에 틀림없습니다.

당시 세례 요한은 팔레스타인 지방에서 가장 유명한 사람이었습니다. 그의 청렴하고 구별된 삶(막 1:6) 때문이기도 했고, 그의 거침없고 강력한 메시지(마 3:1-2) 때문이기도 했습니다. 수많은 사람이 요한의 설교를 들으러 왔습니다. 그들은 단순히 설교를 들은 것이 아니라 그 설교에 반응했습니다. 이것이 설교자들이 가장 원하는 것입니다. 그들이 보인 반응은 요한에게 세례를 받는 것이었습니다. 세리와 창녀도 세례를 받았고, 군인들도 세례를 받았습니다. 부자도 세례를 받았고, 가난한 사람도 세례를 받았습니다. 요한은 당시에 가장 영향력 있는 사람이었고 가장 인기 있는 사람이었습니다. 그 당시에 왕을 선거로 뽑았다면 요한은 틀림없이 왕이 되었을 것입니다.

여러분이 아시는 대로 인기는 전염성이 강합니다. 그래서 연예인들은 오빠 부대를 데리고 다니고 유명한 부흥사들은 아멘 부대를 데리고 다니기도 합니다. 또한 인기는 대체로 사람을 과대평가하게 만듭니다. 그래서 정말 훌륭한 사람이라 할지라도 실제보다 더 포장되어 사람들 입에 오르내리기 때문에 교만에 빠져서 실족하는 경우를 종종 봅니다. 비난과 비판이 사람을 과소평가하게 만드는 것처럼 칭찬은 사람을 과대평가하게 만듭니다.

많은 사람이 수군거렸습니다. "세례 요한은 지난 400년 동안 우리 민족이 그토록 기다리던 선지자일지도 모른다. 아니 어쩌면 메시아인지도 모른다." 세례 요한도 사람들이 이렇게 수군거리는 것을 알고 있었습니다. 그런 이야기를 들었을 때 세례 요한은 어떤 심정이었을까요?

제가 세례 요한이라면 기분이 좋을 것 같습니다. 요란하게 손사래를 치면서 나는 절대로 아니라고 말하겠지만 기분은 좋을 것입니다. 자신을 메시아라고 생각하지는 않겠지만 메시아를 준비하는 사람으로서 나름 중요한 일을 맡았음을 은근히 부각시킬지도 모릅니다. 자신이 메시아임을 인정하지만 않는다면 침묵하는 것은 죄가 되지 않는다고 생각할 수도 있습니다. 요한은 자신의 역할이 메시아의 길을 예비하는 것임을 잘 알고 있었습니다. 그런데 사람들은 어쩌면 세례 요한이 메시아일지도 모른다고 생각했습니다.

그리고 마침내 그의 유명세 때문에 예루살렘에서 제사장들과 레위인들을 요한에게 보냈습니다. 제사장과 레위인을 보낼 정도라면 대단한 권력과 지위가 있는 사람들일 것입니다. 아마도 산헤드린 공회에 속해 있던 바리새파 사람들이 아니었을까 짐작해 봅니다. 드디어 정계에서도 세례 요한에게 관심을 보이게 된 것입니다. 그리고 요한에게 물었습니다. "너는 누구냐?"(요 1:19 참조)

요즘 같은 시대에는 누군가가 나에게 "너는 누구냐?"라고 묻는다면, 이것은 대단한 기회입니다. "네가 누구냐"는 질문은 지금으로 따지면 실시간 검색어 1위에 오른 것처럼 관심을 받고 있다는 것을 의미합니다. 이럴 때 소극적이든 적극적이든 사람들은 자신이 누구인지를 말해야 합니다. 그런데 요한은 자신이 누구인지를 말하기 전에 이렇게 말합니다. "나는 그리스도가 아니라"(요 1:20).

그리스도는 메시아의 헬라어 표현입니다. 요한의 말에 대한 본문의 표현이 재미있습니다. 요한이 이 말을 숨기지 않고 드러냈다고 했습니다. 아주 확실하고 분명하게 고백했다는 말입니다. 제가 이 말을 재미있다고 생각하는 이유는 요한이 마치 인간의 심리를 잘 알고 한 말 같기 때문입니다. 많은 경우에 사람들은 칭찬받거나 자신이 좋게 평가받을 때, 이것을 강력하게 부인하지 않고 은근히 즐기려는 성향이 있습니다. 예를 들어, 누가 제게 "목사님은 천재 같아요. 어릴 적에 수재란 소리 좀 들으셨죠?"라고 하면 저는 수재는 아니지만 머리는 나쁘지 않다는 인상을 주고 싶어서 일부러 대답을 아주 애매하게 할 것입니다. "에이, 아니에요. 머리가 나쁘다는 말을 들은 적은 없지만 그렇다고 내가 무슨 수재예요?"라고 부정하는데 억양이나 표현에 머리가 나쁜 편은 아니라는 인상을 주려는 의도가 담겨 있습니다.

목사가 다른 교회에 청빙받을 때도 별로 갈 마음이 없더라도 다른 교회가 자기를 원한다는 것을 즐기기 위해서 약간이나마 가능성을 남기는 말을 하기도 합니다. 이런 애매함 때문에 청빙을 요청한 교회들이 힘들어 하기도 합니다.

여지를 남기지 않는 대답

요한이 숨기지 않고 드러내어 말했다고 한 것은 추호의 여지도 남기지 않았다는 말입니다. 아무리 요한을 좋아하고 따르는 사람이라 할지라도 그들이 아예 생각조차 하지 못하도록 강력하고 확실하게 부인했다는 말입니다. "나는 절대로 아닙니다."

그러자 다시 물었습니다. "네가 엘리야냐?"(요 1:21) 예수님은 세례 요한이 메시아의 길을 예비하기 위한 엘리야였음을 인정하셨습니다. 그런데 세례 요한은 왜 부인했을까요? 겸손한 사람이기 때문일까요? 당시 유대인들 중에는 엘리야를 실제로 죽음을 보지 않고 하늘로 올라갔다가 다시 올 사람으로 이해하는 사람들도 있었습니다. 그런 사람들에게 세례 요한은 추호의 여지도 남기고 있지 않습니다. 그러자 선지자인지를 물었습니다. 여기서 말하는 선지자는 신명기 18장에 나오는 선지자입니다.

> 내가 그들의 형제 중에서 너와 같은 선지자 하나를 그들을 위하여 일으키고 내 말을 그 입에 두리니 내가 그에게 명령하는 것을 그가 무리에게 다 말하리라(신 18:18).

유대인들 중에 어떤 사람은 이 선지자가 메시아를 가리킨다고 했고, 어떤 사람은 메시아의 길을 예비하는 사람을 가리킨다고 했습니다. 그러니까 요한은 자기가 그 선지자라고 말해도 틀린 것은 아닙니다. 자기는 메시아가 아니라 메시아의 길을 예비하는 자였다고 말하면 됩니다. 애매한 질문에 애매하게 대답해도 거짓말은 아닙니다. 그런데 그는 약간의 오해의 소지가 있는 질문에도 단호하게 대답합니다. 자신은 엘리야도 아니고 선지자도 아니라고 합니다. 자기는 절대로 메시아가 아니라는 말입니다.

그들은 그럼 왜 세례를 주느냐고 물었습니다. 요한이 말하기를 자기가 주는 세례는 오실 메시아를 위해서 준비하기 위한 것이라고 했습니다. 이 말 역시도 자기는 비록 메시아는 아니지만 그 길을 예비하는 막중한 일을 맡은 사람이라는 인상을 주기 위해서 한 말이 아니라 자신은 절대로 아니라는 말을 하기 위해서 한 말이었습니다. 그래서 자기는 이 자리에 계시는 그분의 신발 끈을 풀기도 감당할 수 없다고 말했습니다. 다른 사람의 신발 끈을 푸는 일은 노예가 하는 일입니다. 자기는 그분의 노예도 못 된다는 말입니다. 얼마나 겸손한 말입니까? 얼마나 분명한 선언입니까? 세례 요한은 참 대단한 사람입니다.

저는 오늘 말씀을 묵상하면서 이런 생각을 했습니다. 오늘 제 설교를 마무리하면서 세례 요한은 이렇게 겸손한 사람이니 우리도 요한처럼 겸손하자고 말한다면 세례 요한은 정말 속이 상할 것 같습니다. 참 많은 경우에 우리는 요한의 손가락이 가리키는 예수님을 보지 않고, 예수님을 가리키는 요한의 손가락을 봅니다. 그리고 말합니다. "보십시오! 요한이 얼마나 겸손한 사람입니까? 우리도 요한처럼 자기를 자랑하지 말고 겸손한 사람이 됩시다. 철저하게 자기를 부인하고 주님을 높인 이 요한이 얼마나 훌륭하고 위대한 사람입니까?"

"예수가 바로 그 메시아입니다"

요한은 겸손한 사람이 아니라는 말이 아닙니다. 자기를 드러내지 않고 겸손한 모습을 갖추는 것이 얼마나 아름다운 것인지를 부인하자는 말이 아닙니다. 그런데 우리가 이렇게 생각한다면 요한은 마음이 아플 것 같습니다. "내가 아니라니까요. 예수님이라니까요." 그러면 우리는 또 말합니다. "우리는 모두 당신이 아니라는 것을 알아요. 그렇지만 우리는 예수님보다 그렇게 말하는 당신이 참 존경스럽고 멋있습니다. 여러분! 우리 모두 요한을 본받읍시다!"

저는 기독교인들의 도덕성이 땅에 떨어지고 세상의 가치관에 휘둘려서 서로 자기를 내세우고 자랑하는 일에 혈안이 된 세상에 자기를 드러내려 하지 않고, 겸손함으로 남을 높이고 세우는 일이 얼마나 아름다운지 압니다. 지나치게 자랑하지 말고 겸손해야 한다고 교인들을 권면하는 것도 합당하다고 생각합니다. 하지만 그것은 요한이 원한 것도 아니었고, 우리가 궁극적으로 바라 봐야 할 것도 아닙니다.

그리스도인으로서 겸손하고 온유한 사람이 되는 것은 마땅하지만 단순히 겸손하고 온유한 사람이 되는 것이 궁극적인 목적이 아니라 우리의 영광의 주 그리스도를 높이는 것이 궁극적인 삶의 목표가 되어야 합니다. 우리도 요한과 같은 사람이 되면 좋겠다는 말은 우리도 요한처럼 겸손한 사람이 되면 좋겠다는 말이 아니라 우리도 요한처럼 그리스도를 증거하는 사람이 되면 좋겠다는 말이어야 합니다. 그리스도인의 삶에 도덕성이 결여된 것은 심각한 문제지만 그 원인은 도덕성을 강조하지 않아서가 아니라 예수 그리스도의 은혜와 주권을 피상적으로 말함에 있습니다. 오늘날 교회는 그리스도에 관해 말하고 있지만 그분을 온전히 바라보고 있지 않습니다.

1500년경 〈Breastplate of St. Patrick〉(성 패트릭의 흉배)라는 찬송가에 이

런 구절이 나옵니다.

> 그리스도께서 나와 함께하시옵소서.
> 그리스도께서 내 앞에,
> 그리스도께서 내 뒤에,
> 그리스도께서 내 안에,
> 그리스도께서 내 아래에,
> 그리스도께서 내 위에,
> 그리스도께서 내 우편에,
> 그리스도께서 내 좌편에,
> 그리스도께서 나를 생각하는 모든 사람의 중심에,
> 그리스도께서 내게 말하는 모든 사람들의 입에,
> 그리스도께서 나를 보는 모든 사람들의 눈에,
> 그리고 그리스도께서 나의 말을 듣는 모든 사람들의 귀에 계시옵소서.

이게 바로 세례 요한의 고백입니다. 이게 바로 바울의 고백이었고, 복음을 위해 평생을 산 모든 하나님의 사람의 고백이었습니다. 그리고 그리스도를 통해 구원의 은혜와 복음의 능력을 경험한 여기 있는 모든 그리스도인의 고백입니다. 그래서 세례 요한이 위대하다고 말하는 것이 아니라, 그리스도는 위대하다고 증언할 수 있기를 바랍니다.

목사와 교회의 지도자들을 대하면서도 마찬가지입니다. "나는 아닙니다"라고 말하는 목사가 예수님을 바라봄에 장애가 되는 경우가 얼마나 많은지 모릅니다. 세례 요한이 하고 싶어 하던 말, "나는 아닙니다"를 기억하시기 바랍니다. 그래서 여러분의 가슴속에는 목사의 설교가 아니라 그리스도가 남으면 좋겠습니다. 요한은 자기는 하나님의 영광을 절대로 취한 적 없이 성실하게 사명을 감당한 하나님의 종이라는 말을 하고 싶은 것이 아니라 예수님이 바로 그 메시아라는 말을 하고 싶었습니다.

John
요한복음

요한복음 1장 29-34절

이튿날 요한이 예수께서 자기에게 나아오심을 보고 이르되 보라 세상 죄를 지고 가는 하나님의 어린 양이로다 내가 전에 말하기를 내 뒤에 오는 사람이 있는데 나보다 앞선 것은 그가 나보다 먼저 계심이라 한 것이 이 사람을 가리킴이라 나도 그를 알지 못하였으나 내가 와서 물로 세례를 베푸는 것은 그를 이스라엘에 나타내려 함이라 하니라 요한이 또 증언하여 이르되 내가 보매 성령이 비둘기 같이 하늘로부터 내려와서 그의 위에 머물렀더라 나도 그를 알지 못하였으나 나를 보내어 물로 세례를 베풀라 하신 그이가 나에게 말씀하시되 성령이 내려서 누구 위에든지 머무는 것을 보거든 그가 곧 성령으로 세례를 베푸는 이인 줄 알라 하셨기에 내가 보고 그가 하나님의 아들이심을 증언하였노라 하니라

5장
세상 죄를 지고 가는 하나님의 어린양

목소리가 큰 사람이 이긴다는 말이 있습니다. 목소리가 큰 사람은 어떤 사람일까요? 대체로 자기주장이 강한 사람을 목소리가 큰 사람이라고 부르는 것 같습니다. 자기주장이 강한 것은 말이 많은 것으로 나타나고, 말을 과격하게 하는 것으로도 나타납니다. 또한 억지와 고집을 부리는 것으로도 나타나고, 남보다 강한 확신을 가지고 주장하는 것을 통해서도 나타납니다. 그러니까 사람들은 다투고 따지는 게 싫어서 양보하기도 하지만 확신이 서지 않아서 자기주장을 강하게 펴지 못하기도 합니다.

김난도 외 5인이 쓴 「트렌드 코리아 2015」(미래의창)라는 책에 따르면 현대인들은 '햄릿 증후군'을 앓고 있다고 합니다. 햄릿 증후군이란 획일화된 정답이 요구되는 시대를 살다가 갑자기 선택의 폭이 넓어지고 다양한 답이 인정되면 어떤 것에도 확신을 가질 수 없어 "이것이냐 저것이냐 그것이 문제로다"를 외치는 증상을 말합니다.

인생은 불확실함의 연속이다

우리가 이 세상에 살면서 자신 있게 말할 수 있는 것이 얼마나 될까요? 사실 미래와 관련된 것은 모두 불확실합니다. 대부분의 사람은 개인의 경험, 논리적이고 합리적인 추론, 신뢰할 만한 사람들의 증언, 과학적인 근거 등을 기반으로 나름대로 최선이라 판단하고 행동하지만, 그것 역시 가능성과 짐작일 뿐입니다. 인생의 행복과 불행에 결정적인 영향을 주지 않는 일에도 확신이 없어 망설이는데 중대한 결정에는 얼마나 더 불안하겠습니까? 그래서 더 신중하려고 애쓰지만 솔직히 그렇게 한다고 해서 정확한 답을 알 수 있는 것은 아닙니다. 95퍼센트를 확신해도 나머지 5퍼센트가 사람을 불안하게 만드는 법이니까요.

한 자매가 저와 이야기를 나누는 중에 자기는 하나님이 허락하신 사람이라는 확신이 없으면 절대로 결혼하지 않겠다고 했습니다. 그 믿음이 대단하다는 생각이 들면서도 '하나님이 허락하신 사람'이라고 어떻게 확신할 수 있을지 무척 의아했습니다. 제가 그것을 어떻게 확신할 수 있느냐고 물었더니 그 자매의 대답이 섬짓했습니다. 성경을 통해서 하나님이 말씀하실 것이라는 게 아닙니까? 결국 그 자매는 한 남자와 교제하는 중에 이사야 말씀을 읽으면서 "두려워하지 말라"는 주님의 음성을 듣고 그 남자와 결혼했습니다(혹시 독신으로 사는 것을 두려워하지 말라는 의미는 아니었을까?). 이렇게 모든 게 불확실하고 답답한 상황에서는 누군가 아주 확실하게 알려 주거나, 강한 확신을 가지고 말을 해주면 그냥 따라가고 싶어집니다. 좋은 선생은 답을 주는 사람이 아니라 문제를 주는 사람이라고 하지만 그 말도 답답한 현실에서는 그리 마음에 드는 말이 아닙니다.

하나님을 믿는 것도 그렇습니다. 도대체 무엇에 근거해서 하나님을 믿는다는 말입니까? 하나님을 직접 본 것도 아닌데 어떻게 사람들의 말만 듣고 하나님께 인생을 맡길 수 있단 말입니까? 사실 직접 본다고 확실해지는 게 아닌 줄 알면서도, 우리는 불확실성에 인생을 걸어야 하는 인간의 한계 때문에 좀 더 확실한 무엇인가를 알 때까지는 결정을 유보하고 싶어 합니다.

그러나 그 유보 역시도 가능성에 근거한 선택일 뿐입니다. 사람들은 주관적인 경험이나 신뢰할 만한 사람들의 증언을 통해서 확신을 가지고 무언가를 선택합니다. 그러나 삶에서 그 선택의 잘잘못이 확인되기 때문에 결국 인생은 불확실함의 연속이고 돌아보면 온통 실수투성이입니다. 어떤 사람은 남의 말을 몹시 잘 듣고 어떤 사람은 남의 말을 절대로 듣지 않지만, 어찌 생각하면 이 둘 모두 불확실함으로 인한 불안 증세의 표현일 뿐입니다.

이런 불확실한 세상에서 사람들이 그나마 무게를 두려고 하는 것은 신뢰할 만한 사람들의 경험과 증언입니다. 직접 경험한 것은 아니지만 믿을 만한 사람이 그 인격을 걸고 경험한 것을 진실하게 나누면 무엇을 결정하는 데 큰 도움이 된다고 생각합니다. 그래서 추천서를 중요시하고 여러 사람의 증언을 중요하게 듣기도 합니다. 기독교 신앙은 바로 이 증언에 근거한 신앙입니다. 수많은 사람이 한 번도 본 적 없는 사도들의 증언, 그 증언을 믿고 살았던 사람들의 삶의 경험을 믿고 새로운 세계를 체험했다고 증언했습니다. 그리고 이에 교회들이 세워졌습니다.

사람들은 현대 교회에 문제가 많다고 말합니다. 저는 교세가 약해지는 것은 문제가 아니라고 생각합니다. 초대 교회 때나 핍박의 시기나 기독교는 항상 약했으니까요. 제가 생각하는 두 가지 심각한 문제는 현대 교회에 이 확실한 증언이 상실되었다는 것이고, 현대 교회는 그 증언을 뒷받침해 줄 증거를 보여 주지 못하고 있다는 것입니다.

서머나 교회의 감독이던 폴리캅(Polycarp)이라는 사람이 주후 155년에 순교했습니다. 그때 흥분해 있던 군중이 폴리캅을 잡아 그를 '무신론자요 로마 황제에게 충성하지 않는 자'라고 비난하면서 죽이려고 했습니다. 평소에 그를 아낀 관원은 예수를 부인하면 살려 주겠다고 했습니다. 폴리캅은 "지난 86년 동안 한 번도 나를 실망시킨 적이 없는 나의 왕 예수를 내가 어떻게 부인할 수 있겠소"라고 말하고 끝까지 예수님을 부인하지 않다가 마침내 화형을 당했습니다. 폴리캅은 사도 요한의 제자로 요한의 증언을 들었고, 그의 말을 믿었습니다. 그리고 평생 고백한 예수가 그의 왕이라는 증언을 죽음으로 증명한 것입니다. 교회는 이 증언과 증명 위에 세워졌습니다.

그런데 오늘날에는 예수가 왕이라는 증언은 있는데, 그 증언에 확신이 없고 이를 증명할 만한 희생도 없습니다. 사람들은 그 증언에 신빙성이 없다고 생각합니다. 천국에 소망을 두고 산다고 말하면서도 천국이 없는 것처럼 살고, 그리스도가 교회의 머리라고 하면서도 교회에서조차 그리스도를 무시합니다. 이것이 수많은 사람으로 하여금 기독교 신앙의 선택을 유보하게 만들거나 번복하게 만들고 있습니다.

하나님의 계시를 통한 증언

세례 요한은 예수님을 보자마자 그가 바로 메시아라고 증언했습니다. 물론 그의 증언 때문에 예수님이 메시아가 된 것은 아니지만 그의 증언은 적어도 그의 제자들로 하여금 예수님이 메시아임을 믿고 따르도록 하기에 충분했습니다. 그는 그만큼 진지하고 진실했기 때문입니다. 사람들은 여러 가지 정황상 세례 요한이 메시아일 것이라고 생각했지만 세례 요한은 강력하게 메시아임을 부인했고 자신은 메시아가 오시는 길을 예비하는 사람일 뿐이라고 했습니다.

오늘 본문은 아마도 세례 요한이 예수님에게 세례를 베풀고 난 후에 일어난 일인 것 같습니다. 세례 요한이 예루살렘에서 온 사람들에게 자기는 메시아도, 선지자도, 엘리야도 아니라고 하면서 그들 중에 있는 예수님을 메시아로 지목한 그 이튿날이라고 한 것을 보아 그 전날 예수님에게 세례를 베풀었을 수도 있고, 며칠 전에 세례를 베풀었을 수도 있습니다. 그리고 그는 자신에게 세례 받은 예수님이 자기에게 걸어오는 것을 보았습니다. 예수님과 세례 요한은 사실 친척 사이입니다(눅 1:36). 그럼에도 세례 요한은 예수님이 메시아인 것을 미리 알지 못했습니다.

세례 요한이 예수님을 보자 외칩니다. "보라 세상 죄를 지고 가는 하나님의 어린양이로다"(요 1:29) 예수님이 세상 죄를 지고 가는 하나님의 어린양, 메시아인 것을 요한은 어떻게 알았을까요? 요한이 증언하기를 하나님이 그에게 알려 주셨는데 그가 세례를 베풀 때 성령이 내려서 머무는 것을 보면 그가 메시아인 줄 알라는 것이었습니다.

이거 참 애매합니다. 이미 경험해 본 일이라면 몰라도 이런 식으로 사람과 장소를 분별하는 것은 막상 그 일을 만날 때까지는 확신할 수 없습니다. 그래서 세례 요한은 성령이 임하는 것을 볼 때까지는 알지 못했다고 했습니다.

세례 요한은 예수님에게 세례를 줄 때 성령이 비둘기같이 임하여 머무는 것을 보았습니다. 누가복음에서 성령이 비둘기 같은 형체로 임했다고 한 것을 보면 성령이 형체를 가지고 임한 것은 사실이지만 다른 사람들이 그 현상을 볼 수 있던 것은 아닌 것 같습니다. 다른 사람들은 비둘기를 보았는데 세례 요한은 그 비둘기에서 성령을 본 것이 아니라는 말입니다. 다른 사람들은 아무것도 보지 못했습니다. 공관복음의 기록에 따르면 예수님이 세례를 받으실 때 하늘이 갈라지고 성령이 비둘기처럼 임했고 하늘로부터 "너는 내 사랑하는 아들이라 내가 너를 기뻐하노라"(눅 3:22)는 음성이 들렸다고 합니다. 그러니까 이 환상과 음성은 예수님만 보고 들으신 것입니다. 하지만 세례 요한은 성령이 비둘기처럼 예수님 위에 임하여 머무는 것을 분명히 보았습니다.

정확하게 어떤 상황이었는지는 우리로서 짐작되지 않지만 세례 요한은 그가 받은 계시가 바로 그 사건임을 확신할 수 있었습니다. 그리고 얼마 후에 그 예수님이 자기에게 다가오시는 것을 보고 외친 것입니다. "보라 세상 죄를 지고 가는 하나님의 어린양이로다." 이 증언 때문에 세례 요한의 제자들이 세례 요한을 떠나 예수님을 따르기 시작했고, 이 증언 때문에 사람들은 예수님의 사역에 관심을 가지게 되었습니다. 그는 거듭해서 자기는 원래 몰랐는데 하나님의 계시에 의해서 예수님이 메시아인 것을 알게 되었음을 강조했습니다. 그의 증언은 인위적이거나 체험적인 것이 아니라 하나님의 계시를 통한 것이었다는 말입니다.

고난과 희생과 섬김의 증거

마태복음 11장을 보면 세례 요한이 예수님께 그의 제자들을 보냅니다. 그리고 정말 뜻밖의 질문을 합니다. "오실 그이가 당신이오니이까 우리가 다른 이를 기다리오리이까?"(마 11:3) 이게 무슨 말입니까? 사람들에게 세상 죄를 지고 가는 하나님의 어린양이라고 증언해 놓고 "당신이 정말 그분이 맞습니까"라고 묻는 것은 뭡니까? 그는 그가 받은 계시에 의해서 예수님이 하나님의 어린양임을 확신했지만 그 후 예수님이 하시는 사역을 보면서 자기가 기대하고 알고 있던 것과는 몹시 달랐기 때문에 확인이 필요했습니다. 그래서 예수님께 제자들을 보내어 확인한 것입니다.

저는 이것이 의심이나 불신이라고 생각하지 않습니다. 오히려 이것은 증언에 대한 증거를 찾아 확인하는 과정이라고 생각합니다. 이 증거는 틀렸다고 생각하고 의심해서 찾는 것이 아니라 확인하고 확신하고 다짐하기 위해서 찾는 것입니다. 예를 들면 이런 것입니다. 저는 우리 삶 전반에서 인정해야 하는 하나님의 주권을 강조하기 위해 우리가 하는 일상의 직업도 하나님의 영광을 드러내는 일이라고 설교했습니다. 이 설교는 증언입니다. 그런데 실제 제 삶의 모습은 교회 안과 밖이 몹시 다른 것입니다. 교회에서는 친절한데 교회 밖에서는 무례하기 이를 데 없고, 주일에는 상냥하고 은혜가 충만한 모습인데 월요일에는 불친절하고 욕을 입에 달고 다니는 것입니다. 증언에 대한 증거가 없는 것입니다. 그렇다면 여러분은 제 증언에 대한 증거를 요구해야 합니다. 제가 증거를 제시할 수 없으면 저는 확실하게 믿는다 할지라도 사람들은 제 증언에 어떤 무게도 실어 주지 않을 것입니다.

제자들이 목숨을 걸고 증인이 된 것은 예수님이 하신 "세상을 구원하러 온 자"라는 증언을 믿었을 뿐만 아니라 예수님의 삶과 사역을 통해 그 증거들을 확인했기 때문입니다. 그리고 그 제자들이 목숨을 걸고 한 증언이 그들의 희생과 일관성 있는 삶을 통해 거듭 확인되었기 때문에 복음의 확장이 가능한 것입니다. 그리고 지난 2,000년 동안 그들의 삶 속에 나타난 성령의 역사와 변화를 확인하면서 수많은 사람이 예수님 때문에 죄 사함 받고 새사람이 되었다고 증언했고, 예수님이 그들 삶의 주인이 되어 주셔서 행복하다고 증언했습니다.

그 증언으로 수모를 당하기도 하고, 조롱을 당하기도 하고, 많은 것을 잃어버리기도 했습니다. 지난 2,000년 동안 세례 요한이 하나님의 어린양이라고 증언한 예수님 때문에 부자가 되었다, 병이 나았다, 능력을 받았다는 증거보다는 고난과 희생과 섬김의 증거들이 훨씬 더 강력했습니다. 부자가 되기 위해서 거짓 증언을 하는 일은 얼마든지 가능하지만 가난하기 위해서 거짓 증언을 하는 일은 가능한 일이 아니기 때문입니다. 대접받고 인정받기 위해서 하는 증언은 진실하지 않을 가능성이 있지만, 섬기고 낮아지기 위해서 하는 증언은 진실하지 않고는 가능하지 않기 때문입니다.

세례 요한의 증언을 회복해야 할 때

교회는 세례 요한이 한 이 증언이 사실이었음을 믿는 사람들의 공동체입니다. 이를 믿기로 한 사람들끼리는 어쩌면 증거가 필요하지 않을 수도 있습니다. 그것을 굳이 증명하지 않아도 믿는다고 말할 것입니다. 그러나 당시 사람들에게 세례 요한의 증언이 힘이 있던 것은 그의 증언을 증명할 만큼 확실하고 일관성 있는 삶과 가르침이 있었기 때문입니다. 물론 압니다. 증언의 사실성이 언제나 증명의 가능성에 의해서 결정되는 것은 아닙니다. 제가 제 아들의 아버지라는 것은 증명할 수 없어도, 아니 전혀 반대의 모습을 보여 준다 해도 제가 제 아들의 아버지인 것은 사실이니까요.

교회와 그리스도인들이 예수님이 하나님의 아들임을 증명할 수 없다고 그 증언이 거짓이 되는 것은 아닙니다. 그러나 제가 제 아들에게 제가 아버지라는 증언을 확인시키고 싶다면 증거를 제시해야 하고 증명해야 할 부담을 가지게 됩니다. 교회는 세례 요한이 한 이 증언에 근거하여 세워졌습니다. 물론 우리는 세례 요한처럼 이 증언을 다시 확인하고 싶을 만큼 흔들릴 때도 있고 끝까지 이 증언을 붙들고 살 자신이 없어서 두려울 때도 있지만 예수님이 세상 죄를 지고 가는 하나님의 어린양이라는 이 증언을 믿기로 했습니다.

오늘날 우리 마음을 아프게 하는 것은 세상에서 이 증언이 힘을 잃어간다는 것입니다. 세상이 악해서라고 말할 수도 있겠지만 정말 그럴 수 있을 거라는 증거와 증명이 이 증언을 하는 사람들의 삶 속에 없기 때문입니다.

예수님과 3년 동안 함께 다니며 예수님의 생애를 목격한 사도 요한으로서는 교회가 이 증언을 잃어가는 것이 몹시 안타까웠습니다. 그래서 예수님이 세례 받으시는 사건을 기록하면서, 다른 복음서들에서는 예수님이 하나님의 아들이었음을 강조한 반면 요한은 그의 복음서에서 이 사실에 대한 세례 요한의 증언을 강조하고 있습니다. 이 믿음의 진실한 고백이 없는 교회의 조직, 직분, 사역은 교회만 키울 뿐, 그리스도를 드러내지 못합니다. 세상이 예수님보다 큰 교회에 관심을 가지기 시작하면 그건 우리가 고백하는 증언에 대한 증거와 증명이 아니라 세상 힘의 원리에 대한 증거와 증명만 될 뿐입니다.

　가만히 돌아보시기 바랍니다. 저와 여러분의 관심은 어디에 있습니까? 예수 그리스도입니까, 아니면 교회입니까? 우리 대화의 대부분이 무엇인지 잘 생각해 보시기 바랍니다. "예수님이 나의 생명입니다"라는 증언을 언제 누구에게 해보셨습니까? 우리는 이 증언을 잃어버렸습니다. 그래서 증명과 증거의 부담도 느끼지 않게 되었습니다. 우리는 예수님이 우리의 생명이라는 증언과 그 증언을 증명하려는 시도보다는 예수님을 믿으면 복 받아 잘살게 된다는 말만 하고 그 말을 증명하기 위해 확인되지 않은 몇 가지 사례를 일반화하여 제시합니다. 아니면 무조건 믿으라고만 했지 그 믿는 바를 희생과 고난을 통해 보여 주려고 하지 않았습니다. 하지만 그것은 세례 요한의 증언도, 사도들의 증언도 아니었습니다.

　이제는 세례 요한의 증언을 회복해야 할 때입니다. 그리고 우리는 그 증언이 사실임을 세상에 증명해야 하는 거룩한 부담감으로 교회를 지키고 삶을 살아 내야 합니다. 이제 오늘날 교회들은 옛날의 화려한 영광을 되찾게 해달라고 기도하지 말고 진정으로 그리스도가 우리 삶과 교회의 주인이시라는 세례 요한과 사도들의 증언을 되찾게 해달라고 기도해야 합니다. "보라! 세상 죄를 지고 가는 하나님의 어린양이로다." 십자가와 부활은 이 증언의 가장 확실한 증명이었습니다.

John
요한복음

요한복음 1장 35-42절

또 이튿날 요한이 자기 제자 중 두 사람과 함께 섰다가 예수께서 거니심을 보고 말하되 보라 하나님의 어린양이로다 두 제자가 그의 말을 듣고 예수를 따르거늘 예수께서 돌이켜 그 따르는 것을 보시고 물어 이르시되 무엇을 구하느냐 이르되 랍비여 어디 계시오니이까 하니 (랍비는 번역하면 선생이라) 예수께서 이르시되 와서 보라 그러므로 그들이 가서 계신 데를 보고 그날 함께 거하니 때가 열 시쯤 되었더라 요한의 말을 듣고 예수를 따르는 두 사람 중의 하나는 시몬 베드로의 형제 안드레라 그가 먼저 자기의 형제 시몬을 찾아 말하되 우리가 메시아를 만났다 하고 (메시아는 번역하면 그리스도라) 데리고 예수께로 오니 예수께서 보시고 이르시되 네가 요한의 아들 시몬이니 장차 게바라 하리라 하시니라 (게바는 번역하면 베드로라)

6장
주님, 어디에 거하십니까?

　예나 지금이나 이발소나 미용실에 가면 오고 가는 말이 참 많습니다. 손님 입장에서는 이발하며 기다리는 시간이 지루해서일 수도 있고, 이발사 입장에서는 단골을 만들기 위한 목적일 수도 있습니다. 그러나 저 같은 경우는 이발을 하러 갔으면 이발에만 집중하면 좋겠다 싶어 이발사가 말을 걸어도 대답을 간단하게 하는 편입니다. 저는 이발소에 이발만 하러 갑니다. 단골이라서 가는 것도 아니고, 싸서 가는 것도 아니고, 단지 머리가 마음에 들어야 갑니다.
　오래전에 읽은 이야기가 있습니다. 지금도 있는지 모르겠지만 프랑스 파리에는 방이 두 개로 나누어져 있는 이발소가 있었답니다. 이발만 할 손님방과 수다를 떨면서 이발할 손님방으로 나눈 것입니다. 수다를 떨면서 이발하는 손님방에 들어가면 다시 네 구역으로 나누어져 있습니다. 운동, 일반 시사, 가족 문제, 주식 중에서 자기가 관심 있는 대화 주제 쪽으로 가면 됩니다. 참 재미있는 이발소입니다. 이런 경우는 단순히 이발만을 목적으로 하는 것이 아니라 일종의 클럽으로, 정보 공유의 목적을 갖추고 있는 것입니다. 하지만 그 이발소가 정작 이발을 잘 못한다면 대부분 손님에게 그런 보조적인 혜택들은 그리 큰 의미가 없을 것입니다.

궁극적인 목적을 잃을 때

84년 여름에 한국을 방문한 적이 있습니다. 그 당시 한국에는 가족이 아무도 없었고, 한국을 떠난 지 8년이 지났기 때문에 마땅히 갈 곳도 없었습니다. 그래서 월요일부터 금요일까지 선교 훈련원에서 사역하고 토요일에는 딱히 할 일이 없어서 아침부터 저녁까지 카페에서 책을 읽었습니다. 가난한 신학생 신분이라 주스 한 잔을 시켜 놓고는 나가라고 할까 봐 눈치를 보면서 미안한 마음으로 몇 시간씩 앉아 있었습니다. 제가 카페를 찾은 이유는 냉방 시설이 잘 되어 있었기 때문입니다. 그러다가 주스 한 잔 값조차도 아깝다는 생각이 들면 은행을 다니면서 두세 시간씩 앉아 있다 오기도 했습니다. 한번은 은행 경비 아저씨가 일 다 봤으면 나가라고 해서 쫓겨나기도 했습니다. 냉방 시설은 손님들의 편의를 위해서 제공하는 혜택인데 그 혜택만 누리려는 목적으로 사람들이 모인다면 사업하는 사람은 그 혜택이 사업에 이익을 주는지 손해를 주는지 손익 계산을 해볼 것입니다. 궁극적인 목적은 이윤을 남기는 것이지 혜택을 주는 게 아니기 때문입니다.

그 반대 경우는 더 심각합니다. 혜택을 주는 목적으로 만들어진 비영리 단체들이 이윤을 남기는 데 혈안이 되어서 혜택이 꼭 필요한 사람들에게 혜택을 주지 않는다면 공분을 사기에 충분합니다. 목적과 수단이 전도될 때 우리는 심각한 정체성의 혼란을 경험하게 됩니다.

교회는 어떨까요? 교회에 와서 교인들 간에 친목과 교제를 도모하는 것이 나쁜 것일까요? 교회에 와서 교인들끼리 서로 정보도 교환하고 외로움도 달랜다면 그것이 교회의 본래 목적을 무시한 잘못된 일일까요? 저는 그렇지 않다고 생각합니다. 도움의 손길이 필요한 사람에게 교회는 자선 단체가 아니라며 나 몰라라 하고, 목사는 말씀과 기도에 전념하는 것이 주된 업무이기 때문에 이런 사람들을 돕는 일은 목사가 할 일이 아니라고 한다면 그것은 그리 바람직하지 못합니다. 그리스도인들이 신앙적인 부분이나 삶의 다른 부분에서 도움이 필요한 사람을 도와주는 것은 이 땅에서 그리스도의 덕을 드러내는 좋은 수단이니까요.

하지만 목사가 전혀 설교를 준비하지 않고, 사람들의 영혼에는 아무런 관심도 없으면서 사람 돕는 일에만 전념한다면 사회 복지사로 직업을 바꾸는 것이 더 바람직할 것입니다. 사회 복지사가 되는 것도 목사 못지 않게 귀한 일이니까요. 꼭 교회로 데려 오겠다는 목적이 아니더라도 교회가 정보도 제공하고 친목도 도모하고 서로 도우며 살 수 있는 기회도 제공한다면 그것은 바람직한 일이지만, 본래 교회의 존재 목적을 상실하는 것은 문제가 됩니다. 현실에서 목적과 수단의 구분이 언제나 명확한 것은 아니더라도, 교회가 무엇인지 그 정체성은 확실히 해야 합니다.

요한복음이 기록되었을 때는 아마도 초대 교회가 생기고 약 30년에서 50년 정도 지났을 때였다고 짐작됩니다. 당시 교회에 이미 이단적인 가르침이 많이 들어와 있었다는 것도 문제였지만 그보다 더 심각한 문제는 교인들이 역동적인 신앙 고백과 헌신이 아닌 제도와 형식에 더 익숙해져 갔다는 것이었습니다. 다양한 목적으로 사람들이 교회에 들어오자 성장의 유혹은 그런 다양한 목적을 합리화했고, 교회는 가장 중요한 교회의 본질인 믿음과 사랑을 잃어갔습니다. 예수님의 제자로서 마지막까지 산 요한은 그렇게 정형화되어 가는 교회의 모습을 보면서 요한복음을 기록했습니다. 저는 그런 요한의 심정으로 오늘 말씀을 읽어 보고 싶습니다.

"무엇을 구하느냐?"

세례 요한이 예수님을 세상 죄를 지고 가는 하나님의 어린양이라고 증언한 다음 날, 예수님이 또다시 요단강 근처에 나타나셨습니다. 그때는 세례 요한이 제자 둘과 함께 서 있었습니다. 예수님을 보자 세례 요한은 다시 "하나님의 어린양"이라고 증언했고, 이에 두 제자(한 제자는 안드레[40절]이고, 다른 제자는 요한)가 예수님을 따라갔습니다.

이들은 왜 예수님을 따라갔을까요? 단순한 호기심 때문이었을까요? 아닙니다. 이들이 가지고 있던 영적인 일들, 특히 메시아에 대한 열심과 관심 때문이었습니다. 그들의 관심은 세례 요한에 대한 충성이나 관계, 혹은 조직의 소속이 아니었습니다. 그래서 세례 요한을 배신한 것도 아니고, 더는 상종 하지 않은 것도 아닐 것입니다. 그들은 예수님이 하나님의 어린양이라고 하자 예수님을 만나고 싶었을 뿐입니다.

예수님을 따라다니자 예수님이 그들을 대면하여 하신 질문이 재미있습니다. "무엇을 구하느냐?"(요 1:38) 그들이 따라다니는 것이 귀찮아서 물으신 것은 아닐 것입니다. 불트만이라는 학자는 "이 질문은 예수님께 나아오는 자에게 던져야 할 첫 번째 질문이요, 예수님께 나아오는 자가 해야 할 첫 번째 대답이다"(Rudolf Bultmann. *The Gospel of John*, trans. G.R.Beasley-Murray, 1971)라고 했습니다. 요한은 당시 교회를 향해서 이 질문을 하고 있는 것입니다. "무엇을 구하느냐?" 예수님을 찾는 사람들이 무엇을 원하느냐는 말입니다.

요한은 그의 복음서를 통해서 이 질문을 상당히 심각하고 심오하게 다루고 있습니다. 예수님이 오병이어 기적을 베풀었을 때 사람들은 예수님께 와서 왕이 되어 달라고 했습니다. 예수님은 "너희가 나를 찾는 것은 …… 떡을 먹고 배부른 까닭이로다"(요 6:26)라고 하셨습니다. 물론 이 떡은 세상에서의 성공과 형통을 의미했습니다.

예수님을 원하는 사람들은 생수를 원한다고 했습니다. 보기를 원한다고 했습니다. 사람들은 이 세상에 사는 동안 필요한 것들을 채워 줄 수 있는 하나님을 원했습니다. 그것을 원하는 것이 잘못된 것은 아닙니다. 그래서 주님은 그들에게 떡을 주시고 보게 하셨으니까요. 그러나 사람들이 일시적인 만족을 원하고 당장의 문제 해결을 요구할 때, 예수님은 영원한 것, 참된 자유를 말씀하셨습니다. 그래서 요한복음에서는 예수님과 예수님을 만난 많은 사람이 동문서답을 하고 있는 것을 자주 발견하게 됩니다. 궁극적으로 원하는 것이 달랐기 때문입니다. 예수님을 따라온 두 사람에게 주님은 무엇을 구하느냐고 물으셨습니다. 그러면 사람들은 뭐라고 대답을 할까요? 어떤 대답을 기대하십니까?

두 제자는 오히려 "선생님, 어디에 거하십니까?"(요 1:38 참조)라고 물었습니다. 조금은 생뚱맞게 들리지만 어디 거하시는지 물은 이 단어는 사실

요한복음에서 "내 안에 거하라 나도 너희 안에 거하리라……"(요 15:4)라고 주님이 말씀하실 때 자주 사용한 단어입니다. 사도 요한은 의도적으로 이 단어를 쓰고 있는 것 같습니다. "어디에 거하십니까?" 요한은 단순히 예수님의 처소를 묻기 위해 이 질문을 하지는 않았을 것입니다. 그 질문에 예수님은 와서 보라고 하셨습니다.

안드레, 요한, 예수님은 모두 갈릴리 출신이기 때문에 이들이 방문한 곳은 베다니에 있던 예수님의 임시 거처였을 것입니다. 요한은 그때 시간이 오후 4시쯤이었다고 했는데 그들이 예수님의 거처로 간 것이 오후 4시였는지, 아니면 오후 4시까지 예수님과 함께 머문 것인지는 확실하지 않습니다. 하지만 요한과 안드레는 그날 예수님과 얼마 동안 함께 있었다고 증언합니다. 잠시 그곳에 함께 거했습니다. 그리고 안드레가 자기 형제 베드로를 찾아갔습니다. 정확히 알 수 없지만 일반적으로 베드로가 형이었다고 전제하지요. 안드레는 베드로에게 "형, 우리가 메시아를 만났다"(요 1:41 참조)고 말하고 베드로를 예수님께 데리고 가서 그 형제가 주님을 만났습니다.

예수님과의 만남

여러분은 마태복음을 읽으면서 예수님이 제자들을 부르시는 장면을 보면서 석연치 않다는 생각을 해보신 적이 있을 것입니다. 갈릴리 바닷가에서 열심히 고기를 잡고 있는 베드로와 안드레에게 예수님이 갑자기 나타나 "나를 따라오라 내가 너희를 사람을 낚는 어부가 되게 하리라"(마 4:19)고 말씀하시자 이 두 사람이 예수님을 따르는 장면이 나옵니다. 이 장면만 보면 마치 베드로와 안드레가 생전 처음 보는 사람에게 홀려서 그물과 배를 버려두고 좇는 것처럼 보입니다. 이것을 무조건 따르는 절대적인 순종을 의미한다고 생각한다면 몹시 단편적인 생각입니다. 하지만 요한복음에 나오는 사건을 전제한다면 그 순종은 충분히 가능한 일입니다.

원래 세례 요한의 제자로 메시아를 기다리는 일에 깊은 관심을 가진 안드레와 요한은 예수님이 세상 죄를 지고 가는 하나님의 어린양이라는 증언을 듣고 예수님을 따라갔습니다. 그리고 예수님과 꽤 긴 시간 교제를 가졌습니다. 안드레는 세례 요한의 증언이 확실하다는 결론을 내리고 그의 형인 베드로에게 메시아를 만났다고 증언하고 베드로와 함께 예수님을 찾아왔습니다.

예수님은 베드로를 보자 시몬이라는 이름을 가지고 있던 그에게 베드로라는 새 이름을 주셨습니다. 예수님과 제자들은 다시 고향인 갈릴리로 갔고, 거기서 예수님은 제자들과 함께 본격적인 사역을 시작하신 것입니다. 그러니까 다른 복음서에서는 예수님이 제자들을 부르시는 사건부터 시작하는데 요한복음은 부르심 이전에 있던 예수님과의 만남부터 시작한 것입니다. 무조건적인 순종 이전에 인격적인 만남이 있었음을 말하기 위해서입니다. 그리고 제자들이 목숨을 걸고 복음의 사도가 된 것은 교세 확장과 사도의 직분으로 힘을 가지기 위해서가 아니라 영원한 생명에 대한 관심 때문이었음을 강조하기 위해서입니다. 예수님의 공동체는 처음부터 이 세상에서의 형통과 성공이 아닌 영원한 나라와 생명에 대한 관심으로 시작된 것임을 말하기 위해서입니다.

물론 그렇게 주님을 따른 제자들이 전혀 흔들리지 않은 것은 아닙니다. 때로 생명의 위협에 제자들은 예수님을 부인하기도 했고, 때로 배고픔에 불평하기도 했습니다. 때로는 아무것도 눈에 보이지 않고 손에 잡히지 않아서 두려워하기도 했고, 때로는 세상의 인정에 우쭐하기도 했습니다. 하지만 그 연약함과 죄 가운데서도 그들이 주님을 끝까지 따를 수 있던 것은 주님과의 만남 때문이었습니다. 안드레가 베드로를 찾아가 "형, 내가 메시아를 만난 것 같아"라고 말한 고백에는 설렘이 있었습니다. 그리고 세상의 영광을 누리고자 예수님을 왕으로 만들려던 사람들이 예수님에게 실망해서 모두 떠난 후 "너희도 가려느냐"(요 6:67)는 주님의 질문에 "영생의 말씀이 주께 있사오니 우리가 누구에게로 가오리이까?"(요 6:68)라고 한 베드로의 대답에는 생명에 대한 확신이 있었습니다.

제자의 모습

여러분은 무엇이 진정한 제자를 만든다고 생각하십니까? 교회에 다닌다고 저절로 제자가 되는 것은 아닙니다. 직분으로 제자가 되는 것이 아닙니다. 목사가 되면 저절로 제자가 되는 게 아닙니다. 진지하게 믿음 생활을 해보고자 하는 분들이 답답해 하는 것이 무엇입니까? 그분들은 교회가 원래의 존재 목적을 상실한 것 같다고 말합니다. 불신의 죄와 약함을 혼동해서 전혀 다른 동기로 목사가 되고, 처음부터 주님을 사랑하는 마음 없이 성공하겠다고 목회를 하면서 인간은 약해서 그렇다고 합리화 하려고 합니다.

주님을 따르던 제자들은 잘 넘어지고, 잘 흔들렸습니다. 세련됨도 없었고 성숙함도 없어 보였습니다. 그런데 그들은 주님을 사랑했습니다. 주님이 하신 말씀들을 이해도 못하고 잘 잊어버리기도 했지만 그들은 주님을 알았고 주님을 믿었습니다. 주님을 따르던 제자들은 완벽한 사람들이 아니라서 영원한 곳을 바라보며 산다고 하면서도 눈에 보이는 것들에 마음을 빼앗기기도 하고 위축되기도 했습니다.

그러나 사람은 다 그렇게 약하고 부족한 존재니까 눈에 보이는 것에 마음을 빼앗겨도 된다는 의미는 아닙니다. 연약하여 잘 넘어지는 것과 무관심과 불신은 다른 것이기 때문입니다. "무엇을 원하느냐? 무엇을 구하느냐"는 질문에 "난 돈이 좋아요. 난 부자가 되고 싶어요. 난 예수님이 누구이든 상관없고 이 세상에서 인정받고 싶어요"라고 대답하지 않고, "주님 어디 거하십니까? 주님과 함께 거하고 싶습니다"라고 말할 수 있는 사람들이 제자입니다. "와서 보라"(요 1:39)는 주님의 음성을 듣고 주님을 붙들고 그 안에 거하기로 작정한 사람들이 주님의 제자입니다. 주님을 사랑하는 제자 요한이 교회를 보면서 느낀 안타까움과 답답함은 당시 교인들이 완벽하고 철저하게 제자의 삶을 살아 내지 못하는 데서 비롯된 것이 아니라 예수님과의 인격적인 만남 없이 자기의 편리와 유익을 따라 예수님을 사육하는 것 같은 모습에서 비롯된 것이었습니다.

아무리 교회가 성장하고 교세가 커도 그것은 주님의 교회가 아니었고, 아무리 열심을 내고 봉사해도 그것은 주님과 상관없는 것이었습니다. 그 안에 주님이 계시지 않고, 주님을 바라보고 있지 않기 때문입니다. 그런데 우리는 그렇게 잃어버린 것도 모를 만큼 무감각해졌습니다.

이 시간에도 주님이 우리에게 물어보실 것 같습니다. "무엇을 구하느냐?", "무엇을 원하느냐?" 배고프고 힘들고 아프고 불안하지만, 세상은 몹시 어수선하고 복잡하지만 "주님! 어디 계십니까?"가 우리의 대답이면 좋겠습니다. 세상살이가 무척 힘들고 지쳐서 우리는 주님을 그리워합니다.

우리는 주님을 원합니다. 여전히 가난하고, 여전히 아픔과 슬픔이 우리 삶의 현장에 녹아 있어 헤어나지 못하고 허우적거릴 때도 있지만 그래도 우리가 소망하는 것은 주님 밖에 없어서 주님의 품을 찾고 "주님 어디 계십니까?"를 묻지 않을 수 없습니다.

제자들에게는 이 고백이 있었고, 이 만남이 있었고, 이 사랑이 있었습니다. 그래서 그들은 제자인 것입니다. 흔들리지 않아서 제자인 것이 아니라, 넘어지지 않아서 제자인 것이 아니라, 사도라는 직분과 교회에서의 위치 때문에 제자인 것이 아니라 그들에게 이 생명의 고백이 있었기 때문에 제자였습니다. 그래서 요한은 그의 복음서에서 한 번도 사도라는 단어를 사용하지 않습니다. 이미 그때쯤이면 이 거룩한 직분에 힘이 들어가 직분의 목적과 수단에 혼동이 있었겠지만 교회에서는 그 어떤 것보다 주님을 향한 생명의 고백이 우선해야 하기 때문입니다.

오늘도 저와 여러분, 그리고 모든 교회는 이 질문 앞에 진지하게 서야 할 것입니다. "무엇을 구하느냐?" 그리고 우리 모두 예수님이 "와서 보라" 하실 때 기꺼이 따라갈 수 있는 열정과 애정으로 대답할 수 있기를 바랍니다. "주님, 어디 계십니까? 주님이 계신 곳에 머물고 싶습니다."

John
요한복음

요한복음 1장 43-51절

이튿날 예수께서 갈릴리로 나가려 하시다가 빌립을 만나 이르시되 나를 따르라 하시니 빌립은 안드레와 베드로와 한 동네 벳새다 사람이라 빌립이 나다나엘을 찾아 이르되 모세가 율법에 기록하였고 여러 선지자가 기록한 그이를 우리가 만났으니 요셉의 아들 나사렛 예수니라 나다나엘이 이르되 나사렛에서 무슨 선한 것이 날 수 있느냐 빌립이 이르되 와서 보라 하니라 예수께서 나다나엘이 자기에게 오는 것을 보시고 그를 가리켜 이르시되 보라 이는 참으로 이스라엘 사람이라 그 속에 간사한 것이 없도다 나다나엘이 이르되 어떻게 나를 아시나이까 예수께서 대답하여 이르시되 빌립이 너를 부르기 전에 네가 무화과나무 아래에 있을 때에 보았노라 나다나엘이 대답하되 랍비여 당신은 하나님의 아들이시요 당신은 이스라엘의 임금이로소이다 예수께서 대답하여 이르시되 내가 너를 무화과나무 아래에서 보았다 하므로 믿느냐 이보다 더 큰 일을 보리라 또 이르시되 진실로 진실로 너희에게 이르노니 하늘이 열리고 하나님의 사자들이 인자 위에 오르락 내리락 하는 것을 보리라 하시니라

7장

간사함이 없는 고백

　타국에서 외국인으로 살다 보면 차별을 경험하게 됩니다. 차별받는 이유 중 하나는 편견입니다. 외국인이니까 언어가 안 통할 것이라는 편견, 타고 다니는 차를 보니까 가난할 것이라는 편견, 외모를 보니까 사나울 것이라는 편견 등이 사람을 억울하게 만들기도 합니다. 미국의 31대 부통령인 찰스 커티스는 어머니가 인디언계이기 때문에 정치를 하면서 편견으로 인한 어려움을 자주 겪었습니다. 그는 이런 말을 했습니다. "그 어떤 편견도 없이 공평할 수 있는 길은 오직 두 가지뿐이다. 하나는 아주 무식한 것이고 다른 하나는 아주 무관심한 것이다. 따라서 편견과 선입관은 우리가 피해야 할 것이 아니라 잘 관리해야 하는 것이다." 이 말은 선입관으로 생긴 편견은 불가피한 것이라서 가지지 않으려고 노력하기보다는 어쩔 수 없이 생기는 것이기에 잘 관리해야 한다는 의미입니다.

사실 선입관이라는 것은 지식이나 경험에 의해 만들어지는 것이라서 지식이 없다면 모를까 지식과 판단력이 있는 한 불가피합니다. 어떤 학교에서 어떤 공부를 했는지 알고 나면 그 정보에 따라 그 사람의 말을 평가하게 되고, 어떤 직업에 종사하는지 알고 나면 그 직업에 따라 그 사람의 말을 받아들이게 됩니다. 이처럼 정보를 알게 되면 당연히 선입관이 생깁니다. 가령 누가 대학 교수라고 하면 "그 사람이 공부를 많이 해서 그 분야에서는 전문가겠구나"라는 선입관을 갖고 그 교수가 하는 말은 더욱 경청하게 되는 것입니다. 그러나 그런 선입관 때문에 그 사람의 말은 다 옳은 줄 알거나, 반대로 다 틀렸다고 생각한다면 선입관을 제대로 관리하지 못한 것입니다.

선입관을 갖지 않기 위해 직업, 고향, 출신 학교 등 어떤 정보도 묻지 않으려고 하는 것 자체가 그리 자연스러운 모습은 아닐 것입니다. 때로는 모르는 것이 차라리 나은 경우가 많지만 말입니다. 또한 누군가에게 관심을 갖기 시작하고 그 사람의 행동을 주시하다 보면 그 사람이 무엇을 좋아하는지, 어떤 성품인지 짐작하게 되는데 설령 그 짐작이 틀렸다고 하더라도 그건 좋은 마음으로 갖는 관심에서 비롯된 선입관일 수 있습니다.

기독교인은 기독교에 대한 편견을 가지고 있고, 장로교를 다니는 사람은 장로교에 대한 편견을 가지고 있습니다. 우리가 가지고 있는 편견을 절대화하거나 이것으로 다른 사람의 가치를 가볍게 판단하는 것은 대단히 위험한 일이지만 선입관은 지식, 소신, 확신을 의미하기도 합니다. 하지만 선입관은 실제와 다를 수 있는 가능성이 아주 높기 때문에 거기에 의존해서 판단하거나 행동해서는 안 된다는 것을 반드시 기억해야 합니다.

나사렛에서 무슨 선한 것이 날 수 있느냐

성경에 나오는 인물 중에 이런 선입관으로 유명한 사람이 있습니다. 바로 나다나엘입니다. 그의 "나사렛에서 무슨 선한 것이 날 수 있느냐"(요 1:46)는 말은 선입관을 의미하는 것으로 유명한 격언이 되었습니다. 저는 웨스트민스터 신학교에서 공부했는데 그 학교 출신들은 설교도 잘 못하고 목회도 잘 못한다는 이야기를 참 많이 들었습니다. 제가 어느 연합 집회에 강사로 갔는데 함께 참석한 강사 중 한 분이 "웨스트민스터에서도 선한 것이 나오나?"라고 말하시더라고요. 그분이 의미한 선한 것은 설교 잘하는 것이었습니다. 제가 그 말을 듣고 기분이 좋지 않았는데 막상 설교도 잘 못하게 되니 더 열이 받았습니다.

나다나엘은 무슨 뜻으로 이런 말을 했을까요? 왜 예수님은 나다나엘이 가지고 있던 선입관을 묵인하셨을까요? 요한복음에서 자주 보는 현상이지만 예수님과 나다나엘의 대화에도 석연치 않은 부분이 참 많습니다. 오늘은 나다나엘과 예수님의 대화를 여러분과 함께 생각해 보겠습니다.

예수님은 갈릴리로 가는 길에 빌립을 만나 "나를 따르라"(요 1:43)고 하셨습니다. 빌립은 안드레, 베드로와 같은 동네 출신으로 세례 요한을 만나기 위해 함께 유다 땅으로 왔다가 예수님에 관해서도 익히 들어서 알고 있던 것 같습니다. 그리고 빌립은 예수님이 메시아라는 확신도 있었습니다. 예수님이 함께 가자고 하셨을 때 그는 나다나엘을 찾아가 메시아를 만났다고 증언하고 그에게도 함께 가자고 했습니다.

나다나엘이 누구인가에 관해서는 의견이 분분합니다. 어떤 사람은 마태라고 하고 어떤 사람은 바돌로매라고 합니다. 그는 갈릴리 가나 출신이었습니다. 가나와 나사렛은 나란히 붙어 있는 작은 도시들이기 때문에 이 두 도시 사람들 사이에는 어느 정도의 경쟁의식이 있었다고 합니다. 그래서였을까요? 나다나엘의 첫마디가 상당히 도발적입니다. "나사렛에서 무슨 선한 것이 날 수 있느냐?" 지방색에 의한 선입관은 그 어떤 선입관보다 비합리적이고 유해합니다. 결코 건강한 사고가 아니라서 빈말이라도 책망받아 마땅합니다.

그런데 나다나엘이 나아오는 것을 보고 예수님이 말씀하시기를 "이는 참으로 이스라엘 사람이라 그 속에 간사한 것이 없도다"라고 칭찬하셨습니다. 나사렛에서 무슨 선한 것이 나겠느냐는 심한 편견을 가진 사람을 주님은 어떻게 간사한 것이 없다고 칭찬하실 수 있습니까? 편견만큼 간사한 것이 없는데 어떻게 그를 간사한 것이 없는 순수한 사람이라고 하실 수 있습니까? "왜 나사렛에서는 선한 것이 날 수 없느냐?"라거나 "나는 원래 나사렛 사람이 아니라 베들레헴에서 출생했거늘, 제대로 알지도 못하면서 그렇게 사람을 판단하면 되겠느냐"라고 야단을 치셨어야 하지 않습니까? 혹시 나다나엘이 빌립에게 한 말을 주님이 듣지 못했기 때문일까요? 하지만 지금 이 만남이 예수님의 초자연적인 능력인 것을 감안할 때 그 답도 궁색합니다.

나다나엘의 순수한 신앙적 열심

나다나엘이 "어떻게 나를 아시나이까?"(요 1:48)라고 놀라움으로 반응했을 때, 예수님은 "네가 무화과나무 아래에 있을 때에 보았노라"(요 1:48)고 대답하셨습니다. 그리고 그 말에 나다나엘은 "랍비여 당신은 하나님의 아들이시오 당신은 이스라엘의 임금이로소이다"(요 1:49)라고 대답했습니다. 정말 생뚱맞죠? 세상 사람들이 다 이러면 전도하기 무척 쉬울 것입니다.

제가 지나가는 사람을 붙들고 "당신은 마음에 간사함이 없이 착한 사람이군요"라고 말합니다. 칭찬에 기분이 좋아진 그 사람이 "저를 아십니까?"라고 묻겠지요. 그때 제가 "당신이 나무 아래에서 묵상하는 것을 보았습니다"라고 대답합니다. 그러자 그 사람은 "아, 당신은 참 선지자군요. 제가 선생님의 제자가 되겠습니다"라고 말하고는 다음 주부터 교회에 나옵니다. 이렇게 전도가 된다면 얼마나 좋겠습니까? 하지만 보통은 "저와 같은 동네 사세요?"라든지 "제가 묵상하는 걸 어디서 봤다고요?"라고 되물을 것입니다. 참 선지자 취급을 받기보다는 스토커나 사기꾼으로 취급 받기 십상일 것입니다.

저는 주님이 나다나엘의 구도적인 마음을 귀하게 보신 것이라고 생각합니다. 그는 메시아를 기다리고 있었습니다. 나다나엘이 나사렛에서 선한 것이 나올 수 없다고 한 말은 나사렛 사람들을 무시해서 한 말이 아니라 메시아에 대한 관심을 가리키는 말입니다. 나사렛에서 선한 것이 나오지 않는다는 말은 그가 알고 있는 구약의 가르침에 따르면 메시아가 나사렛에서 나온다는 기록이 없다는 뜻입니다. 그러니까 이 말은 지방색에 의한 편견을 가리키는 것이 아니라 성경 지식에 의한 확신을 가리키는 것입니다.

그는 예수님이 베들레헴에서 출생해서 나사렛에서 자랐다는 것을 몰랐기 때문에 메시아가 나사렛 출신이라는 것을 믿을 수 없었습니다. 그러니까 나다나엘에게는 순수한 신앙적 열심이 있었습니다. 그래서 예수님은 나다나엘을 보시자 그 속에 간사한 것이 없다고 하신 것입니다.

"당신은 하나님의 아들이십니다"

예수님이 나다나엘에게 참 이스라엘 사람이라고 하신 것은 바울이 의도한 바와 같은 거듭난 참 이스라엘 사람이라는 뜻은 아닐 것입니다. 그는 아직 주님과 인격적으로 만났다고 말할 수 있는 단계가 아니었으니까요. 하지만 예수님은 그의 마음속에 있는 신앙적인 진실함을 보셨습니다. 나다나엘에게는 이스라엘 백성으로서 메시아를 기다리는 순수함이 있었습니다.

나다나엘은 메시아를 기다린다고 말하면서도 메시아에게는 아무런 관심도 없이 기득권 싸움에 치중하는 당시 종교 지도자들과 달랐습니다. 나다나엘이 깜짝 놀라면서 물었습니다. "나를 어떻게 아십니까?" 예수님은 전에 무화과나무 아래에 있을 때 보았다고 하셨습니다.

옛날 이스라엘 사람들은 메시아를 기다리며 기도할 때 무화과나무 아래에서 기도했다고 합니다. 그러니까 무화과나무 아래 있는 것을 보았다는 말은 그가 메시아를 기다리는 사람인 것을 알고 있다는 말입니다. "네가 메시아를 기다리며 살아가는 참 이스라엘임을 내가 안다"는 주님의 말에 나다나엘은 감동했습니다.

그래서 그는 "당신은 하나님의 아들이시요 이스라엘의 임금입니다"(요 1:49 참조)라고 고백합니다. "언제 보셨어요?"라고 묻지 않고, 바로 고백을 했습니다. 멀리서도 볼 수 있고, 알 수 있는 예수님의 선지자적 능력을 인정했기 때문입니다. 빌립이 그에게 증언한 말이 사실이라서 틀림없는 그 선지자라고 확신했기 때문입니다. 자기 마음을 꿰뚫어 볼 수 있고, 보지 않고도 알 수 있는 분이라면 진짜 선지자임에 틀림없습니다. 그래서 그는 고백했습니다. "당신은 하나님의 아들이십니다." 이 고백은 세례 요한이 한 고백, 안드레가 한 고백, 그리고 빌립이 한 고백(요 1:34, 1:41, 45 참조)입니다.

다양한 방법으로 주님을 대면했지만 중요한 것은 그들 모두 이 고백을 했다는 것이고 이들의 고백은 진실했다는 것입니다. 이 진실함은 완전함을 의미하지 않습니다. 진실함은 요동치 않는 견고함을 의미하지도 않습니다. 진실함에는 흔들림도 있고, 이해되지 않아서 당황스러움도 있습니다. 그러나 그 안에는 순수함과 정직함이 있습니다.

사람들은 변질되었다고 하는 목사나 교회 지도자들을 대하면서 "옛날에는 참 순수했는데"라고 말합니다. 옛날에는 완벽했다는 말이 아닐 것입니다. 옛날에는 경험이 없어 미숙하기도 하고 지식도 짧았지만 그래도 순수했다면, 지금은 아는 것도 많고 노련해지기는 했는데 진실하지가 않다는 의미입니다. 언제 그렇게 될까요? 굳으면 그렇게 됩니다. 편리함을 누리는 일에 익숙해져서 사고가 굳어 정체되면 그렇게 됩니다.

대체로 사람이 간사함이 없다고 말할 때는, 마음 상태가 딱딱하게 굳지 않고 부드럽고 말랑말랑한 상태를 의미합니다. 두려움도 있었고 욕심도 있었지만, 그리고 주님을 오해한 적도 참 많았지만 처음 주님을 따를 때 그들이 원한 것은 사람들에게 인정받는 것도 아니었고, 권력을 차지하는 것도 아니었고, 세상의 부귀영화도 아니었습니다. 그들은 하나님 나라를 원했습니다. 그래서 그들 마음에는 간사함이 없었습니다.

보지 않고도 믿는 자들

여러분은 예수님이 마음에 간사함이 없다고 말씀하실 만큼 하나님을 원하고 있습니까? 나를 알아주지 않아 서운해 하고, 내 마음대로 할 수 없어 분노하고, 조금 더 나은 곳, 조금 더 편한 곳으로 가고 싶은 유혹에 흔들리지만 이건 주님이 원하는 일이 아닐 거라는 생각에 다시 마음을 잡고 용서를 구하며 하나님을 갈망하고 있습니까? 주님은 나다나엘에게 이 마음이 있다고 말씀하신 것입니다.

그러고 나서 예수님은 나다나엘에게 이해하기 힘든 말씀을 하셨습니다. "내가 너를 무화과나무 아래에서 보았다 하므로 믿느냐 이보다 더 큰일을 보리라"(요 1:50). 이 말은 "뭘 그런 것 가지고 놀라고 그러냐? 난 더 큰 것도 할 수 있어!" 하는 능력 과시가 아닐 것입니다. 무슨 생각을 하고 있는지, 어제 저녁에 뭘 먹었는지 맞힐 수 있는 메시아임을 더 확인시킬 수 있다는 의미도 아닐 것입니다. 오히려 그 반대입니다. 표적에만 의지하여 믿지 말라는 말씀입니다. 표적을 보지 않고도 믿는다면 그 사람의 마음에는 간사함이 없고 이렇게 하나님만 갈망하는 마음은 복되다는 말씀입니다. 제가 그렇게 생각하는 것은 그 다음 말씀 때문입니다.

> 진실로 진실로 너희에게 이르노니 하늘이 열리고 하나님의 사자들이 인자 위에 오르락내리락 하는 것을 보리라(1:51).

아주 난해한 말씀이고, 그래서 해석이 참 분분한 말씀입니다. 이 말씀을 대하면서 교회 생활을 오래 한 분들이 가장 먼저 떠오르는 이미지는 야곱이 본 환상일 것입니다. 야곱은 환상 중에 하늘에 닿은 사다리를 보았고, 그 위에 천사들이 오르락내리락 하는 것을 보았습니다. 그리고 여호와께서 그 위에 서 계신 것을 보았습니다. 주님께서 야곱이 본 환상을 염두에 두고 하신 말씀일 수도 있겠지만 과연 예수님이 말씀하신 천사들이 인자 위로 오르락내리락 하는 것을 나다나엘이 본 적이 있는가를 생각해 보아야 합니다.

  이 말씀은 그저 나다나엘에게만 하신 말씀이 아닙니다. 지금까지 주어가 단수였는데 이 말씀에서 주어가 갑자기 복수("너희에게 이르노니……")로 바뀐 것을 천사들이 오르락내리락 하는 것을 볼 사람들이 단순히 나다나엘뿐이 아님을 의미합니다. 주님을 따르던 제자들과 그 이후 주님의 모든 제자에게 말씀하신 것 같습니다. 그렇다면 하늘이 열리고 인자 위로 천사들이 오르락내리락 하는 이 사건은 십자가 사건이거나 주님이 다시 오실 때 일어날 사건입니다. 저는 주님의 재림 때라고 생각합니다.

  이 말씀을 어떻게 이해하는가가 중요하지만 저는 요한이 이 말씀을 통해 교회에 무엇을 말하고 싶었는지가 더 궁금했습니다. 요한복음에 자주 나오는 주제이지만 저는 이 말씀을 대하면서 예수님이 도마에게 하신 말씀이 생각났습니다. 부활하신 주님을 보지 못한 도마는 "내가 그의 손의 못자국을 보며 내 손가락을 그 못자국에 넣으며 내 손을 그 옆구리에 넣어 보지 않고는 믿지 아니하겠노라"(요 20:25 참조)고 말했습니다. 주님이 도마에게 나타나셨습니다. 도마는 부활하신 주님을 보고 "나의 주 나의 하나님!"(요 20:28 참조)이라고 고백합니다. 그때 주님은 도마에게 나타나 말씀하셨습니다.

    나를 본 고로 믿느냐 보지 못하고 믿는 자들은 복되도다(20:29).

  예수님이 계신 그 당시 교인들도 힘들었습니다. 하나님 나라를 앙망하며 살아가는 사람들로서 주님을 한 번만 보면 견딜 수 있을 것 같았습니다. 그래서 기적을 원했고, 표적을 원했습니다. 뭔가 손에 잡히고, 눈에 보이면 갈 수 있을 것 같았습니다. 손에 난 못 자국에 손가락을 넣어 보면 순교도 할 수 있을 것 같습니다. 주님은 그들의 흔들리는 마음을 아셨습니다. 그래서 무화과나무 아래 있는 것을 보았다는 말에 감동하는 나다나엘에게 장차 더 큰 것도 볼 것이니 흔들리지 말고 그 고백을 붙들라고 말씀하시는 것입니다.

 제자들은 틀림없이 볼 것입니다. 천사들이 인자 위로 오르락내리락 하는 것도 볼 것이고, 예수님의 못 자국과 창 자국도 볼 것입니다. 그렇지만 그 제자들이 끝까지 믿음을 지키며 순교의 길을 갈 수 있는 것은 그들이 본 기적이 아니라 인격적인 만남을 통한 그들의 고백이었습니다. 간사함이 없는 그들의 고백이 고난을 통한 영광의 길을 끝까지 갈 수 있도록 한 것입니다.

 우리도 마찬가지입니다. 만져 보고 싶고, 눈으로 확인하고 싶습니다. 몹시 힘들고 흔들려서 손에 잡히는 것이 있으면 좋겠습니다. 그렇지만 그 흔들림 중에도 간사함 없이 진심으로 원하는 것은 바로 하나님입니다. 그래서 그 고백을 놓을 수 없습니다. "당신은 하나님의 아들이십니다." 그렇게 고백을 붙들고 살아가노라면 어느 날 우리는 찬란한 주님의 영광을 보게 될 것입니다.

John
요한복음

요한복음 2장 1-11절

사흘째 되던 날 갈릴리 가나에 혼례가 있어 예수의 어머니도 거기 계시고 예수와 그 제자들도 혼례에 청함을 받았더니 포도주가 떨어진지라 예수의 어머니가 예수에게 이르되 저들에게 포도주가 없다 하니 예수께서 이르시되 여자여 나와 무슨 상관이 있나이까 내 때가 아직 이르지 아니하였나이다 그의 어머니가 하인들에게 이르되 너희에게 무슨 말씀을 하시든지 그대로 하라 하니라 거기에 유대인의 정결 예식을 따라 두세 통 드는 돌항아리 여섯이 놓였는지라 예수께서 그들에게 이르시되 항아리에 물을 채우라 하신즉 아귀까지 채우니 이제는 떠서 연회장에게 갖다 주라 하시매 갖다 주었더니 연회장은 물로 된 포도주를 맛보고도 어디서 났는지 알지 못하되 물 떠온 하인들은 알더라 연회장이 신랑을 불러 말하되 사람마다 먼저 좋은 포도주를 내고 취한 후에 낮은 것을 내거늘 그대는 지금까지 좋은 포도주를 두었도다 하니라 예수께서 이 첫 표적을 갈릴리 가나에서 행하여 그의 영광을 나타내시매 제자들이 그를 믿으니라

8장
기쁨을 잃은 종교가 된 기독교

갓난아이 때 사고로 실명하고 한평생 시각 장애인으로 산 사람이 있습니다. 바로 미국 교회사에서 찬송가 작사가로 유명한 패니 크로스비(Fanny Crosby)입니다. 여덟 살 때 그는 이런 글을 썼습니다. "저는 비록 앞을 볼 수 없지만 얼마나 행복한 아이인지 모릅니다. 저는 많은 복을 받았기 때문에 이 세상을 사는 동안 만족하고 감사하며 살기로 마음을 정했습니다. 저는 제가 시각 장애인이기 때문에 울거나 한숨 쉬는 일은 할 수도 없거니와 하지도 않을 것입니다." 여덟 살이라서 이렇게 낙관적인 걸까요? 세상에 풍파가 얼마나 많은지 몰라서, 앞으로 장애인으로 살아갈 날 동안 흘려야 할 눈물과 슬픔이 기쁨보다는 훨씬 많을 거란 걸 몰라서, 인생을 너무 쉽게 보아서 이런 고백을 한 걸까요? 아니면 어릴 적부터 특별한 은혜를 받고 늘 성령이 충만해서 이런 고백을 할 수 있었을까요?

그는 쉰세 살 때 이런 찬송시를 썼습니다. 새찬송가 288장입니다.

> 예수를 나의 구주 삼고 성령과 피로써 거듭나니
> 이 세상에서 내 영혼이 하늘의 영광 누리도다.
> 주 안에 기쁨 누림으로 마음의 풍랑이 잔잔하니
> 세상과 나는 간 곳 없고 구속한 주만 보이도다.
> 이것이 나의 간증이요 이것이 나의 찬송일세.
> 나 사는 동안 끊임없이 구주를 찬송하리로다.

그리고 그는 여덟 살 때 한 그 고백대로 죽을 때까지 진실한 삶을 살았습니다. 하지만 그의 찬송가 가사들을 보면 이 세상의 불편과 유혹 중에 믿음의 고백을 붙들고 살려는 치열한 저항이 보입니다. 그의 삶 가운데 눈물도 많았을 것이고 불편함으로 인한 아픔도 많았을 것입니다. 만일 정말 흔들린 적이 없었다면 그는 부러움의 대상이기는 하지만 존경의 대상은 아닙니다. 우리와는 다른 종류의 사람이니까요.

전신 마비 장애인으로 수많은 곳을 다니며 복음의 은혜를 강조한 조니 애릭슨 타다(Joni Earekson Tada)가 몇 년 전에 몹시 힘들어서 그만 살고 싶다는 고백을 했을 때 많은 사람이 충격을 받았지만 그의 고백은 신앙의 무기력함에 대한 토로가 아니라 항상 두렵게 만들고 흔들리게 만드는 고난의 현실에 대한 고백이었습니다. 우리는 오히려 그 흔들림의 고백에서 그의 믿음에 위로를 받습니다.

신앙 생활이 말라가는 이유

시련과 고난이 있지만 하나님을 의지함으로 은혜를 경험하며 만족과 기쁨의 삶을 살 수 있다면 얼마나 좋을까요? 마치 첫사랑을 대하는 것처럼 마음에는 항상 설렘과 그리움이 있고, 피곤하고 힘들지만 주님을 생각하면 나도 모르게 웃음이 나와 입꼬리가 올라가고, 마치 가장 편한 사람과 함께 있는 것처럼 시간 가는 줄 모른다면 신앙 생활이 얼마나 재밌을까요? 처음에는 누구나 그랬을 것입니다. 우리도 처음에는 눈만 감으면 감사의 눈물이 나오고, 몇 시간씩 찬송을 불러도 좋던 때가 있었습니다.

저는 대학생 때 수련회 가는 것을 무척 좋아했습니다. 한 번도 가기 싫다고 생각해 본 적이 없었습니다. 수련회에 가서 예배 중에 은혜를 받으면 기분이 몹시 좋아 친구들과 밤늦도록 웃고 떠든 기억이 있습니다. 그렇게 놀다 가끔은 새벽녘에 혼자 밖에 나가 풀밭에 누워 하늘을 쳐다보며 동이 틀 때까지 찬송을 부르고 기도하면서 울고 웃곤 했습니다. 지금은 어떨까요? 수련회에 가면 빨리 자야 합니다. 집회 다 끝났는데 은혜받았다면서 다시 기도회 하자고 할 때가 가장 겁이 납니다. 이제는 정말 노련할 만큼 교회 생활에 익숙해졌는데 그만큼 성숙해지기보다는 오히려 굳어진 것 같아서 문득 겁이 납니다. 이러다 정말 제 영혼은 3년 가뭄 끝의 풀처럼 노랗게 말라 버리고 그 어떤 강력한 말에도 꿈쩍하지 않을 만큼 딱딱하게 굳어 버릴까 봐 두렵습니다.

여러분은 어떠십니까? 저는 단순히 첫사랑의 감정이나 처음 믿을 때의 열심을 회복하고 싶은 게 아닙니다. 저는 정말로 친밀하게 주님과 교제하고 싶습니다. 왜 이렇게 말라 갈까요? 여러 이유가 있을 것입니다. 세상적인 것들에 마음이 빼앗겨서일 수도 있고, 상황과 문제에 눌려서 그 너머 하나님을 바라보지 못해서일 수도 있고, 어쭙잖게 알면서 마치 다 아는 척하는 교만 때문일 수도 있습니다. 많은 이유 중 하나가 습관적인 종교 행위에 안주하는 것입니다. 저는 모든 형식을 존중합니다. 형식이 없는 내용은 없다고 생각합니다. 예배의 행위도, 교회의 조직도, 종교적인 관행도 모두 의미가 있고 필요한 것들입니다. 인간의 굴레는 그런 외형적인 모습에서 비롯되는 것이 아니라 인간의 마음에서 비롯되는 것이기 때문에 그것들을 무시하고 거부한다고 해서 자유로운 영혼이 되는 것은 아닙니다. 그런데도 경계해야 할 것이 있습니다.

물이 포도주가 된 사건

오늘 본문을 어떻게 이해해야 할지 참 많이 고민했습니다. 우선 제가 가진 고민은 이 사건이 당시 교회에 어떤 의미가 있길래 다른 복음서에서는 아무도 기록하지 않는 사건을 사도 요한은 예수님이 베푸신 첫 번째 표적으로 소개하고 있는 것일까였습니다. 요한은 이 사건이 단순히 예수님이 행하신 첫 번째 표적인데 알려지지 않아서 그것을 알리려는 데 의미를 두고 있는 것 같지는 않습니다.

예수님이 물로 포도주를 만드신 사건은 아주 유명한 사건이면서 동시에 많은 질문을 남긴 사건입니다. 만일 이 사건을 처음 대한 분들이라면 아마 이런 질문이 떠오를 것입니다. 잔칫집에 포도주가 떨어졌는데 예수님의 어머니는 왜 예수님에게 그 사실을 알렸을까요? 그때까지 예수님은 아직 한 번도 기적을 행하신 적이 없습니다. 왜 예수님은 어머니를 '여자여'라고 불렀을까요?

예수님은 하나님이기 때문에 그 신성과 사역의 측면에서 그렇게 불렀다고 말하기도 합니다. 여자라고 번역된 헬라어($\gamma \upsilon \nu \alpha \iota$)가 영어로는 ma'am에 가까운 존칭어라고 말하지만 틀림없이 어머니를 부르는 일반적인 호칭은 아닙니다. 예수님이 "아직 내 때가 이르지 않았으니 나와 무슨 상관이 있습니까?"(요 2:4 참조)라고 하신 말씀은 예수님이 도울 수 없다는 의미로 들리는데 왜 마리아는 하인들에게 예수님이 시키는 대로 하라고 지시했을까요? 예수님은 아무것도 하지 않을 것처럼 말씀하시고는 왜 결례를 위한 항아리에 물을 채우라고 하신 후 물을 포도주로 바꾸셨을까요? 이것 말고도 그리 중요해 보이지는 않지만 궁금한 질문들이 있습니다. 마리아도 가나에 초대받아 간 것 같은데 그 집에 포도주가 떨어진 것은 어떻게 알았을까요? 이때 주님께서 만드신 것이 진짜 포도주였을까요? 아니면 포도 주스였을까요? 저는 이런 모든 질문에 "아! 그거였구나"라고 무릎을 탁 치며 말할 수 있는 해석을 못 찾았습니다. 하지만 저는 여러분들도 궁금해 할 수 있는 이런 질문에 대한 답보다는 제 나름대로 본문이 의도하고 있다고 생각하는 중요한 가르침 하나를 나누려고 합니다. 오늘 본문에 보면 조금 특이해 보이는 기록이 있습니다. 11절 말씀입니다.

> 예수께서 이 첫 표적을 갈릴리 가나에서 행하여 그의 영광을 나타내시매 제자들이 그를 믿으니라(2:11).

왜 그 잔치에 있던 사람들은 믿지 않고 제자들만 믿었을까요? 시각 장애인의 눈을 뜨게 하고 청각 장애인의 귀를 연 것이 대단한 기적이기는 하지만 물로 포도주를 만드는 기적만큼 사람들에게 충격을 줄 기적은 없지 않을까요? 눈속임이나 마술이 아니라 진짜라면 말입니다.

어떻게 물을 포도주로 바꿀 수 있습니까? 두 물질 분자를 구성하는 원자가 엄연히 다른데 어떻게 한 물질을 전혀 다른 물질로 바꿀 수 있단 말입니까? 이건 창조의 기적입니다. 그런데 제자들만 이 일을 믿었습니다. 다른 사람들은 몰랐습니다. 하인들은 알았지만 어안이 벙벙했을 것입니다. 있을 수도 없는 일이고 본 적도 없는 일이니까 정말 신기한 마술로 생각했는지도 모릅니다.

요한복음에서 요한은 예수님이 표적을 행하시면 그 표적을 통해서 예수님이 어떤 분인가를 항상 설명했는데 이 표적과 관련해서는 그러지 않았습니다. 예수님이 당신에 관해 아무 말씀도 하지 않았기 때문입니다. 하지만 함께 있던 제자들은 세례 요한의 증언을 믿고 그가 메시아임을 알고 따른 사람들입니다. 아직은 세상에 알릴 일이 아니었기 때문에 주님은 "내 때가 아직 이르지 않았다"고 말씀하셨습니다. 그런데도 예수님은 물을 포도주로 바꾸시며 그 제자들로 하여금 자신이 메시아인 것을 믿도록 하신 것입니다.

단순히 포도주가 기쁨을 상징했기 때문이 아니라 예수님을 메시아로 믿고 따르기로 한 그들에게 주님이 보여 주신, 물로 포도주를 만드는 기적은 갇힌 자에게 해방을, 눈먼 자에게 시력을, 가난한 자에게 먹을 것을 주신 것처럼 충격과 감동의 사건이었습니다.

이것은 당시 정형화된 유대 종교가 줄 수 있는 것과 달랐습니다. 예수님의 말씀과 능력은 당시 서기관이나 바리새인들의 그것과는 분명히 달랐습니다. 아마 여러분도 이 사건을 기쁨의 사건으로 설명하는 것을 많이 들어 보셨을 것입니다. 이 사건의 배경이 결혼식이라는 것도 그렇고, 예수님이 그 잔치에 참석하시어 그들의 흥을 돋우기 위해서 물로 포도주를 만드신 것도 그렇고, 참석한 사람들이 예수님이 만들어 주신 최상의 포도주에 취해서 기분 좋아 하는 것도 그렇습니다. 하지만 이 말씀에서 느끼는 기쁨과 해방감은 최상의 포도주를 마실 수 있다는 가능성에서 비롯되는 것이 아닙니다. 이 사건에서 느끼는 기쁨은 물에서 바뀐 포도주에 있는 것이 아니라 물을 포도주로 바꾸신 사건으로 그가 메시아임을 보여 주신 예수님에게 있습니다. 기가 막히게 맛있는 포도주를 마심으로 느끼는 희열에 초점을 맞추자면 1869년산 보르도 샤토 라피트(Bordeau Chateau Lafite)도 괜찮을 것 같고, 1947년산 슈발 블랑(Cheval-Blanc)도 괜찮을 것입니다. 아니 솔직히 와인 맛을 모르는 저에게는 다 비슷비슷합니다. 다만 최고의 와인을 만들어 제공하실 수 있는 능력에 초점을 맞추는 것이 아쉽다는 말입니다.

하나님이 우리 삶을 풍성하도록 하기 위해서 열악한 환경을 최상의 환경으로, 가난함을 부유함으로, 병든 몸을 건강한 몸으로 바꾸실 그 가능성에 대한 확신을 갖도록 이 표적을 보여 주신 것이 아닙니다. 사도 요한은 당시 교인들이 예수님을 잃어버린 채 그들의 신앙을 하나의 종교적 행위로 만들어 버리고 그리스도와 연합하여 누릴 수 있는 참된 기쁨과 자유를 잃어버리는 것을 경계하고 있는 것입니다.

기쁨을 잃은 종교

제가 그렇게 생각하는 데는 두 가지 이유가 있습니다. 하나는 예수님은 결례를 위한 물을 포도주로 바꾸셨다는 사실입니다. 예수님은 왜 하필 결례를 위해 준비된 돌 항아리에 있는 물을 포도주로 바꾸셨을까요? 결례를 위해 사용된 돌 항아리가 100여 리터 들어가는 큰 항아리라서 포도주를 더 넉넉하게 만들어 주기 위해서였을까요? 주인 입장에서 최상품 포도주를 공짜로 얻었다는 것이 횡재임에는 틀림없지만 요한은 단순히 예수님이 포도주를 많이 만들어 주셨다는 것 이상의 의미를 담고 싶었을 것입니다.

이 돌 항아리는 손과 발을 씻기 위한 물을 담는 것이지 마시기 위한 물을 담는 것이 아니었습니다. 밖에 나갔다 들어온 사람이 부지중에라도 더럽고 부정한 것을 만져서 그 몸이 부정해졌을 것을 경계해서 손과 발을 씻기 위해 준비된 물이었습니다. 그러니까 주님은 발 씻을 물로 포도주를 만드신 것입니다. 어차피 발 씻을 물이 따로 있는 것은 아니니까 그 항아리에 있었다고 물이 더러워지는 것은 아닙니다. 하지만 기분은 찝찝할 것 같습니다. 그런데 주님은 그 결례의 물로 포도주를 만드셨습니다.

메시아로 오신 주님은 이제 이 잔치에서 메시아적 신랑으로서 그곳에 참석한 사람들에게 최고의 포도주를 주십니다. 결례의 물을 최상의 포도주로 바꾸어서 말입니다. 모든 율법과 규례의 완성으로 말입니다. 저는 여기서 율법과 결례라는 말보다 모든 종교적인 예식과 의무라는 말을 사용하고 싶습니다. 현대인들에게는 그 말이 더 와 닿을 테니까요.

주님은 의무감에 찌들어서 할 수 없이 끌려가듯 해야 하는 건조하고 메마른 신앙 생활이 아닌 참된 자유와 평안을 경험하는 신앙 생활을 말씀하신 것입니다. 바로 예수님과의 만남이고, 예수님과의 연합이고, 예수님과의 동행입니다. 예수님이 주시는 물을 마시는 사람은 그 배에서 생수의 강이 흘러넘침과 같이 해주시고 다시는 목마르지 않게 해주십니다(요 7:38 참조). 주님이 우리에게 주신 것은 죽은 것 같은 종교 행위가 아닙니다. 종교적 의무감이 잘못된 것은 아니지만 그것은 주님을 바라보도록 하는 수단이지 결코 목적이 될 수 없습니다. 정말 그리스도의 사람들이라면 그 안에 예수 그리스도의 은혜가 메말라 가고, 그리스도로 인한 기쁨이 사라져 가는 것을 가장 가슴 아파해야 할 것입니다.

제가 이렇게 생각하는 또 다른 이유는 주님이 성전을 청결하게 하신 사건을 이 사건 후에 바로 기록하고 있기 때문입니다. 성전을 청결하게 하신 사건이 다른 복음서에서는 예수님의 사역 말기에 기록되었는데 요한은 첫 번째 표적을 행하신 사건 이후에 기록하고 있습니다. 그런데 여기 재미있는 기록이 하나 나옵니다. 예수님이 성전에서 장사하던 사람들을 내쫓으셨을 때 유대인들이 예수님께 질문했습니다. "당신이 선지자요 메시아라는 표적이 있습니까?"(요 2:18 참조) 주님이 첫 번째 표적을 행하신 후에 성전에서 유대인들이 예수님에게 표적을 요구했습니다. 그때 예수님은 "이 성전을 헐라 내가 사흘 동안에 일으키리라"(요 2:19)고 말씀하셨습니다. 이 성전은 예수 그리스도의 몸을 가리킵니다. 다시 말하면 구약에서 하나님이 그 백성 가운데 함께 계심을 보여 주는 성막의 완성으로서 예수님이 친히 성전, 곧 임마누엘이 되심을 선언하신 것을 의미합니다. 그와 같은 종교적인 행위들과 상징들의 의도를 예수님이 완성하셨습니다.

예수님이 부활을 통해 이루신 구원이 바로 메시아적인 표적입니다. 물로 포도주를 만드신 그 표적은 바로 부활을 통해 확실하게 나타난 메시아로서의 첫 표적인 것입니다. 이제는 종교적인 행위나 의무가 아닌 예수 그리스도를 통해 참된 자유와 기쁨을 경험할 수 있게 되었습니다. 종교적인 행위나 의무는 필요 없다는 말이 아닙니다. 그것들조차도 그리스도를 드러내고 그리스도를 향해야 한다는 말입니다.

요즘 등장한 「예수 없는 예수 교회」(김영사)와 같은 책 제목처럼 교회 생활을 건조하게 만드는 가장 큰 원인은 아마도 매주 드리는 예배와 열심을 내어 하는 봉사일 수도 있습니다. 이것들이 그냥 습관적인 종교적 의무로 전락해 버리면 예수님을 잃어버린 교회 생활이 되고 맙니다.

메시아라는 사실을 알게 된 기쁨

신약학 교수이며 예일대학교 신학대학원 학장을 지낸 리앤더 켁(Leander Keck)이 〈크리스티채너티 투데이〉에 기고한 글 하나를 소개하겠습니다. "오늘날 개신교가 왜 기쁨을 잃은 종교가 되어 가는지 모르겠다. 어쩌면 하나님의 능력보다는 세상의 문제들에 더 영향을 받고 있는지도 모르고, 우리가 매우 세속화되어 우리 스스로 마치 모든 문제를 해결해야 할 것처럼 생각하기 때문인지도 모른다. 아니 어쩌면 우리는 성경이 말하는 하나님 대신에 우리 종교에 의해 만들어진 아주 지루한 하나님에 식상해졌기 때문인지도 모른다"("Church Confidence", Vol.41, no.1).

그런데 여러분, 아십니까? 인간의 속성상 인간은 반복된 습관적인 행위에서 지속되는 기쁨을 느끼지 못합니다. 요즘 저는 네 살 된 손녀와 노는 재미에 푹 빠져 있습니다. 제 손녀는 식구들 중에 저를 가장 좋아합니다. 제가 손녀와 가장 잘 놀아 주기 때문입니다. 제 아내는 체력이 안 돼서 몇 번 하다 지치는데 저는 그 아이가 몹시 좋아하며 "또 해봐"라고 말하는 짓을 계속해서 할 수 있습니다. 똑같은 짓인데 할 때마다 깔깔거리고 웃습니다. 제가 그렇게 계속할 수 있는 이유가 있습니다. 아무리 에너지가 넘치는 아이라도 스무 번만 반복하면 지쳐서 싫증을 낸다는 확신이 있기 때문입니다.

종교적인 의무감이나 형식적인 것은 아니더라도 감정적 무아 상태도 그리 오래갈 수 없습니다. 주님이 잔칫집에 모인 사람들에게 제공한 것은 최상의 포도주였지만 제자들에게 제공하신 것은 예수님 자신이었습니다.

교회 생활을 하면서 기쁨을 잃어 가는 당시 교인들에게 사도 요한은 이렇게 말하고 싶었습니다. "우리가 믿은 예수님이 어떤 분입니까? 그는 생명의 떡이요, 세상의 빛이요, 선한 목자요, 양의 문이며, 부활이고 생명이며 길이요 진리요 생명이십니다. 그는 결례의 물을 포도주로 바꾸시고 몸소 성전이 되어 주신 분입니다." 이 위대한 고백으로 교회는 다시 예수님을 주목해야 합니다. 우리는 예수님 안에서, 예수님을 통해서 우리에게 주신 이 복음의 은혜와 능력을 회복해야 합니다.

예수님이 물로 포도주를 만드신 사건은 쾌락적인 유쾌함과 즐거움을 위해서 베푸신 기적이 아니라 그분이 우리를 자유케 하고 참된 평안과 기쁨을 주기 위해 이 땅에 오신 하나님의 아들임을 보여 주기 위한 표적이었습니다. 연회에 참석한 손님들은 최상의 포도주로 인해 즐거워했지만, 제자들은 그가 메시아라는 사실로 인해 기뻐했습니다. 현대인들이 종교적 열심에서 오는 성취감과 필요한 것들이 채워지는 가시적 현상에 목이 마르다면 그것은 최상의 포도주에 대한 목마름일지도 모릅니다. 그것이 잘못되었다는 것이 아닙니다. 다만 그것은 우리가 궁극적으로 주목해야 하는 것이 아닙니다. 우리는 연회에 참석한 사람들처럼 육체의 즐거움을 주는 포도주로 기뻐하는 것이 아니라 그분이 바로 나의 생명의 주님이라는 사실을 확인한 것으로 기뻐해야 합니다. 여러분, 예수님이 우리에게 주신 자유와 생명을 누리며 사시기를 바랍니다.

John
요한복음

요한복음 2장 13-22절

유대인의 유월절이 가까운지라 예수께서 예루살렘으로 올라가셨더니 성전 안에서 소와 양과 비둘기 파는 사람들과 돈 바꾸는 사람들이 앉아 있는 것을 보시고 노끈으로 채찍을 만드사 양이나 소를 다 성전에서 내쫓으시고 돈 바꾸는 사람들의 돈을 쏟으시며 상을 엎으시고 비둘기 파는 사람들에게 이르시되 이것을 여기서 가져가라 내 아버지의 집으로 장사하는 집을 만들지 말라 하시니 제자들이 성경 말씀에 주의 전을 사모하는 열심이 나를 삼키리라 한 것을 기억하더라 이에 유대인들이 대답하여 예수께 말하기를 네가 이런 일을 행하니 무슨 표적을 우리에게 보이겠느냐 예수께서 대답하여 이르시되 너희가 이 성전을 헐라 내가 사흘 동안에 일으키리라 유대인들이 이르되 이 성전은 사십육 년 동안에 지었거늘 네가 삼 일 동안에 일으키겠느냐 하더라 그러나 예수는 성전 된 자기 육체를 가리켜 말씀하신 것이라 죽은 자 가운데서 살아나신 후에야 제자들이 이 말씀하신 것을 기억하고 성경과 예수께서 하신 말씀을 믿었더라

9장

성전의 완성, 예수 그리스도

　여러분은 사기를 당해 보신 적이 있습니까? 아니면 선한 의도로 어떤 일에 동참했다가 바가지만 쓰고 속았다는 생각을 해본 적은 있습니까? 혹시 교회가 이익을 남기기 위해서 장사하는 집단처럼 느껴져 마음이 아팠던 적은 없습니까? 2002년에 제가 있던 지역에서 교회 협의회 주관으로 연합 부흥회가 있었습니다. 그날 저녁에 제가 섬기던 교회의 청년들이 찬양한다고 해서 저도 그 부흥회에 참석했습니다. 그날 오신 강사 목사의 설교는 아직도 주님을 영접하지 않은 가족을 어떻게 구원의 길로 인도하고 자녀들을 어떻게 좋은 대학에 보낼 수 있는가에 관한 것이었습니다. 그리고 그 목사가 제시한 방법은 2,000달러의 '헌금'이었습니다. 가족 구원 때문에 마음 아파하는 사람들과 자녀들의 대학 입학 문제로 노심초사하는 부모들에게 2,000달러만 헌금하면 하나님이 문제를 해결해 주실 것이라고 했습니다. 그러고는 헌금 시간을 가졌고, 헌금하는 동안 "천국에서 만나 보자. 만나 보자. 만나 보자. 그날 아침 거기서"라는 찬송을 부르게 했습니다. 그러자 교인들은 흐느끼며 기도하기 시작했습니다.

속는 것 같으면서도 헌금하지 않을 수 없는 분위기, 여러분도 그런 분위기를 아시죠? 저는 다음 날 지역 일간 신문에 도대체 이런 작태가 중세 시대의 면죄부와 뭐가 다른지 모르겠다고, 앞으로 이런 집회는 하지 말아야 한다는 글을 〈집회 유감〉이라는 제목으로 기고했습니다. 그리고 며칠 후에 교회 협의회 임원회에서 만나자는 연락이 왔습니다. 그 사람들은 그 어떤 부흥회보다 이번 부흥회에서 헌금이 가장 많이 나왔고 많은 교인이 은혜를 받았다는데 저보고 왜 별나게 구느냐고 야단을 치는 게 아니겠습니까. 그리고 헌금과 함께 어느 교인이 적은 간증문 하나를 제게 보여 주었습니다.

대형 슈퍼마켓에서 일하는 분인데 그분은 서류 미비자로 십 년째 한국에 있는 가족들을 보지 못한 채 생활비만 보내고 있다고 했습니다. 그런데 설교에 큰 도전을 받고 헌금을 내고 싶었지만 현재 가진 돈이 1,700달러밖에 없어서 2,000달러를 다 채우지 못했다는 내용입니다. 그분은 그래도 꼭 영주권을 받을 수 있도록 기도해 달라고도 했습니다. 교회 협의회 임원회 분들은 이렇게 믿음으로 헌금한 사람들이 있는데 저보고 왜 그렇게 까칠하게 구느냐고 했습니다. 헌금하면 틀림없이 복을 받을 텐데 복을 받을 수 있는 기회를 말해 주지 않는 것은 직무유기가 아니냐고 했습니다. 그분에게는 그 돈이 피 같은 돈일 텐데, 그분이 실제로 영주권을 받지 못했다면 그에게는 착취이고 영주권을 받았어도 하나님에 대한 기만입니다.

하나님은 돈 받고 영주권 주시는 분이 아니기 때문입니다.

성전에서 장사하는 일

우리는 예수님의 성품이 참 온화하다고 알고 있는데 이와 달리 예수님이 크게 분노하신 적이 있습니다. 성전에 들어가셨다가 그곳에서 장사하는 사람들을 보고 노끈으로 채찍을 만들어 양과 소를 다 쫓아내시고, 돈 바꾸는 사람들의 돈을 쏟고 상을 엎으셨습니다. 그 모습을 머릿속으로 상상해 보면 그 과격함에 예수님의 분노를 생생하게 느낄 수 있습니다. 예수님은 왜 그렇게 화가 나셨을까요? 성전에서 장사하는 일이 그렇게 분노하실 일인가요?

성전에서 하는 이 장사는 유대인들의 편의를 돕기 위한 것입니다. 큰 명절이면 유대인들은 제사를 위해서 예루살렘으로 왔습니다. 사실 소아시아나 갈릴리와 같이 먼 곳에서 며칠씩 걸어 와야 하는 사람들에게는 제물로 드릴 소나 양을 끌고 오는 일이 여간 힘든 게 아닙니다. 게다가 제물로 바치기 위해서는 제사장에게 흠 없는 제물이라고 합격을 받아야 하는데 집에서 데리고 나올 때는 흠이 없었어도 여행 중에 병이 들거나 다치기라도 하면 정말 난감해집니다. 그러니까 가장 안전한 방법은 예루살렘에 와서 제사장들이 이미 흠이 없다고 판정을 내린 양이나 소를 사서 제물로 드리는 것입니다. 전에는 감람산 기슭의 기드론 골짜기에서 가축을 팔았었는데 언제부터인지 성전 안 이방인의 뜰에서 제물로 드릴 가축을 팔기 시작한 것입니다.

세금도 마찬가지입니다. 당시에 로마 제국 어디엔가 살던 사람들이 예루살렘에 와서 일 년에 한 번씩 성전세를 내려면 당시에 가장 순전한 은으로 만든 두로 은전을 내야 합니다. 하지만 그런 동전은 아무 데서나 구할 수 있는 게 아닙니다. 그래서 성전에서 환전해 주었습니다. 성전에서 백성의 편의를 봐주기 위해서 양과 소를 팔고 동전을 환전해 주는 일이 주님께서 그렇게 분노하셔서 상을 엎으시고 쫓아내실 만큼 심각한 문제가 되는 일입니까?

주님의 분노를 과격하게 받아들이지 않기 위해서 노끈으로 채찍을 만들어 소나 양을 쫓아낸 것은 다른 사람들도 하는 일이라고 생각할 수도 있지만, 그들도 먹고 살자고 하는 장사인데 남의 가축을 그렇게 내쫓고 상을 엎으시는 모습은 혁명적이고 과격한 행동임에 틀림없습니다.

마태복음, 마가복음, 누가복음을 보면 주님이 화를 내신 이유를 짐작해 볼 수 있는 기록이 있습니다. 주님은 그들을 내쫓으시면서 아버지의 집을 강도의 소굴로 만들지 말라고 하셨습니다. 짐작해 볼 수 있는 상황은 당시 종교 지도자들이 어떤 사람들에게 권리금을 받고 성전에서 장사할 수 있도록 허락해 준 것입니다. 그리고 그렇게 권리금을 내고 성전에서 장사하게 된 사람들은 이익을 남기기 위해서, 그리고 그들에게 주어진 특권 때문에 다른 곳보다 훨씬 비싸게 제물을 팔았을 것입니다.

제사장들이 성전 안에서 사지 않은 소나 양의 경우 자꾸 퇴짜를 놓아서 백성을 힘들게 했다면 상인들과 제사장이 야합해서 조직적으로 폭리를 취한 것입니다. 이건 명백한 강탈 행위입니다. 백성들은 성전에서 바가지를 쓰면서도 하는 수 없이 거기에서 제물을 사야만 했습니다. 속으로는 "도둑놈들"이라고 종교 지도자들과 상인들을 욕하면서도 어쩔 수 없이 관행을 따라야 했을 것입니다. 더는 백성의 편의를 도모하는 행위가 아니라 백성을 착취하는 행위로 전락해 버렸습니다. 그렇다면 주님이 그토록 분노하시는 것은 정당합니다. 주님이 장사꾼들을 쫓아내셨을 때 백성들은 아주 통쾌해하며 정의감을 경험했을 것입니다. 주님은 착취와 폭리를 책망하신 것입니다.

복음을 상실한 공동체

그런데 요한복음의 기록은 조금 다릅니다. 세 복음서에서는 "강도의 소굴"로 만들지 말라고 하셨는데 요한복음에서는 아버지의 집을 "장사하는 집"으로 만들지 말라고 하셨습니다. 이건 아주 다른 말입니다. 그래서 이 요한복음 말씀에 근거해서 주님은 성전에서 마땅히 해야 할 일이 아닌 다른 일들에 분주하고 바쁜 것 자체를 금하신 것이라는 주장도 있습니다. 성전은 기도하고 제사하는 경건하고 거룩한 곳인데 아무리 사람들의 편의를 봐주기 위한 것이라 할지라도 성전에서 마땅히 해야 할 일이 아닌 다른 일들에 주목하는 것을 주님은 용납하지 않으신다는 말입니다. 그래서 요한복음 기록에 근거해서 선교를 위한 것이라도 바자회를 하거나 주일에 점심을 파는 행위를 모두 장사 행위로 보고 반대하는 분들도 있습니다. 장사를 어떻게 정의하는가에 따라 달라지겠지만 적어도 요한복음의 말씀을 볼 때는 아주 근거 없는 주장은 아닙니다.

하지만 저는 세 복음서와 요한복음이 말하고자 하는 핵심은 다른 곳에 있다고 생각합니다. 장사하는 일이 도둑질은 아니니까 장사하는 집과 강도의 소굴은 같은 말이 아닙니다. 그렇지만 결국 성전의 본질적인 기능을 상실한 채 그것이 폭리든 아니든 이익을 남기기 위한 사업처럼 운영

되어서는 안 된다는 주님의 경고는 분명합니다. 이것은 교회에도 적용되어야 합니다. 교회는 절대로 이윤 창출을 목적으로 하는 곳이 되어서는 안 됩니다.

결국 문제는 가치관입니다. 제가 자주 드리는 말씀이지만 교회가 기업처럼 되었다는 말은 단순히 조직이 있고, 직분자들이 있다는 의미가 아니라 그 단체를 주도하는 동기와 원동력이 생산성, 능력, 실력, 소유에 있다는 말입니다. 성장이라는 명분으로 성공 지향적인 세상의 가치관을 그대로 답습하면 교회는 장사하는 집이 되는 것입니다. 건강한 공동체를 말하지만 막연히 잘 성장하고, 실력 있고 유능한 사람이 많은 것을 건강의 척도로 삼는다면 기업과 다를 바 없습니다. 교회는 헌금이라고 부르고 기업은 수익이라고 부르는 것, 교회는 교인이라고 부르고 기업은 손님이라고 부르는 것, 기업이 성장이라고 부르는 것을 교회는 부흥이라고 부르는 것뿐입니다.

역설적이게도 건강한 공동체를 만들려면 공동체에 주목하지 말고 복음에 주목하라는 말이 있습니다. 좋은 공동체를 만들자는 데 목표를 두었어도 복음을 상실하면 건강한 조직을 위해 자칫 소중한 인간의 영혼을 소홀히 여길 수 있다는 의미입니다. 사람의 가치를 능력과 소유로 평가할 수 없다는 말입니다. 주님의 이 경고는 단순히 교회에서 바자회를 하는 것이 옳으냐 그르냐에 관한 것도 아니고, 점심을 공짜로 주느냐 돈을 받고 파느냐에 관한 것도 아닙니다. 바자회를 할 때도, 점심을 제공할 때도, 어떤 마음으로 무엇을 하려고 하는지를 주의 깊게 살펴보아서 본질을 놓치지 않도록 해야 합니다.

성전을 헐라고 말씀하신 이유

그럼 교회의 본질은 무엇일까요? 예수님이 이렇게 혁명적으로 성전을 청결하게 하시며 아버지의 집을 장사하는 집으로 만들지 말라고 하셨을 때 유대인들이 예수님께 "당신이 그렇게 할 권위가 있다는 표적이 무엇인가?"(요 2:18 참조)라고 물었습니다. 그러자 주님은 "너희가 이 성전을 헐라 내가 사흘 동안에 일으키리라"(요 2:19)고 대답하셨습니다. 정말 이상하지 않습니까? 성전은 아버지의 집이니 더럽히지 말라고 하신 주님이 어떻게 곧바로 성전을 헐라고 말씀하실 수 있습니까? 당시 성전을 하나님의 거룩한 집이라고 생각하던 경건한 사람들이 예수님이 성전을 청결하게 하실 때 내심 환호를 보냈다면, 예수님이 그 다음에 하신 말씀에는 큰 충격을 받았을 것입니다. 성전을 헐라니요? 하나님의 집을 헐라니요?

유대인들에게 성전은 아주 특별한 곳이었습니다. 성전은 하나님이 그들 가운데 계신다는 의미였기 때문입니다. 이스라엘 백성이 출애굽했을 때 광야 생활 40년 동안 성막이 그들 가운데 있어서 하나님의 임재를 확인할 수 있었습니다. 그리고 그들이 가나안에 정착하면서 솔로몬 왕이 드디어 성전을 완공하고 하나님께 봉헌하며 그곳에서 하나님께 그들의 하나님이 되셔서 그들과 동행하심을 알게 해달라고 기도했습니다. 솔로몬이 기도한 것처럼 이스라엘 백성에게 성전은 단순히 하나님이 계시는 장소가 아니라 하나님이 그들을 지키시고 구원하신다는 증거이자 확신이었습니다. 그런데 예수님이 그 성전을 헐라고 말씀하시는 것입니다.

제자들도 처음에 그 말을 들었을 때는 무슨 의미인지 몰랐습니다. 예수님이 부활하신 후에야 예수님이 당신의 육체를 가리켜 성전이라고 하셨다는 것을 알았습니다(요 2:21 참조). 하나님이 그 백성과 함께하신다는 증거가 이제는 성전이 아니라 예수 그리스도입니다. 임마누엘의 하나님, 우리와 항상 함께하시는 하나님이 바로 예수님입니다.

하나님이 우리를 지키시고 우리 기도를 들으시고 우리와 동행하심을 아는 것은 이제 성전을 통해서가 아니라 예수님을 통해서 입니다. 교회가 성전의 완성이 아니라 예수님이 성전의 완성이십니다. 하나님은 여기 이 교회라는 공간에 계시는 것이 아니라 예수님을 믿고 예수님과 연합된 하나님의 사람들 안에 계시는 것입니다. 이제는 건물이 성전이 아니라 사람이 성전입니다. 그래서 사도 바울은 "성령이 너희 안에 계시면 너희가 곧 하나님의 성전인 줄을 알지 못하느냐"(고전 6:19 참조)라고 했습니다.

그리스도인이 모이는 장소가 교회이고 예배당이지만 더는 구약이 의미한 성전이 아닙니다. 교회가 하나님이 계신 곳이라고 생각하거나, 예배당에서 기도해야 응답이 더 잘 된다고 생각할 이유가 이제는 없습니다. 그렇다면 성전을 청결케 하신 주님이 "그 성전을 헐라 내가 사흘 만에 다시 짓겠다"고 말씀하신 것은 성전의 폐지가 아닌 성전의 완성이며 그래서 서로 모순될 것이 없습니다.

교회의 머리요, 주인이 되신 주님

성전 척결 사건과, 성전 헐라는 말씀을 연결시켜 두 가지 면에서 적용해 보겠습니다. 우선은 교회입니다. 당시 성전에서는 편의라는 명목 하에 아주 세속적인 것들을 합리화하여 하나님의 집을 장사하는 집, 강도의 소굴처럼 만들었습니다. 오늘날 우리는 교회가 장사하는 집, 즉 기업처럼 보이기는 해도 강도의 소굴은 아니라고 생각할지 모릅니다. 그러나 세속적인 가치관에 의해서 움직이는 조직들은 힘의 원리에 따라서 부지중에라도 힘을 쓰게 되고, 그런 모습이 소외되고 약한 자들에게는 강도의 소굴처럼 보인다는 것을 잘 아실 것입니다. 그러니까 굳이 횡령하고 사기를 치지 않아도 앞서 말씀드린 부흥회 강사의 사고방식은 약하고 힘없는 자들에게는 명백한 강도 행위인 것입니다.

주님은 교회를 청결하게 하셨습니다. 그리고 당신이 친히 임마누엘이 되셨습니다. 교회를 움직이는 것은 세속적인 힘의 원리가 아니라 우리 주님의 십자가 원리입니다. 교회는 서로 이득을 취하려는 장소가 아니라 하나님의 임재를 구하고 경험하는 자리입니다. 그래서 교회는 예수 그리스도를 주인으로 섬김으로 자유를 경험하는 자리입니다.

교회를 장사하는 집으로 만드는 것은 어렵지 않습니다. 단순히 바자회를 하는 게 아닙니다. 단순히 헌금을 강조하는 게 아닙니다. 서로 자기의 이익만 취하면 되는 것입니다. 장사의 궁극적인 목적이 이윤 창출인 것처럼 서로 자기 이익만 생각하고, 나누는 것보다 받는 것에 목적을 두면 교회는 어렵지 않게 장사하는 집이 될 것입니다. 예수님은 그런 성전을 청결케 하셨습니다. 그리고 당신께서 친히 그 교회의 머리요, 주인이 되셨습니다. 따라서 이제 참된 교회는 예수님을 주로 모시고, 주님의 본을 따라 섬기며 나눔이 있는 곳이 되어야 합니다.

또 하나는 그리스도를 마음에 모심으로 성전이 된 우리 자신입니다. 하나님은 이스라엘 백성을 구원하시고 광야의 길을 가는 동안 결코 혼자 가도록 두신 적이 없습니다. 하나님이 그들의 길을 인도하고 계심을 알리기 위해서 구름기둥과 불기둥을 두셨고 하나님이 그들 가운데 임재하셔서 그들과 동행함을 알리기 위해 성막을 두셨습니다. 고달픔도 있고, 외로움도 있고, 위험도 느끼지만 환난 중에도 그 백성이 하나님의 위로와 보호하심을 경험할 수 있는 곳은 바로 성막이었습니다. 그들이 범죄했을 때 그들은 성막에서 제사를 드림으로 사함 받았고, 위기에 처했을 때에도 그들은 성막에 나와 기도함으로 도우심을 구할 수 있었습니다. 가나안에 정착해서 성막을 지었을 때에도 마찬가지였습니다.

그들이 경험하는 진짜 위기는 밖에서 오는 위협과 위험이 아니라 그들이 제사를 폐지하고 하나님을 떠났을 때였습니다. 하지만 그때도 하나님은 그들 가운데 계셨습니다. 성전이 있었고, 성전에서 제사할 수 있어서 그들은 하나님이 필요할 때마다 하나님을 찾았고, 하나님께로 돌아올 수 있었습니다. 이제 우리는 하나님의 사랑과 위로를 성전이신 예수님을 통해 경험합니다.

아무리 사는 게 벅차고, 되는 일이 없는 것 같아도 예수님 때문에 하나님이 우리를 사랑하시는 것을 압니다. 날마다 같은 죄를 반복하며 사탄의 참소에 고개를 들 수 없을 때도 하나님은 절대로 우리를 버리지 않으실 것을 예수님 때문에 압니다. 철저하게 혼자인 것 같을 때에도 우리는 알고 있습니다. 하나님은 우리 곁에 계시고, 우리의 신음을 듣고 계신다는 것을 말입니다. 환경 때문에 아는 것도 아니고, 우리의 경험과 지식 때문에 아는 것도 아닙니다. 예수님 때문에 아는 것입니다. 이 예수님 때문에 저는 오늘도 감히 여러분에게 말씀드릴 수 있습니다. 하나님은 우리와 함께하십니다. 하나님은 우리를 버리지 않으십니다. 예수님이 성전이십니다.

John
요한복음

요한복음 2장 23-25절

유월절에 예수께서 예루살렘에 계시니 많은 사람이 그의 행하시는 표적을 보고 그의 이름을 믿었으나 예수는 그의 몸을 그들에게 의탁하지 아니하셨으니 이는 친히 모든 사람을 아심이요 또 사람에 대하여 누구의 증언도 받으실 필요가 없었으니 이는 그가 친히 사람의 속에 있는 것을 아셨음이니라

10장
예수님은 제자들을 믿지 않았다

저는 정말 제가 잘 해낼 줄 알았습니다. 더 이상은 제 마음에 원함이 없는 줄 알았고, 이제 정신을 차린 줄 알았습니다. 저는 가족들, 특히 제 아내를 더는 실망시키고 싶지 않았습니다. 항상 의심의 눈초리로 저를 바라보는 제 아내에게 이번에는 틀림없이 해낼 테니까 제발 나를 믿으라고 한 말을 정말 지키고 싶었습니다.

그러나 또 넘어지고 말았습니다. "난 당신 말을 절대로 믿을 수 없어요"라고 한 제 아내의 말이 맞았고, 제발 나를 믿어 달라고 한 제 말은 여지없이 헛 말이 되고 말았습니다. 이미 오래전부터 제 아내에게 신뢰를 잃어버린 상태였지만 저는 두 달 전 안식월을 시작하면서 "이제는 인터넷 바둑을 하지 않겠다"고 선언했습니다. 다시 바둑을 하면 앞으로는 밤늦게 저녁을 먹지 않겠다고 다짐했습니다. 제 아내는 다른 말은 다 믿겠지만 밤 늦게 저녁을 먹지 않겠다는 말과 바둑을 두지 않겠다는 말은 믿을 수 없다고 제 선언에 콧방귀를 뀌었습니다. 저는 정말 제가 달라진 것을 보여 주고 싶었습니다.

안식월을 시작하고 바쁘게 지내던 중에 모처럼 한가한 날이 있었습니다. 다시 사역을 시작할 준비를 하면서 여러 일로 스트레스가 쌓이기 시작하던 차, 조금만 쉬자는 이유로 딱 세 번만 하겠다고 마음먹고 다시 바둑에 손을 댔습니다. 저는 스스로 또 실망했지만 제 아내는 너무 당연하다는 듯이 야단도 치지 않았습니다. 애초에 제 말을 믿지 않았으니까요. 저를 믿어 주지 않고, 지금도 밤늦게 밥상을 차려 주는 제 아내에게 미안하고 고맙습니다.

사람은 믿을 수가 없다

이런 흔들림은 하나님을 신뢰하며 살고자 하는 우리 삶의 모습에서도 여지없이 드러납니다. 하나님의 임재를 경험했다고 생각이 드는 예배 후에, 우리 삶은 우리의 것이 아니라 주님의 것이라고 진실하게 고백한 날일수록 우리는 고백의 후유증을 앓아야 합니다. 기도할 때는 정말 그 삶을 주님의 손에 맡기고 싶고 더는 미움도 원망도 없을 것 같았는데 막상 사람의 얼굴을 보면 가슴이 뛰고 서운한 감정들이 솟아오릅니다. 넉넉하지는 않지만 주신 것에 감사하며 살자고 다짐하더라도 다른 사람과 비교되는 순간 열등감에 어깨가 움츠러듭니다. 천국을 소망하며 살기로 했으니 담담하게 생을 마감할 준비를 하자 다짐했지만 몸이 조금만 불편하고 아파도 정체 모를 근심에 밤새 뒤척입니다. 무엇이든 꾸준히 하는 것도 어렵지만, 꾸준히 하는 사람들조차도 그 마음의 열정과 간절함이 한결같지 않습니다. 그래서 오히려 꾸준함이 위선이라는 합리화를 하기도 합니다.

우리는 모두 믿음이 없다고 생각합니다. 아니 믿음이 있다고 자신하는 사람들을 가장 못미더워합니다. 인간의 마음은 참 간사한 것이라서 마음은 언제든지 변할 수 있다는 것과 마음은 진실하다 할지라도, 마음이 원하는 대로 실행할 수 있는 능력이 없다는 것 때문에 사람을 믿을 수가 없습니다.

누가 저에게 "저는 목사님을 믿습니다"라고 말한다면 참 감사한 말이지만 "그래요. 저만 믿으세요"라고 말하기보다는 "제가 최선을 다하겠지만 저를 믿지는 마세요"라고 말하는 게 더 안전할 것 같습니다. 물론 그러면서도 누가 저를 믿지 못한다고 하면 엄청 섭섭해질 것 같습니다.

사도 요한은 예수님이 제자들을 믿지 않았다고 했습니다. 요한이 이 말을 왜 했는지, 예수님은 왜 그러셨는지 그 마음을 헤아리기가 그리 쉽지 않아서 오늘 본문에 대한 해석도 분분합니다. 예수님은 가나에서 물로 포도주를 만드는 첫 번째 표적을 행하셨습니다. 물이 포도주로 바뀌는 엄청난 기적이기는 했지만 그것을 직접 경험한 사람들은 포도주를 떠서 연회장에게 가져다 준 하인들뿐이었습니다. 하인들조차도 신기한 마술 정도로 생각했을지 모릅니다. 그곳에 있던 제자들도 이 기적에 관한 이야기를 들었는데 들은 것만으로 그들은 예수님을 믿었습니다. "예수님이 물을 포도주로 바꾸셨대"라는 말을 듣고 예수님을 하나님의 아들로 믿을 수 있는 그들의 믿음은 진실하지만 막연했을 수도 있습니다. 그 믿음이 어떤 희생을 요구하는 것인지 몰랐을 테니까요.

그리고 예수님은 유월절 명절에 예루살렘에 가서서 성전에서 장사하는 사람들을 쫓아내시고 종교 지도자들을 대면하셨습니다. 제자들로서는 살 떨리는 경험이었지만 예수님의 확신과 담력에 더욱 믿음이 갔을 것입니다. 예수님은 그때 당신께서 곧 성전, 임마누엘이 되심을 증언하셨습니다. 제자들은 물론 그 말이 무슨 말인지 몰랐습니다. 그래서 요한은 22절에서 이렇게 말합니다.

> 죽은 자 가운데서 살아나신 후에야 제자들이 이 말씀하신 것을 기억하고 성경과 예수께서 하신 말씀을 믿었더라(2:22).

제자들이 믿기는 믿었는데 잘 몰랐다는 말입니다. 믿고 따르기는 했지만 예수님의 말씀을 다 이해하지 못했다는 말이기도 하고, 예수님을 사랑하고 좋아하기는 했지만 여전히 이기적이고 자기중심적일 수 있었다는 말이기도 합니다. 정도의 차이가 있기는 했지만 예수님을 따르던 무리도 그랬습니다. 예수님은 예루살렘에 계시면서 다른 기적들도 행하셨습니다. 병자를 고쳐 주기도 하시고, 귀신을 쫓아내기도 하셨습니다. 어떤 사람들에게는 오랜 아픔과 문제를 해결해 주신 분인 것입니다. 그래서 그들은 예수님을 믿었습니다. 23-24절을 보겠습니다.

> 유월절에 예수께서 예루살렘에 계시니 많은 사람이 그의 행하시는 표적을 보고 그의 이름을 믿었으나 예수는 그의 몸을 그들에게 의탁하지 아니하셨으니 이는 친히 모든 사람을 아심이요(2:23-24).

저는 여기 '그들' 가운데 제자들도 포함된다고 생각합니다. 헬라어에서는 사람들이 "믿었다"는 말과 예수님이 그들에게 "의탁하지" 않았다는 말에서 같은 단어(πιστευω)를 사용합니다. 그러니까 약간 의역하자면 그들은 예수님을 믿었지만 예수님은 그들을 믿지 않았다는 말입니다.

사람의 속에 있는 것

예수님의 몸을 의탁하지 않았다는 말이 예수님은 물질적인 도움을 받지 않았다는 말은 아닐 것입니다. 3년 동안 함께 다니면서 주님이 잡수실 음식을 얻으러 간 사람들도 제자들이었고, 힘든 여행길에 음식을 제공하고 쉴 곳을 제공한 사람들도 제자들이었습니다. 3년 동안 사역할 수 있도록 물질적으로 뒤에서 후원한 사람도 많았습니다. 주님은 하나님의 아들이셨으니 이 땅에 계시는 동안에는 제자들에게 그 몸을 의탁하여 제자들의 수고와 헌신으로 지내셨습니다. 돌을 떡으로 만들어 드시고 잔디를 전기 담요로 만들어 지내신 것이 아니라면 "3년 공생애 기간에는 제자들을 많이 의지하셨더라"든지 "공생애 기간에 제자들로 인해 든든해 하셨더라"고 말하는 것이 맞습니다.

오늘 말씀은 물질적인 의존을 의미하지 않습니다. 만일 주님이 제자들의 도움을 받고도 받지 않은 것처럼 말하거나, 그런 건 대수롭지 않은 것처럼 말하셨다면 제자들 입장에서는 섭섭했을 것입니다. 이 말은 물질적으로 의존하지 않았다는 말이 아니라 그들을 신뢰하지 않았다는 말입니다. 그렇더라도 예수님이 제자들을 믿지 않았다는 말은 섭섭하게 들리기에 충분합니다. 그 이유를 요한은 24-25절에서 이렇게 설명합니다.

이는 친히 모든 사람을 아심이요 또 사람에 대하여 누구의 증언도 받으실 필요가 없었으니 이는 그가 친히 사람의 속에 있는 것을 아셨음이니라(2:24-25).

사람의 속에 있는 것이 무엇일까요? 진실함이요? 정직함이요? 아니요! 간사함입니다. 예레미야가 증언한 대로 만물보다 거짓되고 부패한 것이 사람의 마음(렘 17:9)입니다. 예수님도 아셨습니다. 그래서 말씀하셨습니다.

입으로 들어가는 것이 사람을 더럽게 하는 것이 아니라 입에서 나오는 그것이 사람을 더럽게 하는 것이니라 …… 마음에서 나오는 것은 악한 생각과 살인과 간음과 음란과 도둑질과 거짓 증언과 비방이니(마 15:11, 19).

그러니 이런 인간을 어떻게 믿을 수가 있겠습니까? 정도의 차이가 있기는 하겠지만 제자들 중에 "나는 절대로 그렇지 않을 겁니다"라고 장담할 수 있는 사람이 있더라도 그걸 어떻게 믿겠습니까? 기적을 경험하고 평생 맹인으로 살던 사람이 눈을 뜨고, 평생 걷지도 못한 사람이 걷고 뛰게 되어 남은 생애를 오직 주만 위해 살겠다고 말한다 할지라도 그것을 어떻게 믿겠습니까? 사람이 얼마나 이기적이고 얼마나 간사한데 말이죠. 그러니 그들은 예수님을 믿는다고 난리 치지만 예수님은 그들을 믿지 않으신 것입니다.

여러분은 예수 믿고 변했다고 말하는 사람들, 은사와 은혜를 경험하고 새사람 되었다는 사람들을 믿을 수 있습니까? "얼마나 가나 보자"라는 예언이 적중하지 않은 적이 있습니까? 겉으로는 신실한 것 같지만 그 마음속에 여전히 남아 있는 인정받고 싶은 마음, 열등감, 교만, 이기심은 우리 모두가 아는 바입니다. 그러니까 예수님은 그들을 믿고 의탁하지 않으셨습니다.

하나님의 사랑으로 가능하다

인간의 믿음이 별 볼일 없다는 거야 다 아는 일인데 그렇다면 요한은 이 말을 왜 했을까요? 주님이 말씀하신 의미는 알겠는데 요한의 의도가 궁금합니다. 두 가지 정도로 생각해 볼 수 있습니다.

우선 그들의 고백은 불완전한 것이라서 예수님은 제자들의 고백의 진실성을 믿을 수 없었는데 여러분의 고백은 진실한가를 묻는 교훈적 의도로 이해할 수 있습니다. 제자들이 예수님을 메시아로 고백하고, 메시아를 만났다고 자랑하듯 말하기도 하지만 예수님을 세 번 부인할 사람, 나중에 입고 있던 옷도 벗어 버리고 도망갈 친구임을 아셨기에 그들을 신뢰할 수 없다는 의미로 이해할 수 있습니다. 그렇게 그들은 형편없는 사람들이었고, 신뢰할 수 없는 사람들이었습니다.

그렇다면 이 말씀의 의도는 "너희는 그러지 말라"는 것입니다. "너희는 예수님이 믿을 만한 사람이 되라"는 것입니다. 그런 의도가 아주 없다고 말할 수는 없겠지만 그런 의도라면 저는 솔직히 도전이 되기보다는 위축감이 생깁니다. 제가 이런 제자들보다 더 나은 믿음을 가져야 한다는 것은 인정하겠지만 자신은 없습니다.

또 다른 의미는 예수님이 그들을 사랑하시고 그들과 함께하심은 그들의 믿음을 신뢰해서가 아니었다는 것을 말해 주기 위한 의도입니다. 주님은 제자들이 약한 걸 아셨습니다. 그들이 주를 위해 죽을 것처럼 흥분해도 얼마 지나지 않아 또 흔들리고 넘어질 것을 아셨습니다. 그런데도 사랑하기로 하셨습니다. 그런데도 그들을 제자 삼으셨습니다. 주님과 제자들의 관계를 가능하게 만든 것은 제자들의 믿음이 아니라 그 보잘것없는 믿음조차도 귀하게 보시고 그들을 사랑하기로 한 하나님의 사랑입니다. 그 동력이 바로 사랑이기 때문에 우리 입으로 "아무리 해도 나는 안 되고 쓸데없는 인간이며 더는 하나님을 믿는 게 의미가 없다"는 말을 할 수 없는 것입니다.

대부분의 학자는 요한이 한 이 말을 그 다음에 나오는 니고데모와의 대화와 연관 짓습니다. 니고데모는 주님이 행하신 일을 보고 충격을 받아 밤중에 구도적 심정으로 주님을 찾아왔습니다. 평생 하나님을 섬긴 니고데모였지만 예수님의 말씀을 이해할 수 없었습니다. 니고데모의 지식은 전혀 영적이지 못했습니다. 니고데모는 하나님을 믿는다고 하면서도 하늘에 속한 일들을 생각하지 못했습니다. 하지만 하나님이 세상을 사랑하사 독생자를 주셨다는 엄청난 복음의 소식을 들은 것은 바로 그 니고데모였습니다.

그 다음에 이어서 나오는 사마리아 여인도 마찬가지였습니다. 예수님이 영원한 것들에 관해 말씀하실 때에도 당장 물 길러 오는 것이 힘든 사마리아 여인의 관심은 온통 세상적인 것들이었지만, 예수님은 그 여인도 사랑하셨습니다. 물이 움직이기를 기다리며 생명 없는 곳에 소망을 두고 살았던 38년 된 병자를 먼저 찾아가 그의 병을 고쳐 주신 것도 예수님이셨습니다.

우리를 사랑하기로 하셨다

저는 사람들이 저를 믿지 못한다고 말한다면 상처 받을 것입니다. 정말 잘해 보고 싶은 마음이 있기 때문에 교인들과 가족이 저를 믿어 주면 좋겠습니다. "나는 목사님을 믿습니다"라는 말이 제게 큰 위로와 용기가 되는 것도 사실입니다. 하나님도 저를 믿어 주시면 좋겠습니다. 하지만 저는 제자들이 주님을 믿었지만 주님은 그들의 믿음에 의탁하지 않으셨다는 말이 훨씬 위로가 됩니다. 경험하지 않아도, 누가 말해 주지 않아도 예수님은 제자들의 연약함과 미련함을 아셨습니다. 그래서 그 연약과 미련 때문에 제자들을 경멸하거나 버리신 것이 아니라 그럼에도 그들을 사랑하기로 하셨습니다. 제자들은 3년 동안 주님을 따라다녔지만 주님의 말씀을 다 이해하지 못했습니다. 그들의 믿음이 거짓된 것은 아니었고 진실했지만 예수님이 그들의 믿음에 의탁하실 만큼 대단한 것은 아니었습니다. 그런데도 주님은 그 믿음을 대단한 것으로 보셨습니다. 사랑하기로 하셨기 때문입니다.

저는 요즘 자식의 사랑은 부모의 사랑에 비하면 정말 아무것도 아니라는 생각을 많이 합니다. 자식이 아무리 효자라고 해도 그 자식을 향한 부모의 마음을 따라갈 수는 없습니다. 부모의 사랑에 비하면 부모를 생각하는 자식의 마음은 참 이기적입니다. 그런데도 부모의 사랑에 자식이 감동하기보다는 자식의 사랑에 부모가 감동하는 경우가 훨씬 많습니다. 그건 아마도 부모의 사랑은 자식의 사랑에 의존하지 않기 때문일 것입니다. 자식으로 인해 마음이 아프기도 하고, 섭섭하기도 하고, 화가 나기도 하지만 그래도 그 자식을 위해 희생할 수 있는 것은 부모의 사랑이 자식의 사랑에 의존하지 않기 때문입니다.

하나님은 우리의 믿음을 귀히 보시지만 그것은 우리의 믿음이 대단해서가 아닙니다. 그 작은 믿음에도 감동하기로 하신 하나님의 사랑 때문입니다. 그런데 우리는 하나님 앞에서 자꾸 우리의 믿음을 공적으로 내세우고 싶어 합니다. 다른 사람의 믿음과 비교해서 믿음이라는 명목 하에 정죄와 분쟁을 일삼고, 마치 우리가 없으면 하나님이 아무것도 못하실 것처럼 교만을 떨기도 합니다. 예수님은 친히 사람의 마음속에 있는 것을 아셨습니다. 그래서 그들의 믿음에 의탁하지 않기로 하셨지만 그래도 그들을 사랑하기로 하셨습니다. 끔찍하게 사랑하셔서 당신의 생명을 주셨습니다. 저와 여러분이 하나님을 떠날 수 없고 스스로 절대 포기할 수 없는 것은 우리의 의지가 대단해서가 아니라 하나님이 우리를 절대 포기하지 않으시기 때문입니다.

저는 솔직히 저 자신을 생각하면 몹시 답답합니다. 왜 이렇게 달라지지 않는지, 왜 작은 것 하나에 그렇게 집착하는지, 이런 제가 목회를 하고 있다는 것이 답답하고 주님께 죄송할 만큼 제 믿음은 참 보잘것없어서 안타깝습니다. 예수님이 이런 저를 아셨습니다. 아무도 저에 대해 증거해 주지 않아도 친히 다 아십니다. 그런데 어떻게 저를 사랑할 수 있습니까? 그런데 어떻게 제게 목회를 하도록 하실 수 있습니까? 그래서 주님께 고맙습니다. 평생 주님을 예배하고 싶고 주님을 섬기며 살고 싶습니다. 제 믿음이 좋아서가 아니라 주님이 저를 그렇게 받아 주셨기 때문입니다.

한 사람이 노예 시장에서 여자아이 한 명을 샀습니다. 그러고는 그 아이에게 "너는 이제 자유의 몸이다. 네가 원하는 대로 하라"고 말했습니다. 그 아이는 놀라며 "정말 제가 원하는 대로 해도 됩니까?"라고 물었습니다.

그 사람은 "그럼 되고 말고! 너는 자유하니까"라고 말해 주었습니다. "그럼 제가 가고 싶은 곳은 어디든지 갈 수 있습니까?"라고 여자아이는 다시 물었습니다. 그 질문에 그가 "그럼, 어디든지 갈 수 있지"라고 대답하자, 여자아이는 이렇게 말했습니다. "그렇다면 저는 선생님을 따라가고 싶습니다."

기독교에서 예배와 섬김은 권리와 의무, 자격과 실력으로 하는 게 아니라 자유, 은혜, 감격으로 하는 것입니다. 그래서 니고데모도, 사마리아 여인도, 38년 된 병자도 주님의 제자였습니다. 우리가 오늘도 하나님을 예배하는 것은 우리의 믿음이 좋아서가 아닙니다. 우리의 믿음은 믿을 만한 것이 못 될지라도 그 믿음을 귀히 보기로 하신 하나님의 사랑 때문입니다. 주님이 제자들의 믿음을 의탁하지 않았다는 말 때문에 "하나님이 세상을 이처럼 사랑하사 독생자를 주셨으니 이는 그를 믿는 자마다 멸망하지 않고 영생을 얻게 하려 하심이라"(요 3:16)는 말씀을 들으면 믿음의 의무보다는 은혜에 더욱 감격하게 됩니다.

John
요한복음

요한복음 3장 1-4절

그런데 바리새인 중에 니고데모라 하는 사람이 있으니 유대인의 지도자라 그가 밤에 예수께 와서 이르되 랍비여 우리가 당신은 하나님께로부터 오신 선생인 줄 아나이다 하나님이 함께하시지 아니하시면 당신이 행하시는 이 표적을 아무도 할 수 없음이니이다 예수께서 대답하여 이르시되 진실로 진실로 네게 이르노니 사람이 거듭나지 아니하면 하나님의 나라를 볼 수 없느니라 니고데모가 이르되 사람이 늙으면 어떻게 날 수 있사옵나이까 두 번째 모태에 들어갔다가 날 수 있사옵나이까

11장
하나님 나라를 바라보지 못하게 하는 것들

운동 경기를 할 때, 자세가 매우 엉성하고 기본기가 잘 안되어 있는데도 운동 신경이 뛰어나고 순발력이 있어서 막상 경기에 들어가면 참 잘하는 사람이 있습니다. 보기에는 엉성한데 시합은 잘하는 사람입니다. 이것은 누구 이야기일까요? 바로 제가 탁구를 할 때 그렇습니다. 대학생 때 선수 생활을 했다는 분과 시합할 기회가 있었습니다. 저는 어떻게든 이기고 싶어서 악착같이 했습니다. 근소한 차이로 제가 졌습니다. 시합이 끝나고 난 후 그분이 제게 이런 말을 했습니다. "탁구를 참 잘하시네요. 그런데 지금처럼 치시면 더는 실력이 늘지 않을 거예요. 자세를 바꾸셔야 합니다." 그때 저는 "자세가 뭐 중요해. 이기기만 하면 되는 거지"라고 생각했는데 운동을 좋아하는 분들이라면 제 생각이 틀렸다는 것을 다 아실 것입니다.

제가 틀렸다는 것을 증명하는 사건이 있었습니다. 어느 날 친구와 탁구를 해서 제가 완승한 적이 있습니다. 그 친구는 초보자인데다 실력이 형편없었습니다. 3년이 지난 어느 날 우연히 길에서 그 친구를 만났습니다. 그 친구는 저를 보자마자 탁구를 하자고 했습니다. 그래서 근처에 있는 체육관에 들어가 시합을 했습니다. 어떻게 되었을까요? 제가 무참히 패했습니다. 저도 3년 동안 꾸준히 탁구를 했고, 그 친구도 탁구를 했지만 저는 기본기부터 다시 배운 그 친구를 이길 수가 없었습니다. 제 탁구 실력이 발전하는 데 가장 장애가 된 것은 그동안 제가 탁구를 잘 친다고 생각하게끔 만든 바로 그 자세였습니다.

바르지 않은 것이 익숙해지고 몸에 배면 새롭게 시작하는 것보다 훨씬 어렵습니다. 교회 생활도 그렇습니다. 저는 교회에 나간 지 4개월 만에 학생 회장이 되었습니다. 제가 회장이었을 때 학생회에 꾸준히 출석하는 학생은 20여 명 정도였습니다. 당시 고등부 담당 선생님이 6개월 안에 70명을 만들자고 했습니다. 7월 첫째 주일에 70명이 예배에 참석하도록 하자는 목표를 정하고 토요일마다 노방 전도를 하고, 주일 오후에는 동네 구석구석을 다니며 학생들을 모았습니다. 힘들게 60명을 넘어 섰는데 운명의 7월 첫째 주일에 장대비가 쏟아졌습니다. 주일 아침 비를 맞으며 동네를 헤매면서 학생들을 모으러 다녔지만 50명을 겨우 넘겼습니다. 저와 함께 정말 열심히 한 친구는 어떻게 그날 비가 올 수 있느냐며 하나님은 안 계시다고 말하며 교회를 떠났습니다. 그리고 저는 70명을 만들지 못한 책임으로 회장직에서 물러났습니다.

그 열심이 참 대단하지 않습니까? 그 당시 저에게는 주님을 사랑하는 마음도 없었고, 전도하는 이유도 몰랐고, 복음을 들어본 적도 없었는데 교회 부흥을 위해 열심을 내어 헌신하니 많은 교인이 박수를 보내 주었습니다. 만약 교회가 저의 이런 열심에 감동해서 저를 집사가 되게 하고 장로가 되게 했더라면 바로 그 열심과 직분이 저에게는 주님께 나아가는 데 최고의 장애가 되었을 겁니다. 다행히도 저는 2년 후에 미국으로 이민을 가게 되어서 열심과 찬사와 이별을 하고 광야의 경험을 해야 했습니다.

예수님을 찾아가는 데 걸림돌이 되는 일

니고데모가 어떤 사람이었는지에 관해서는 상반된 입장이 있습니다. 어떤 입장을 취하는가에 따라서 본문에 대한 이해가 크게 달라질 수 있습니다. 니고데모는 상당히 괜찮은 사람이라고 볼 수도 있습니다. 반면에 소심하고 겁이 많은 사람이라고 볼 수도 있습니다. 저는 중립적인 입장에서 오늘 본문에 접근해 보고 싶습니다.

니고데모는 바리새인이었고 유대인의 지도자였습니다. 유대인의 지도자였다는 말로 보아 니고데모는 당시 유대인들의 최고 의결 기관인 71명으로 구성된 산헤드린 공회의 회원이었을 것이라는 견해가 유력합니다. 모든 사람에게 존경받고 랍비라 칭함 받는 사람이, 사회적으로나 정치적으로 가장 성공했다고 할 수 있는 지도자가 나사렛에서 온 젊은이에게 관심을 가지는 것조차 사실은 굉장히 어려운 일임에 틀림없습니다. 바리새인들 중에 예수님에게 호감을 가진 사람은 거의 없었으니까요. 그는 예수님이 하신 말씀이나 표적을 보면서 예수님이 누구인지 알고 싶어졌습니다. 아니, 정말 메시아인지 확인하고 싶어졌습니다. 그런데 누군가를 찾아간다는 것은 웬만한 열정이 없다면 하기 힘든 귀찮은 일입니다. 그래서 예수님을 만나기 위해서는 우선 안전지대를 벗어날 수 있는 열심이 필요합니다.

이름만 들어도 알 만한 분들이 가끔 LA에 오십니다. 저는 그런 분들이 오신다는 소식을 들으면 찾아가서 강의나 설교를 듣고 싶다는 마음이 생기지만 막상 그날이 되면 귀찮아집니다. "나중에 인터넷으로 듣지"라는 핑계를 대며 가지 않습니다. 기도에 관한 책을 읽으면 열심히 기도하고 싶고, 부지런히 교인들을 찾아 심방하는 목사님의 이야기를 들으면 저도 그렇게 해보고 싶은 마음이 생기지만 익숙한 삶의 방식을 바꾸는 것이 귀찮고 바빠서 할 게 많다는 핑계로 새로운 것을 시도하지 않습니다.

그런데 단순히 게으름 때문이 아니라 목사라는 알량한 자존심이 제 발목을 잡을 때도 있습니다. 니고데모는 훨씬 더 심각했을 것입니다. 단순히 귀찮음뿐 아니라 유대 지도자로서의 자존심, 다른 바리새인들로부터 받을 수 있는 사회적 압박, 사람들의 시선과 소문 등 예수님을 찾아가는 데 걸림돌이 되는 일이 몹시 많았을 테니까요. 그의 사회적 지위나 학문적 지식이 커다란 장애가 될 수 있었지만 그는 예수님을 찾아왔습니다. 저는 이것이 대단한 열정이고 용기라고 생각합니다.

거듭나야 볼 수 있다

니고데모는 예수님을 '밤'에 찾아왔습니다. 사실 우리는 그가 왜 밤에 찾아왔는지 알 길이 없습니다. 낮에는 바빠서 밤에 찾아왔을 수도 있고, 사람들의 시선이 두려워서 밤에 찾아왔을 수도 있습니다. 아니면 예수님이 가장 한가한 시간에 예수님을 독대하기 위해서 밤을 선택한 것인지도 모릅니다. 우화적으로 해석해서 그가 밤에 찾아왔다는 것은 그의 영적 상태가 어두운 밤과 같았다는 의미라고 보기도 하지만 이것은 지나친 비약인 것 같습니다. 그렇지만 요한이 언제나 때와 장소를 정확하게 말한 것이 아니고 요한복음에서 밤은 특별한 영적 의미를 담는 경우가 많다는 것을 염두에 두고 보면 그냥 밤에 왔기 때문에 밤에 온 것이라고 말했다고 하는 것은 지나친 단순화일 것입니다.

저는 니고데모가 사람들의 시선을 의식했다고 생각합니다. 하지만 그는 그렇게 주님을 찾아와 참 용기 있는 고백을 합니다. "나는 당신이 사이비가 아니라 하나님께로부터 온 선생이라고 생각합니다. 당신이 행한 표적은 아무나 할 수 있는 게 아니기 때문입니다. 당신이 하는 말이나 행하는 것들이 정말 맞다 생각되고, 대단하다고 생각되는데 당신은 도대체 누구십니까?"(요 3:2 참조) 이 말은 즉 메시아를 기다리던 경건한 유대인으로서 예수님의 말씀과 행적을 보면서 "당신이 정말 메시아입니까? 메시아 맞죠?"라고 묻고 있는 것입니다.

그런데 예수님의 대답이 정말 뜻밖이고 난해합니다. 당신이 메시아인가를 묻는 그에게 예수님은 "사람이 거듭나지 아니하면 하나님의 나라를 볼 수 없느니라"(요 3:3)고 대답하셨습니다. 생뚱맞은 말씀인 것 같지만 핵심을 찌르는 말씀이라고 생각합니다. 메시아를 고대하면서 당신이 메시아인가를 묻고 있는 니고데모에게 주님이 하신 이 말씀의 의미는 무엇일까요?

유대인들의 전통적인 관점에서 메시아는 유대인들에게 자유와 해방을 주는 분입니다. 로마로부터 이스라엘을 자유케 하고 예루살렘에 다시 하나님의 주권을 회복하실 분입니다. 니고데모는 진실하게 예수님이 유대인들에게 자유와 해방을 줄 분인가를 묻고 있는데 예수님은 하나님 나라는 거듭나야 볼 수 있다고 말씀하십니다.

주님이 니고데모에게 말씀하신 하나님 나라는 인자의 대속의 죽음을 통해 유대인뿐 아니라 온 인류에게 주실 구원과 해방, 그리고 영원한 생명이었기 때문에 당시 경건한 유대인들이 고대하던 하나님 나라와는 아주 다른 것입니다. 그래서 니고데모의 종교적 사고방식과 종교적 습관에서 볼 때는 엄청난 충격이었습니다.

니고데모가 예수님을 찾아와서 "당신이 행하는 표적을 보니 당신은 메시아가 맞는 것 같은데 그렇습니까?"라고 물었을 때 니고데모의 마음에는 이 세상에서 이스라엘에 나타날 영광과 성공이 있었습니다. 니고데모는 종교적으로 대단히 열심 있는 사람이었고, 상당한 인격의 소유자였으며, 진실한 열심이 있는 사람이었습니다. 이 세상에 나타날 영광과 성공이 그가 생각한 하나님 나라였습니다.

그래서 주님이 말씀하십니다. "사람이 거듭나야 하나님 나라를 볼 수 있다." 완전히 바뀌어야 한다는 말입니다. 전혀 다른 관점에서 하나님 나라를 보아야 한다는 말입니다. 어떻게 하면 이 땅에서 성공적으로 살 것인가에 집착하지 말고, 성공과 실패를 영생의 관점에서 보아야 한다는 말입니다. 가난한 사람도 불쌍하지 않고, 부자도 부럽지 않은, 큰 교회 담임목사를 성공한 목사라 부르지 않고, 작은 교회 목사를 실패한 목사라고 부르지 않는, 이런 하나님 나라를 보려면 거듭나야 한다는 말입니다. 거듭나면 이 하나님 나라를 볼 수 있다는 말입니다.

평생 이렇게 살아왔는데……

예수님은 사람의 속에 있는 것을 아셨습니다. 밤중에 진실함과 용기를 가지고 주님을 찾아와 "당신이 메시아가 맞느냐"고 묻는 니고데모의 마음에 무엇이 있는지 아셨습니다. 진실하고 겸손했지만 그는 생명의 관점에서 회복과 구원을 생각하지 않았기 때문에 아직은 영적이지 못하고 종교적이었을 뿐입니다.

예수님이 거듭나지 않으면 하나님의 나라를 볼 수 없다고 했을 때 니고데모는 이렇게 대답합니다. "사람이 늙으면 어떻게 날 수 있사옵나이까? 두 번째 모태에 들어갔다가 날 수 있사옵나이까?"(요 3:4) 저는 이 대답을 이해할 수 없었습니다. 메시아와 하나님 나라에 그토록 관심이 많아서 예수님을 찾아온 유대 지도자요 선생인 니고데모가 이토록 맹하게 반응할 수 있단 말입니까? 주님이 거듭난다고 하셨을 때 그 말이 죽었다가 다시 태어나야 한다는 의미가 아니었음은 잘 알고 있었을 텐데 말입니다. 그리고 유대 지도자들은 환생을 믿지 않는데 어떻게 이런 대답을 할 수 있습니까? 그래도 랍비였고 산헤드린 공회의 회원인 니고데모가 이런 어린아이 같은 대답을 할 리가 없고, 그래도 구도자의 마음으로 주님이 메시아인가를 확인하기 위해 찾아온 그가 이렇게 어깃장을 놓는 듯한 대답을 할 리가 없다고 생각하는 사람들은 니고데모가 거듭남의 의미를 묻는 것이 아니라 거듭남의 가능성을 묻고 있다고 이해합니다.

니고데모는 예수님이 말씀하신 거듭남의 의미를 몰라서 묻고 있는 것이 아니라 늙어서 생각이 굳고 현세적인 사고에 익숙해져 있는 사람이 어떻게 다른 관점에서 생각할 수 있는가를 묻고 있는 것입니다. 이 세상에 살면서 눈에 보이는 것들에 익숙해져 있는 사람이 어떻게 세상살이를 초월할 수 있는가를 묻고 있는 것입니다. "우리는 지금까지 이 땅에 임할 하나님 나라를 믿으며 평생 살아왔는데 그럼 우리 믿음은 잘못된 것이라는 말입니까?"를 묻고 있는 것입니다. "우리가 지금까지 믿어 온 익숙해진 이 신앙의 틀을 어떻게 벗어날 수 있습니까?"를 묻고 있는 것입니다. "사람이 늙으면 어떻게 달라질 수 있습니까?"라는 니고데모의 질문에서 오랜 경륜과 경험이 변화에 장애가 될 수 있음을 볼 수 있습니다.

예수님은 니고데모에게 유대인의 선생으로서 어찌 그것을 모르냐고 했습니다(요 3:10 참조). 이 말씀에도 여러 가지 의미가 있겠지만 선생으로서의 그의 위치가 거듭남에 장애가 될 수 있음을 지적한 것입니다. 경륜과 지식은 필요한 것이고 소중한 것임에도 그것들이 오히려 장애가 될 수 있습니다.

목사라는 위치가 구도자적 마음으로 항상 하나님을 찾는 자리가 아니라 마치 모든 것을 다 알고 있어서 가르치기만 하면 된다는 전도자적 마음이라면 그 자리 자체가 고집이 되고 독선이 됩니다. 단편적인 진리 한 조각에 마치 모든 것을 다 깨달은 것처럼 흥분하기 시작하면 그 이상은 발전도 성장도 없습니다.

하나님 나라를 믿고 바라보다

평생 민족적 우월감을 가지고 메시아를 기다린 니고데모와 유대 지도자들이 바뀔 수 있겠습니까? 종교적 행위에 익숙해서 그것이 자기의 의인 것처럼 존경을 받으며 그것을 복으로 여겨 온 사람이 지금까지 자신을 높여 주던 것들이 아무것도 아니고 하나님 앞에서 아무것도 내세울 것이 없는 죄인임을 인정할 수 있겠습니까?

그런 사람은 돈 많이 벌어서 풍족하게 살면 그게 인생의 가장 큰 행복인 줄 압니다. 하나님을 믿는 것도 부자 되고 출세하는 것이라고 생각하는 사람이 과연 가진 것을 다 팔아 가난한 자에게 나눠 주고도 괜찮다고 말하고, 끝없이 이어지는 고난에도 구원의 은혜를 생각하며 오히려 여유를 가지는 것이 가능하겠습니까? 기록을 보면 나중에 니고데모는 예수님의 말씀을 듣고 그동안 그가 따르던 종교적 신념을 벗어 버립니다. 하지만 다른 유대 지도자들은 그것을 놓을 수 없고 바꿀 수 없어서 예수님을 십자가에 못 박는 데 앞장서고 말았습니다.

예수님은 어떻게 그런 일이 가능하냐고 묻는 니고데모에게 물과 성령으로 거듭나지 않고는 하나님 나라에 들어갈 수 없다고 하셨습니다(요 3:5 참조). 다음 장에서 다시 다루겠지만 결론적으로 자기의 의와 공적을 내세우며 이 땅에서의 성공과 형통을 인생의 궁극적인 목적으로 추구한다면 하나님의 나라에 들어갈 수 없다고 말씀하시는 것입니다. 예수 그리스도를 하나님의 아들로 믿는다는 것은 단순히 예수님이 하나님의 아들이라는 존재적 사실에 대한 동의를 말하는 것이 아닙니다. 주님은 그런 동의를 우리에게 구걸하실 필요가 없는 분입니다.

예수님을 하나님의 아들로 믿는다는 말은 이 땅에서의 행복이 권세와 재물에 있다고 여기는 것이 아니라, 예수님이 예비하신 하나님 나라가 있기에 그 나라를 바라보며 살겠다고 고백하는 것입니다. 하나님 나라를 믿고 바라볼 수 있음이 거듭남입니다. 그러니까 이 거듭남에 재물이 방해가 되고, 지식이 장애가 되고, 종교적 위치와 익숙함이 걸림이 될 수 있는 것입니다. 그렇다면 거듭남의 증거는 내가 영원한 하나님 나라, 그 아들의 대속의 죽음을 통해 얻고 누리게 될 생명을 믿고, 오늘도 그 생명을 살고자 하는 고백과 믿음이 있는가 하는 것입니다.

믿어도 여전히 유혹은 있습니다. 하나님 나라를 앙망한다고 말하면서도 고난을 당하면 하나님의 선하심이 의심스럽고 낙심이 됩니다. 자신이 죄인이라고 말하면서도 끊임없이 다른 사람들을 정죄하거나 판단하고, 자기의 의를 드러내고 싶어 못 견뎌 합니다. 우리 모습은 정말 천국을 믿고 부활을 믿는데도 천국이 없는 것처럼 현세적이고 기복적입니다.

저 또한 이런 설교를 하면서도 제 삶의 순간을 영생의 관점에서 보지 못하는 모습을 종종 발견합니다. 하나님을 믿는다고 하면서도 하나님 나라를 보지 못하고 이 땅에 세울 저의 나라에 온통 생각과 마음이 쏠려 있습니다. 그렇지만 우리는 이런 안타까운 모습에 체념하고 주저앉는 것이 아니라 끝까지 싸워야 합니다. 왜냐하면 우리는 영생이 있음을 믿기 때문입니다. 우리는 살아 계신 하나님 앞에 설 날이 있고 그 하나님의 다스림이 충만하여 참으로 행복한 그 나라가 있음을 믿기 때문입니다.

John
요한복음

요한복음 3장 5-8절

예수께서 대답하시되 진실로 진실로 네게 이르노니 사람이 물과 성령으로 나지 아니하면 하나님의 나라에 들어갈 수 없느니라 육으로 난 것은 육이요 영으로 난 것은 영이니 내가 네게 거듭나야 하겠다 하는 말을 놀랍게 여기지 말라 바람이 임의로 불매 네가 그 소리는 들어도 어디서 와서 어디로 가는지 알지 못하나니 성령으로 난 사람도 다 그러하니라

12장
결코 하나님 나라에 들어가지 못하리라

탁월한 설교자인 제임스 보이스(James M. Boice) 목사님이 말씀하신 예화 하나를 소개하겠습니다. 한 젊은 아랍인이 당나귀를 타고 길을 가는데 길 위에 참새 한 마리가 누워 있었습니다. 가느다란 두 다리를 하늘로 향한 채 누워 있어서 아랍인은 참새가 죽은 줄 알았는데 가까이 가서 보니 살아 있었습니다. 그래서 아랍인이 참새에게 물었습니다. "두 다리를 하늘로 향해 들고 길바닥에 이렇게 드러누워 있는 이유가 무엇이냐?" 참새가 대답합니다. "소문 못 들었습니까? 하늘이 곧 무너진답니다." 아랍인이 대답했습니다. "설령 그 소문이 사실이라도 너의 그 가느다란 두 다리로 무너지는 하늘을 막을 수 있다고 생각하느냐?" 그러자 참새가 아주 준엄한 표정으로 젊은 아랍인을 책망하며 이렇게 말했습니다. "할 수 있는 만큼 최선을 다해야지요." 참 성실한 참새이기는 한데 참 우습고 어리석습니다.

제가 오늘부터 운동을 시작해서 3개월 안에 몸짱이 되겠다고 하면 여러분은 저의 식탐 때문에 가능하지 않다고 생각하시겠지만 그래도 해보라고 많은 분이 격려해 주실 것입니다. 제 아내는 제가 해내지 못할 거라고 확신하면서도 저의 결단과 용기에 기뻐할 것입니다. 그건 단순히 그 일이 합당해서가 아닐 것입니다. 만일 제가 지금 의사가 되겠다고 의과대학에 갈 준비를 한다면 아주 희박하지만 남아 있는 가능성 때문에 어떤 사람들은 제 용기에 박수를 보낼지도 모릅니다. 제가 늦었다고 포기하지 않고 하고 싶은 일을 다시 시작하겠다는 그 마음이 귀하기도 하지만 못할 것은 없기 때문일 것입니다. 하지만 제 아내는 제 용기에 박수를 보내기보다는 깊은 한숨을 쉴 것입니다. 함께 겪어야 할 고난만큼 가능해 보이는 일이 아니기 때문입니다.

이 세상에는 최선을 다한다는 것 자체에 의미를 부여해도 될 일들이 있고, 그러기엔 매우 큰 희생이 따르기 때문에 무모해 보이는 일들이 있습니다. 그리고 최선을 다한다는 것으로 합리화해서는 안 될 비윤리적이고 불가능한 일들도 있습니다.

물론 때로는 그 구분이 애매하고 관점의 차이가 있어서 마찰이 생기기도 합니다. 제가 지금 색소폰 연주자의 길을 가겠다고 목회를 그만두면 여러분은 말려야 마땅하지만 제가 그 열정과 확신 때문에 그것을 하지 않으면 남은 평생이 불행할 것 같다고 말한다면 말리기보다는 생활비를 대 주시는 게 맞는 것 같기도 합니다. 하지만 이런 마찰이나 고민은 아주 희박해도 가능성이 있을 때나 가능한 일입니다.

"어떻게 하면 구원을 받을 수 있을까요?"

그런 의미에서 기독교는 정말 애매합니다. "어떻게 하면 구원을 받을 수 있을까요?"를 묻는 사람들에게 구체적으로 얼마 동안 교회를 열심히 다니면 된다든지 착한 일을 얼마나 하면 된다든지 하는 말을 해줄 수가 없습니다. 차라리 이슬람교처럼 일주일에 다섯 번 본인이 있는 곳에서 기도하고, 수입의 40분의 1을 헌금하면 구원받는다고 말해 주면 싫든 좋든 해야 할 일이 확실하니까 이해가 쉬울 것 같습니다. "어떻게 하면 구원을 받을 수 있나요?"라고 물으면 교인들의 일반적인 대답은 "예수님을 믿기만 하면 됩니다"입니다. 그러면 다시 말하지요. "나도 믿고 싶은데 잘 안 믿어집니다. 뭘 하면 믿음이 생깁니까?" 이럴 때 뭐라고 대답하는 게 좋을까요? "처음에는 안 믿어지지만 성경을 많이 읽으시고 꾸준히 예배에 출석하시다 보면 믿음이 생깁니다." 이렇게 대답하는 게 맞을까요? 아니면 "믿음은 하나님이 주시는 것입니다. 하나님이 믿게 해주시지 않으면 절대로 믿을 수 없습니다"라고 대답하는 것이 맞을까요?

구원이 틀림없이 하나님에게서 오는 것이고, 인간의 어떤 노력이나 공적도 필요로 하지 않는 전적인 은혜임을 인정하더라도 이 은혜를 받기 위해서 인간은 아무것도 할 것이 없고, 할 수도 없다는 말은 몹시 절망적으로 들리기도 합니다. 그러면 열심히 기도하라든지, 일단 교회를 다녀 보라는 말은 틀린 말인가요?

그렇다면 물과 성령으로 거듭나지 않으면 결코 하나님 나라에 들어갈 수 없다는 말은 무슨 말일까요? 예수님이 메시아인지 궁금해 하고, 하나님 나라에 대한 관심으로 예수님을 찾아온 니고데모에게 주님은 거듭나지 않으면 하나님의 나라를 볼 수 없다고 하셨습니다. 다시 태어나야만 하나님 나라를 볼 수 있다는 말입니다. 니고데모가 물었습니다. "다시 태어나야 한다고요? 사람이 어떻게 다시 태어날 수 있습니까? 모태에 들어갔다가 다시 나와야 합니까?"(요 3:4 참조) 저는 앞서 이 말은 거듭남의 의미를 묻는 것이 아니라 거듭남의 가능성을 묻는 것이라고 했습니다. "평생이 땅에 이스라엘의 회복과 영광을 가져다 줄 메시아만 기다린 이스라엘 백성인데 그럼 그들에게는 아무런 희망이 없다는 말입니까? 우리의 기도는 모두 헛된 것입니까?"를 묻는 것이고, "그 믿음으로는 안 되는 것입니까?"를 묻는 것이라고 했습니다. 그리고 예수님은 니고데모에게 물과 성령으로 거듭나지 않고는 하나님의 나라에 들어갈 수 없다고 하셨습니다.

여러분은 이 말씀이 이해되십니까? 저는 아직도 모르겠습니다. 물로 거듭나고 성령으로 거듭난다는 말이 무엇을 의미하는지 애매해서 지금도 누가 물으면 자신 있게 설명해 드릴 수가 없습니다. 물과 성령이 거듭나게 하는 방법이라면 이것이 무엇을 의미하는지 확실히 알아야 하지 않을까요?

물이 무엇을 상징하는가

특히 물이 무엇을 상징하는가에 관해서는 다양한 의견이 있습니다. 어떤 사람은 3장 6절에서 육으로 난 것은 육이요 영으로 난 것은 영이라고 했으니까 물은 육에서 난 것을 의미하고 영은 성령을 의미한다고 합니다. 그래서 물은 인간이 육적으로 태어날 때 필요한 물, 즉 모태의 양수를 의미해서 육은 물로 나오고 영은 성령으로 나오는 것이라고 했습니다. 기발하기는 한데 예수님이 그 당시 사람들에게 양수의 의미로 이 말씀을 했을 것 같지도 않고, 물과 성령을 이렇게 대조해서 물이 육적인 출생을 의미한다고 보는 것도 자연스럽지 않습니다.

어떤 사람은 물은 요한의 세례나 교회의 세례 예식을 의미한다고 합니다. 요한의 세례란 회개를 가리킨다는 것이겠지요. 회개가 필요한 것은 인정하겠는데 주님이 니고데모에게 요한의 세례를 받아야 한다고 말씀하시는 것 같지는 않습니다. 혹은 요한이 사역하던 당시에 교회에서 입교할 때 행한 예식인 세례를 의미한다고 말하기도 합니다. 그러니까 예수를 주라고백하고 세례를 받아야 구원을 받는다는 의미일 텐데, 반드시 세례를 받아야 구원을 받는다고 볼 수 없고, 종교적 예식을 구원의 조건으로 주님이 말씀하셨을 리 없습니다.

이 물은 하나님의 말씀을 의미한다고 주장하는 사람들도 있습니다. 성경에 성령께서 말씀을 통해 우리를 깨끗하게 하신다는 기록이 여러 군데 있으니까 씻음을 의미하는 이 물은 곧 하나님의 말씀을 들음으로 인한 변화라는 설명도 충분히 그럴 듯합니다.

어떤 사람은 물은 곧 성령을 의미한다고 주장합니다. 내가 주는 물을 마시는 사람은 영원히 목마르지 않으리라고 하신 말씀이나 나를 믿는 자는 성경에 이름과 같이 그 배에서 생수의 강이 흘러나오리라고 말씀하신 후에, 이는 그를 믿는 자들이 받을 성령을 가리켜 말씀하심이라고 하신 것을 보아(요 7:38-39) 물은 곧 성령이라서 물과 성령으로 거듭나야 한다는 것은 반복적으로 강조한 것이라고 말하기도 합니다.

또 어떤 분은 여기 성령이라고 번역된 단어가 바람으로 번역될 수도 있음을 지적하면서 물과 바람으로 거듭난다 함은 거듭남의 상태인 깨끗함과 능력을 의미한다고 주장하기도 합니다.

저는 설교를 하면서 이런 복잡한 이야기들을 하지 않는 편인데 제가 오늘 이렇게 여러 견해를 나열한 이유는 교회가 이 말씀을 정말로 중요한 말씀이라고 하면서도 사실은 무척 다양한 의견이 있어서 아무도 확실하게 말할 수 없다는 것을 강조하기 위해서입니다. 저는 물과 성령이 위에 언급된 것들 중 하나이거나 전부를 의미할 수 있겠다고 생각하는데 이렇게 중요한 이야기를 상징으로 말씀하신 주님이 조금 야속하기는 합니다. 그것이 회개를 의미하든, 하나님의 말씀을 의미하든, 씻음을 의미하든, 혹은 교회로의 입교를 의미하든 사실은 거듭난 사람이 보여야 하는 현상으로는 다 맞는 말이고 필요한 것들입니다. 그래서 제가 선호하는 입장이 있더라도 다른 입장은 절대로 아니라고 반론을 제기하고 싶은 마음이 없습니다.

영생을 얻을 수 있는 길

그보다 저는 주님이 결코 들어갈 수 없다고 말씀하신 의미가 무엇인지 그게 더 궁금합니다. 물과 성령으로 거듭나지 않고는 결코 하나님 나라에 들어갈 수 없다고 하셨으니까 절대로 안 되는 그 어떤 것을 말씀하신 것은 분명한데 저는 주님이 강조하신 것은 거듭나는 과정이나 수단이 아니라 반드시 거듭나야 한다는 사실이라고 생각합니다.

성령께서 어떻게 사람을 거듭나게 하시는지는 잘 모릅니다. 기도를 통해서도 거듭나게 하시고, 성경 공부를 통해서도 거듭나게 하십니다. 아니면 어떤 사람이 하나님에 대해 관심을 가지거나, 믿음을 가지고 싶은 마음이 생긴 것조차도 성령께서 거듭나게 하심으로 발생한 현상일 것입니다. 거듭남은 철저하게 성령께서 하시는 일이지만 그래서 인간은 아무것도 할 것이 없다고 말하는 것은 의미가 없습니다. 어차피 성령께서 인간을 통해 일하신다면 성령의 일과 인간의 일을 구분하는 것은 가능하지 않기 때문입니다. 그래서 예수님도 바람이 불 때 소리는 들어도 어디서 와서 어디로 가는지 모르는 것처럼 성령께서 거듭나게 하는 사람도 그와 같다고 하셨으니까 사실 어디까지가 사람의 일이고, 어디까지가 하나님의 일인지 우리는 알 수 없습니다.

그러나 성령께서 거듭나게 하셔야만 하나님 나라를 볼 수 있음은 분명합니다. 그렇다면 물과 성령으로 거듭나야 하나님의 나라를 볼 수 있다는 이 말씀은 예수님이 구원에 있어서 인간의 노력과 성령의 능력을 대조해서 구원을 위해 인간이 무엇을 할 수 있는지를 말씀하신 것이 아닙니다. 성령의 역사로 분명하게 가능해진 일과 육에 속한 일을 대조해서 말씀하신 것입니다. 제가 그렇게 생각하는 이유는 이 이후에 독백처럼 길게 이어지는 그리스도의 대속을 통한 구원에 관한 말씀 때문입니다.

하나님이 세상을 사랑하셔서 독생자를 주시고, 그를 믿는 자들에게 하나님의 심판을 받지 않고 영원한 생명을 얻도록 하셨다는, 인류를 위한 가장 위대한 복음을 선포하셨습니다. 여기서도 믿음이 전적으로 임하는 성령의 선물인가 아니면 의지적인 결단인가에 관한 언급은 없습니다. 그보다는 그 아들을 믿고 생명을 가지는 것, 그래서 빛에 속하는 것이 얼마나 귀하고 절대적인 일인지를 강조합니다.

제 결론은 이렇습니다. 주님이 절대로 천국에 들어갈 수 없다고 하신 것은 열심히 믿어 보려는 구도적 마음을 부인하는 것이 아니라 자신의 행위에 의해서 하나님의 백성이 될 수 있다는 종교적 자만심을 경고한 것입니다. 아무리 산헤드린 공회의 회원이고, 평생 바리새인이었다 해도 안 됩니다. 목사나 장로라는 직분으로도 안 됩니다. 하나님 나라에 들어갈 수 있는 것은 오직 예수 그리스도를 통해서만 됩니다. 아무리 관용적인 태도로 많은 사람의 지지를 얻는 인품의 소유자였다고 해도 아무리 선행을 많이 하고 성실하게 살았어도 안 됩니다. 교회 봉사를 많이 하고, 한 주도 빼놓지 않고 예배에 참석했어도 안 됩니다. 그것들로는 영생을 얻을 수 없습니다. 영생을 얻을 수 있는 길은 오직 예수님뿐입니다. 오직 예수를 통해서만 하나님 나라에 들어갈 수 있습니다.

니고데모가 절대로 불가능한 것

이 땅에 임할 영광스러운 하나님 나라를 고대하며 성실함과 진실함으로 하나님을 섬겨 온 니고데모에게 예수님은 다시 태어나지 않으면 하나님의 나라를 볼 수 없을 것이라고 말씀하시고, 또다시 물과 성령으로 거듭나지 않고는 하나님 나라에 들어갈 수 없다고 하셨습니다. 니고데모에게도 도저히 불가능한 그것이 무엇이었을까를 생각해 보면 답은 정해져 있습니다.

종교적인 것만으로는 절대 안 됩니다. 거룩하고 영원하신 하나님 나라를 생각한다면 그 앞에 인간이 자격으로 내세울 수 있는 것은 아무것도 없다는 사실을 인식하지 않고는 절대로 안 됩니다. 눈에 보이는 것들로 가치를 평가하고, 사람을 차별하고, 실패와 성공을 말하면 절대로 하나님 나라를 볼 수 없습니다. 주님의 말씀은 하나님의 나라를 볼 수 없으면, 전혀 다른 관점에서 인생을 볼 수 없으면, 천국에 들어가지 못한다고 말씀하시는 것입니다. 온갖 욕심 다 부리며 포악하게 살아도 예수님을 믿는다고 동의만 하면 천국에 들어간다고 말씀하시는 것이 아니라 이 세상이 전부가 아님을 볼 수 없으면 안 된다는 말입니다.

우리에게 절실하게 필요한 것은 이 세상에서의 형통이 아니라 영원한 생명임을 안다면 그 나라에 들어갈 수 있도록 모세가 뱀을 든 것같이 십자가에 높이 들리신 예수님의 대속이 절대적으로 필요하게 됩니다. 저는 아직도 물이 정확하게 무엇을 의미하는지 잘 모르겠습니다. 우리가 거듭나도록 성령께서는 어떻게 역사하시는지도 잘 모르겠습니다.

하지만 저는 주님이 말씀하신 의도가 무엇일까를 이해하기 위해서 순서를 바꾸어 생각해 보았습니다. 물과 성령으로 거듭난 사람은 이 세상에서 눈에 보이는 것이 전부가 아님을 압니다. 물과 성령으로 거듭난 사람은 종교적 열심과 신분, 소유로 그 나라를 차지할 수 없음을 압니다. 그래서 물과 성령으로 거듭난 사람은 이 세상에서의 그 어떤 성공과 성취는 소망이 없음을 알고 있기 때문에 자기의 의를 의지하지 못합니다.

거듭난 사람은 그 나라에 들어가기 위해 십자가에 높이 달리신 예수 그리스도를 삶의 주인으로 모셔야 함을 압니다. 만일 누군가가 저에게 "그러면 어떻게 해야 그렇게 거듭날 수 있나요?"라고 묻는다면 순환 논법처럼 들리겠지만 "예수님만 온전히 믿고 그분을 주님으로 마음에 모시세요"라고 말씀드리겠습니다. 분명한 것은 자신의 의와 기존의 관습과 종교적 신분과 지식으로는 절대로 거듭날 수 없습니다.

John
요한복음

요한복음 3장 9-15절

니고데모가 대답하여 이르되 어찌 그러한 일이 있을 수 있나이까 예수께서 그에게 대답하여 이르시되 너는 이스라엘의 선생으로서 이러한 것들을 알지 못하느냐 진실로 진실로 네게 이르노니 우리는 아는 것을 말하고 본 것을 증언하노라 그러나 너희가 우리의 증언을 받지 아니하는도다 내가 땅의 일을 말하여도 너희가 믿지 아니하거든 하물며 하늘의 일을 말하면 어떻게 믿겠느냐 하늘에서 내려온 자 곧 인자 외에는 하늘에 올라간 자가 없느니라 모세가 광야에서 뱀을 든 것같이 인자도 들려야 하리니 이는 그를 믿는 자마다 영생을 얻게 하려 하심이니라

13장
놋뱀을 보는 자마다 살게 될 것이다

2001년 12월 15일, 한국에 있는 남영기 씨와 재미교포 이정진 씨가 결혼했습니다. 약 10개월간 이메일을 주고받다가 마침내 결혼하게 된 것입니다. 이 두 사람의 결혼을 여러 언론사에서 기사로 다룬 이유는 일반 사람들의 생각으로는 잘 이해되지 않는 파격적인 결혼이어서입니다. 남편인 이정진 씨는 고아로 미국에 입양되어 애덤 브라운이라는 이름으로 살아가던 뇌성마비 1급 장애인입니다. 장애인을 입양해 그렇게 건실하게 키운 외국인 부모도 참 귀한 일을 해낸 것이고 그와 결혼을 원한 남영기 씨의 마음도 참 멋집니다.

이것이 흔하지 않은 일이지만 단순히 신기한 일이라서 기사로 다룬 것은 아닙니다. 아름다운 일이라서 기사로 다루었습니다. 그때 어느 기자가 부인인 남영기 씨를 인터뷰하면서 이런 질문을 했습니다. "혹시 부모님이 이 결혼을 반대하지는 않으셨습니까?" 그때 남영기 씨는 처음에는 부모님이 굉장히 반대하셨지만 나중에는 이해하셨다고 대답했고, 옆에 있던 어머니는 인터뷰 중에 하나님이 기뻐하실 그 결혼을 차마 말릴 수 없었다고 말했습니다.

이 질문은 저에게도 큰 의미가 있습니다. 무남독녀 외동딸로 유학 와서 공부하던 제 아내에게 청혼하면서 제가 가장 두려웠던 것은 장인, 장모님의 반대였습니다. 장애인이고, 가난한 신학생이라는 이유로 이미 상처 받은 경험이 있는 저로서는 자신이 없었기 때문입니다. 당시 장인께서는 기독교인이 되신 지 얼마 되지 않으셨는데, 저에게 "나는 자네가 목사가 된다고 해서 결혼을 반대할 수 없었네"라고 하셨습니다. 이민 목회자 아내의 길을 가겠다는 딸을 한편으로는 대견해 하면서도 다른 한편으로는 몹시 걱정스러워서 마냥 축복하고 좋아만 할 일은 아니라고 생각하셨을 것입니다.

불평하는 백성

작년에 제 사위와 딸이 몇 년간 중국이나 태국으로 선교를 나가겠다고 했습니다. 그렇게 생각해 준 것이 참 고맙고 기특하면서도 한 살밖에 안 된 아이를 데리고 타지에 나가서 고생할 것을 생각하니까 마음이 무거웠습니다. 대부분의 경우에 우리는 아름답고 귀한 일이라고 말하면서도 내 자녀는 그 길을 가지 않으면 좋겠다는 생각을 합니다. 그건 단순히 부모가 가지고 있는 잘못된 가치관 때문만은 아닙니다. 가치관이 잘못되었다면 그런 결혼이나 오지로 가는 선교 헌신을 비웃고 부정적으로 본 것입니다. 속으로는 아무런 관심도 없는데 겉으로만 거룩하고 헌신된 하나님의 사람인 척하는 위선 때문만도 아닙니다. 내 자식은 조금이라도 덜 고생했으면 싶고, 어려운 사람을 위해 살라고 말하면서도 힘들고 위험한 일은 굳이 하지 않으면 좋겠다는 생각을 합니다.

고난의 길을 자초해서 가겠다는 자녀를 보면 부모의 마음은 자랑스러우면서도 마냥 기뻐하게 되지는 않습니다. 이럴 때 어떻게 표현하는 게 맞을까요? 껄껄거리며 웃지는 못할 것 같습니다. 그렇다고 슬프고 속상한 표정으로 우울한 얼굴을 하는 것도 마땅치 않습니다. 미안한데 고맙고, 자랑스러운데 아프고, 감동스러운데 걱정스러운 마음, 제가 어떤 마음을 말하려고 하는지 이해되시나요?

저는 이 마음을 오늘 본문에서도 느낄 수 있었습니다. 이스라엘 백성은 긴 광야 생활에 많이 지쳐 있었습니다. 사람이 지쳐 있으면 이제 거의 끝났다 싶을 때 생기는 고난과 어려움에 더 마음이 상하는 법입니다. 가나안이 코앞인데 가나안 접경에 있는 에돔 사람들은 그 백성이 자기 나라 땅의 끝자락을 밟고 지나가는 것조차 허락하지 않았습니다. 그 땅의 어떤 것에도 손을 대지 않고, 조용히 지나가겠다고 사정하는데도 에돔 사람들은 이스라엘 백성이 그 땅에 들어오는 것조차 용납하지 않았습니다. 그래서 그들은 멀리 돌아서 가나안으로 가야 했습니다. 또다시 갈증과 허기, 그리고 피곤함의 긴 여행을 시작해야 했습니다.

고난은 고난을 아는 사람에게 더 힘든 법입니다. 그런데 그렇게 에돔 땅을 우회하려 할 때 하나님은 그들의 제사장 아론을 데려가셨습니다. 그 이유는 오래전에 물이 없어 이스라엘 백성이 불평해서라고 하셨습니다. 그러니까 다시 광야 생활을 시작하면서 물 때문에 불평하지 말라는 경고 같습니다. 사람들은 이런 강경책을 별로 좋아하지 않습니다. 가뜩이나 마음이 상해 있는 그들은 다시 광야에서 목마름을 경험하면서 하나님의 경고에도 아랑곳하지 않고 모세를 찾아가 불평하기 시작했습니다.

그들은 만나를 하찮은 음식이라고 불평했고, 먹을 것도 없고, 물도 없어서 죽게 되었다고 했습니다. 이들의 노골적인 불신에 하나님은 그들에게 불뱀을 보내셨습니다. 많은 사람이 물려 죽었고, 더 많은 사람이 죽어갔습니다. 그것이 하나님이 내리신 벌이라는 것을 안 그들 중에는 하나님에 대한 분노로 차라리 죽기를 원한 사람도 있었는지 모르겠습니다. 죽어가면서도 하나님에 대한 원망과 서운함이 깊어져 간 사람들도 있었을 것입니다.

모세는 몹시 안타까워서 중보자 역할을 감당했습니다. 하나님을 대면해 제발 이 백성과 화해해 달라고 간청했습니다. 하나님이 먼저 노여움을 푸시고 자비를 베풀어 달라고 기도했습니다. 그러자 하나님이 모세에게 하신 말씀은 정말 뜻밖이었습니다. 놋뱀을 만들어 장대에 높이 달라는 것이었습니다. 그리고 누구든지 장대에 달린 놋뱀을 보면 살게 될 것이라고 하셨습니다. 하나님이 노여움을 풀 것이니 마음을 여는 자들은 살 것이라는 말씀입니다. 죽기까지라도 하나님을 원망하고 하나님의 화해의 손을 뿌리친다면 어쩔 수 없지만 그 손을 잡는 자는 살게 되리라는 말씀입니다.

영광스러운 십자가

하나님이 놋뱀을 높이 세우고 그것을 보는 자마다 살게 되리라고 하신

이 사건은 어찌 생각하면 그리 큰 감동이 없습니다. 화해를 청하시는 하나님의 방법이 기발합니다. 결국 하나님이 보고 싶은 것은 하나님에 대한 신뢰의 회복이고, 이 회복을 위한 방법은 하나님을 신뢰하여 믿는 것뿐이라는 메시지는 분명한데 그렇게 큰 감동은 없습니다.

그런데 이 사건은 사실 하나님의 마음을 보여 주는 예표적인 사건이었습니다. 만일 그 장대에 하나님 자신이 달리시고 "이제 나를 보면 살리라" 말씀하신다면 어떻습니까? 요한은 본문을 통해 그 놋뱀이 바로 예수 그리스도의 십자가 사건을 가리킨다고 말하고 있는 것입니다. 그래서 그는 14절에 예수님이 하신 말씀을 이렇게 인용했습니다.

> 모세가 광야에서 뱀을 든 것같이 인자도 들려야 하리니(요 3:14).

놋뱀을 보는 것처럼 그렇게 단순하지는 않지만 하나님이 요구하시는 것은 종교적 관행이나 도덕적 행위가 아니라 하나님을 하나님으로 인정하며 전적으로 하나님을 신뢰하는 믿음임을 말씀하신 것입니다. 하나님의 약속을 전적으로 믿는 것으로만 구원을 받을 수 있다는 매우 분명한 예시적 사건입니다.

저는 이 본문을 살펴보면서 사건보다는 사건을 표현하는 사도 요한의 방식을 생각해 보았습니다. 요한은 예수님이 하신 말씀 중에 "들려야 하리니"라는 말에 주목하고 있습니다. 여기에 사용된 "들려야 하리라"는 말은 요한복음에서 높이 '올리운다', 혹은 '영광을 받으신다'는 의미로 자주 사용되었습니다. 그 단어가 가지는 의미가 '낮아짐', '버림'보다는 '높아짐', '존귀케 됨'이기 때문에 혹자는 들려야 하리라는 말씀은 십자가의 죽음을 의미하는 게 아니라 승천을 의미한다고 주장합니다. 하지만 제가 생각하기에 이 말씀은 십자가의 죽음을 의미합니다.

다른 복음서를 보면 예수님이 이 땅에 오셔서 십자가에 달리신 것은 하나님의 저주를 받은 사건으로 강조됩니다. 그래서 분위기가 조금 우울합니다. 겟세마네 동산에서 주님이 하신 기도나, 십자가 위에서 하신 말씀들도 대체로 십자가 사건을 하나님과 인간의 화목을 위한 심판의 사건으로 묘사합니다. 요한복음이 그 점을 부인하는 것은 아니지만 분위기가 무겁고 우울하기보다는 오늘 본문처럼 밝고 영광스럽습니다. 가볍고 천박하게 밝은 것이 아니라 진지하면서 밝습니다.

통일교에서는 십자가를 내세우지도 않고 자랑하지도 않습니다. 그들의 논리는 이렇습니다. 자식이 아버지를 망치로 때렸는데도 아버지가 그 자식을 용서했다면, 자식이 그렇게 용서받은 은혜에 감사하다면서 아버지를 때린 망치를 자랑처럼 들고 다닐 수 있겠느냐는 것입니다. 죄송한 줄 알고 부끄러운 줄 안다면 망치를 쳐다보지도 못하는 게 맞지 않느냐는 것입니다. 그럴 듯하게 들리지만 그들이 그렇게 말하는 것은 십자가를 실패로 보기 때문입니다. 유대인들이 예수님을 그렇게 죽임으로 예수님의 구원이 온전히 완성될 수 없었다고 보기 때문에 십자가를 자랑할 수 없습니다.

그런데 우리는 그렇게 이해하지 않습니다. 예수님의 십자가 죽음은 인간을 사랑하신 하나님이 구원을 완성하신 사건이기 때문에 십자가가 우리에게는 죄와 사망의 권세를 이겼다는 의미이고, 하나님이 그렇게 우리를 사랑하셨다는 의미라서 우리는 십자가를 자랑합니다. 그러나 그 말조차도 우리가 그렇게 예수님을 죽였다고 자랑하는 것이 아니라 그 죽음으로 우리를 구원하신 사랑과 은혜를 기억하고 자랑함을 의미합니다. 그러니까 우리가 십자가를 자랑하는 것도 맞고, 그 십자가가 영광스러운 것도 맞습니다. 더할 수 없이 감사한 것이지만 그렇다고 결코 가볍고 경망스럽게 취급할 수 있는 것은 아닙니다. 광야에서 달린 놋뱀과는 다르다는 말입니다. 인간과 화해를 청하기 위해 하나님 당신께서 달리셨기 때문입니다.

말할 수 없는 깊은 감동

저는 이 본문을 살펴보면서 죽음을 들림이라고 한 표현에 초점을 맞추고 싶었습니다. 사도 요한은 왜 예수님의 죽음을 무겁게 묘사하지 않고 영광스럽게 묘사했을까요? 아니 그보다 제가 더 주목하고 싶은 것은 우리를 위해 고난의 길을 가시고 처절하게 십자가에 달려 죽임 당하신 이 모습에 대한 영광스러운 묘사입니다. 이것을 어떻게 받아들여야 할까요? 차라리 어둡고 아프게 그렸더라면 더 나았을 것 같습니다. 십자가의 죽음을 '들림'이라고 표현하고 '올라감'이라고 표현하면 가슴 벅찬 일이고 감격스러운 일인데, 주님의 십자가 죽음이 어떤 것인지를 안다면 가볍게 웃고 떠들 일도 아닙니다.

그럼에도 거기에는 틀림없이 기쁨이 있고, 거기에는 틀림없이 엄청난 사랑과 위로가 있습니다. 그래서 "하나님이 세상을 이처럼 사랑하사 독생자를 주셨으니 이는 그를 믿는 자마다 멸망하지 않고 영생을 얻게 하려 하심이라"는 말씀도 당연하다는 듯이 "오 감사합니다!" 하고 그냥 받기만 하면 되는 사랑인 것처럼 말할 수가 없습니다. 전능하신 하나님이 우리 죄를 사하시기 위해서 놋뱀을 달아 놓고 믿으라 하신 것이 아니라 그 아들을 십자가에 달았기 때문입니다. "엘리 엘리 라마 사박다니"를 외치는 그 아들의 영적 절망과 버림 받음 앞에서 가볍게 웃으며 "은혜입니다"라고 말할 수가 없습니다.

저는 아직도 그리스도의 고난과 죽으심에 관한 찬송의 곡조가 너무 빠르거나 가벼우면 조금 불편합니다. 물론 죄인을 향한 하나님의 사랑을 이처럼 가볍게 여기게 된 데는 요한복음의 책임도 없지 않습니다. 요한은 십자가 사건을 저주와 심판의 사건으로 보기보다는 영광과 존귀의 사건으로 묘사했으니까요. 하지만 저는 이 저주의 사건을 영광의 사건으로 묘사하는 데에서 말할 수 없는 깊은 감동을 느낍니다. 가볍게 웃을 수 없지만 웃지 않을 수 없는 기쁨! 숙연해지지만 그럼에도 마구 뛰고 싶은 감동! 고통과 아픔이 있지만 거기에 사랑이 있고, 거기에 은혜가 있습니다. 기꺼이 희생의 길을 가고자 하는 자식을 보는 부모가 느끼는 미안함과 고마움이 십자가 앞에서 고스란히 느껴집니다. 하나님이 그렇게 우리를 사랑하셨습니다.

"고난도 영광임을 믿습니다"

비약처럼 들릴 수 있겠지만 저는 우리 삶에서도 이 긴장이 느껴지면 좋겠습니다. 목회를 하면서 그런 마음을 놓치지 않으면 좋겠습니다. 저는 교인들이 겪는 고난을 보면 마음이 아픕니다. 하나님의 은혜를 붙들고 살자, 하나님의 뜻이 있다면 고난이라도 순종하며 받아들이자고 말하지만 사람들이 힘들어 하고, 삶이 몹시 힘들어서 눈물 흘리는 모습을 보면 복 받아 잘살게 해달라고 마음껏 기도하지 못한 것이 자꾸 미안합니다. 그런데도 하나님을 붙들고 살아 보려고 애쓰는 모습을 보면 미안하면서도 정말 고맙습니다. 제가 감히 상상조차 할 수 없는 일이겠지만 하나님이 그 아들을 십자가에 달아 저주하실 때 그런 마음이었을 것 같습니다. 아들을 십자가에 매달으시고, 저주를 영광이 되게 하신 주님이 여러분을 보는 마음도 그럴 것 같습니다.

자녀가 고난당하고 아파하는 것을 마냥 기뻐하실 리가 없습니다. 하나님은 단번에 문제를 해결하실 수 있고 순식간에 쌓을 곳이 없도록 재물을 부어 주실 수 있지만, 그렇게 아니 하실지라도 하나님의 선하심을 믿고 기다리는 자녀들을 기뻐하십니다. 이 기쁨은 아픔이 있는 기쁨입니다. 그래서 우리는 사랑하는 하나님께 이렇게 고백하고 싶습니다. "나의 고난도 영광임을 믿습니다. 모든 것을 소유하신 선하신 아버지 하나님이 나로 하여금 이 고난의 길을 가게 하신다면 이 고난도 영광이기 때문이겠지요. 십자가에 매달림을 들리움이 되게 하심으로 나로 하나님의 자녀가 되게 하신 그 은혜 때문에 나를 향한 아버지의 마음을 압니다."

앞으로 우리 삶에 고난이 없다 말할 수 없겠지만 "모세가 광야에서 뱀을 든 것같이 인자도 들려야 하리니 이는 그를 믿는 자마다 영생을 얻게 하려 하심이니라"는 이 말씀을 하신 주님의 마음이, 그리고 그 말씀대로 십자가의 길을 가신 우리 주님이 여러분의 생명 줄이 되기를 바랍니다. 하나님의 그 선하심 때문에 저와 여러분의 고난도 곧 영광이 될 것입니다.

John
요한복음

요한복음 3장 16절

하나님이 세상을 이처럼 사랑하사 독생자를 주셨으니 이는 그를 믿는 자마다 멸망하지 않고 영생을 얻게 하려 하심이라

14장

내가 너를 사랑한다

여러분은 정말로 사랑한다는 감동적인 고백을 받아 보신 적이 있습니까? 아니면 틀림없이 사랑하고 있음을 확인할 수 있는 증거를 선물로 받아 보신 적이 있나요? 프랑스 화가인 마르셀은 자기가 사랑하던 애인 마들렌에게 감동적인 사랑의 고백을 하고 싶었습니다. 그래서 연애편지를 썼습니다. 로버트 리플리(Robert Riply)라는 미국 작가의 말에 따르면 이 연애편지가 지금까지 전해지는 가장 긴 연애편지입니다. 그는 그 한 편지에 'Je vous aime'(나는 당신을 사랑합니다)을 그 편지를 쓴 해인 1875년에 1,000을 곱해서 1,875,000번 썼습니다. "나는 당신을 사랑합니다"를 종이 한 장에 1,000번 쓸 수 있다 해도 1,875장의 종이가 필요합니다. 무척이나 지루해서 다 읽지도 않았겠지만 그 정성이 대단하지 않습니까? 그런데 그가 직접 쓰지 않고 대서인을 고용해서 썼다고 합니다. 진짜 충격은 그 다음입니다. 대서인에게 1,875,000번 써 달라고 주문한 것이 아니라 그가 직접 "나는 당신을 사랑합니다"라고 말하면 대서인이 따라 말하고 그 다음에 쓰도록 했습니다. 그러니까 마르셀은 애인에게 사랑한다는 말을 5,625,000번을 한 셈입니다. 얼마나 긴 시간 동안 어떻게 할 수 있었는지 수학적으로 상상이 되지는 않지만 여러분은 사랑한다는 말을 5백만 번 들어본 적이 있습니까? 5백만 번은 고사하고 아내나 남편에게 50번만 들었어도 지금처럼 그렇게 사랑이 메마르지는 않겠다 싶은 분들이 계실 것입니다.

40년을 함께 살면서 하루에 세 번씩 사랑한다는 말을 들어도 50,000번도 되지 않습니다. 정성은 대단하지만 솔직히 그런 사랑이 부럽거나 감동적이지는 않습니다. 상대방이 진짜 원하는 것은 생각하지 않고 자기 방식대로 사랑했다는 것과 그 사랑의 표현에는 정성이 있다고 볼 수 있어도 비현실적이라서 그렇습니다. 다시 말하면 그것은 우리가 현실에서 절실하게 필요한 것이 아니라서 없어도 그만인 것인데 우리 삶은 다른 여러 문제로 너무 버겁기 때문에 그런 사랑 표현에 감동할 여유가 없다는 것입니다. 아마도 억만장자는 백만 원짜리 상품권보다는 정성이 담긴 손편지에 더 감동할 수 있을 것입니다.

인색하신 하나님

여러분은 언제 하나님의 사랑을 느끼십니까? 하나님이 우리를 선대하셔서 우리의 필요를 채우시고, 극한 고난을 피해 가게 하시며 고난 중에도 견딜 수 있는 힘을 주시는 것에서 하나님의 사랑을 느끼십니까? 사실 돌아보면 많은 분이 하나님이 여러분의 필요를 채워 주셨음을 느끼실 것입니다. 이렇게 하루하루를 또 견딜 수 있음에 감사하는 분들도 계실 것이고, 이만큼 살 수 있음이 은혜라고 생각하는 분들도 계실 것입니다. 지금은 많이 힘들지만 언젠가는 하나님이 그 선하심으로 다 갚아 주실 것이라는 믿음으로 사는 분들도 계실 것입니다. 하나님이 꼭 우리를 선대하실 의무가 없다면, 잘해 주시면 고맙지만 그렇지 않아도 사실 하나님께 불평할 것은 없습니다.

우리는 대체로 어려움을 당할 때보다는 형통할 때 하나님의 사랑을 느낍니다. 자녀들이 자신의 삶을 성실하게 살아 내면 고맙고, 물질적으로 풍요로우면 은혜라고 생각합니다. 저는 전적으로 동의하지만 거기에서 하나님의 사랑을 느끼고자 하면 솔직히 섭섭한 마음이 들 때가 더 많습니다. 좋은 것을 많이 거저 받아 누리고 있는 제 말이 조금 배은망덕하게 들릴지는 모르겠지만 저는 하나님의 인색함이 이해 안 되고 섭섭할 때가 많습니다.

하나님이 우리에게 잘해 주셔야 할 의무는 없지만, 오히려 무엇을 구함이 뻔뻔할 수도 있지만, 우리에게 절실히 필요한 것들이 하나님께는 하나도 필요 없는 것들이잖아요? 하나님이 돈이 필요하십니까? 금이 필요하십니까? 우리는 없어서 고난인 것들이 하나님께는 차고 넘치는데 우리에게 주신다고 하나님이 손해될 것은 하나도 없습니다. 그걸 꼭 기도해야 얻을 수 있게 하시거나 착한 일을 많이 해야 주시는 하나님이라면 기도도 하고 봉사도 해야겠지요. 그런데 그냥 주실 수도 있지 않나요? 물론 압니다. 만물을 다 소유하신 하나님, 하나님께는 하나도 필요 없는 것들이지만 우리의 유익을 위해서 그렇게 다 주지 않으신다는 것도 압니다. 처음 아담과

하와를 만드셨을 때는 모든 것을 인간에게 주셔서 선악과를 제외한 모든 것을 먹고 누릴 수 있도록 해주셨지만, 우리 죄로 인해서 그 풍요로움에서 제외되었다는 것도 압니다. 그런데도 섭섭합니다.

예를 들면 이런 것입니다. 10여 년 전에 부모님 댁에 가면 안뜰에 러닝머신이 있었습니다. 뽀얗게 먼지가 앉을 만큼 쓰지 않는 기계입니다. 처음에는 집에서 운동하겠다고 사셨지만, 집에서는 꾸준하게 운동하지 않게 되는 것은 여러분도 아시잖아요. 게다가 두 분은 그 당시에 헬스클럽 회원이었기 때문에 집에서는 러닝머신이 필요 없었습니다. 그래서 하루는 제가 아버지께 그 기계를 달라고 했습니다. 아버지는 안 된다고 하셨습니다. 가끔은 집에서도 운동을 하신다는 것입니다. 거기에 빨래도 널고 고추도 말려야 하기 때문에 필요하다고 하셨습니다. 제가 사 드린 것도 아니고, 제게 소유할 권리가 전혀 없지만 이 말을 듣고 엄청 섭섭했습니다. 저를 가장 섭섭하게 만든 것은 제가 아들이라는 점도 있지만 러닝머신은 부모님께 별로 필요하지 않다는 점입니다. 특히 저의 필요에는 아랑곳하지 않고 아버지의 것이니 아버지 마음대로 하신다고 말씀하셨을 때는 너무 맞는 말이라서 더 섭섭했습니다.

하나님도 그러신 것 같습니다. 하나님은 만유의 주인이시고 창조주로서 세상 모든 것에 대한 소유권을 가지고 계신 분이기에 제가 필요로 하는 것 중에 하나님께 필요한 것은 하나도 없습니다. 하나님이 저에게 돈을 엄청 많이 주신다고 해서 하나님의 생활이 어려워지는 것도 아니고 나중에라도 하나님이 쓸 데가 생기는 것도 아닌데 참 안 주십니다. 말로만 사랑한다고 생색내십니다.

우리가 받은 이른바 축복이라는 것에서 하나님의 사랑을 느끼지 못하는 것도 아니지만 그럼에도 그것으로 하나님 사랑의 광대하심과 아름다움을 말하기에는 답답한 면이 있습니다. 모든 것이 하나님에게서 왔음을 인정하면서도 왜 이렇게 응답이 더디고, 왜 더 주지 않으시는지 답답해하는 분들이 계실 것입니다. 또는 하나님이 주신 것임을 인정하더라도 종교적 열심으로든 개인의 성실함과 현명함으로든 하나님의 그 무한한 공짜 자원을 잘 받아 내고 끌어 낼 수 있었기 때문이라고 생각하는 분들도 계실 것입니다. 이 두 경우에 분명한 것은 하나님의 사랑이 그렇게 감동적이지는 않다는 것입니다. 이 세상에서 벌어지는 기아와 고통은 둘째 치고 우리 삶의 현장만 둘러보아도 하나님은 참 인색하신 것 같습니다.

저는 우리에게 재물을 주시는 하나님의 이야기보다는 차라리 이런 이야기에서 더 감동과 사랑을 느낄 수 있습니다. 옛날 정동교회 한영선 목사님의 어머니 이야기입니다. 정동교회의 한영선 목사님 어머니께서는 시력을 잃어가는 한 젊은이를 위해서 자기 눈을 뽑아 준 일이 있습니다. 젊은이의 장래를 생각하는 큰마음도 감동스럽고, 자기 것을 줄 수 있는 너그러움도 감동스럽지만 진정으로 존경하게 만드는 것은 단순히 자신이 가진 많은 것 중 일부를 준 것이 아니라 남은 생애의 희생을 감수하며 눈을 뽑아 줌으로 그 후에 그분이 겪었을 불편함입니다. 이 희생의 아름다움은 이 젊은이가 경험했을 절망과 불편을 느낄 수 있을 때 더욱 깊어집니다.

제 아버지께서 저에게 러닝머신을 안 주셔서 섭섭했지만 제가 진정으로 부모님의 사랑을 느끼는 것은 제게 먹을 것과 입을 것을 주신 것뿐만 아니라 그분들 삶의 중심에 항상 제가 있었다는 사실입니다. 순전히 저를 위해서 미국 땅에 와서 고생하셨으니까요.

하나님이 말씀하고 싶은 한 가지

하나님은 온 우주의 창조주이시며 그의 백성을 지키시는 목자입니다. 하지만 하나님이 "세상을 이처럼 사랑하사"라고 말씀하셨을 때는 일용할 양식을 주셨을 때가 아니라 당신의 독생자를 주셨을 때였습니다. 그런데 사람들은 독생자를 주셨다는 사실에 일만 달러를 주셨을 때만큼도 감동하지 않습니다. 독생자보다 건강이 더 필요하고 직업이 더 필요합니다. 아니 독생자가 필요한 궁극적인 이유도 건강과 형통 때문입니다. 이는 현대인들이 성탄절에 메시아로 오신 예수님보다 성탄절 행사와 선물에 더 관심을 가지는 것을 통해서도 잘 알 수 있습니다.

저는 그것이 죄인으로서 우리 자신의 절망적인 상태에 대한 인식이 없기 때문이라고 생각합니다. 어느 분이 죽을 수도 있는 아주 위중한 병에 걸렸다고 생각해 보십시오. 그분이 그 병에 걸렸다는 것을 알든지 모르든지 결과는 비참합니다. 병의 심각성을 의식하지 않는다면 성탄절에 무슨 선물을 받을지는 의미 있는 일이 될 수 있겠지만, 만일 그 심각성을 의식한다면 좋은 옷, 맛있는 음식도 별 의미가 없을 것입니다. 심각성을 의식하지 않고 있었다면 병의 완치라는 선물을 받았어도 그 선물이 좋은 옷만 못했을 것이지만, 그 병의 심각성을 의식하고 있었다면 병의 완치는 금은보화보다도 값진 선물일 것입니다. 하지만 의식했든 의식하지 않았든 그에게 최고의 선물은 병의 완치입니다.

우리 모두 알고 있는 것처럼 죽음 앞에서는 재물도, 지위도 의미가 없습니다. 아버지들에게 10년 더 살 것을 택하겠는가 아니면 수명을 10년 줄이고 대신 10억을 택하겠는가 물었답니다. 많은 아버지가 수명을 10년 줄이고 대신에 10억을 택했습니다. 그 이유를 물으니까 가족들에게 10억을 주고 싶어서라고 대답했답니다. 아버지들은 참 착합니다. 그런데 그것도 가족이 살아 있기 때문에 의미 있는 것이지 가족의 죽음 앞에서는 그 희생과 사랑도 큰 의미가 없습니다.

성경은 "하나님이 우리를 이처럼 사랑하사 부자가 되게 하시고"라고 말하지 않고 "하나님이 우리를 이처럼 사랑하사 독생자를 주셨으니"라고 말합니다. 그리고 그 이유를 "이는 그를 믿는 자마다 멸망하지 않고 영생을 얻게 하려 하심이라"고 했습니다. 그러니까 생명이 없는 사람들에게 영원한 생명을 주기 위해 독생자를 우리에게 주신 것이 하나님의 사랑입니다. 이 생명을 주기 위해 하나님의 아들은 인간이 되셨고, 우리를 대신해서 십자가 죽음의 길을 가셨습니다. 이 생명을 주기 위해 그리스도께서 마리아의 몸을 빌려 이 땅에 오셨고, 하나님의 저주와 심판을 받았고, 사흘 만에 부활하셨습니다.

그런데 우리는 이 사랑에 감동하지 않습니다. 그런데도 우리 하나님은 오직 그것만 말씀하고 싶어 하십니다. 우리가 알아듣든지 못하든지 하나님은 그것만 말씀하고 싶어 하십니다. 우리가 인식하지 못할지라도 그것이 우리에게 가장 절실하게 필요한 것이기 때문입니다. 부자에게도 "내가 너를 사랑하여 독생자를 주었다"고 말씀하고 싶어 하시고, 가난한 자에게도 "내가 너를 사랑하여 독생자를 주었다"고 말씀하고 싶어 하십니다. 나이가 들어 점점 기력이 쇠하고 외로움과 두려움의 한숨이 깊어지는 노인에게도 "내가 너를 사랑하여 독생자를 주었다"고 말씀하고 싶어 하십니다. 무엇이든 할 수 있을 것 같은 열정에 항상 의욕이 넘치는 젊은이에게도 "내가 너를 사랑하여 독생자를 주었다"고 말씀하고 싶어 하십니다.

누구에게나 가장 필요한 것

아리조나에 있는 인디언 마을에 선교를 간 적이 있습니다. 워낙 힘든 삶을 살았기 때문에 눈에 초점이 없고 사람을 똑바로 보지 못하는 분이 참 많았습니다. 갖은 고생을 다한 것처럼 보이는 얼굴에 주름이 가득하고 아무런 표정이 없어 보이는 한 할머니에게 복음을 전했습니다. 제가 그분에게 "하나님이 할머니를 사랑하십니다"라고 했더니 대뜸 저에게 "당신이 그것을 어떻게 압니까?"라고 반문하셨습니다. 평생 가난과 싸웠고 오랜 시간을 남편의 술주정과 싸우며 살았던 할머니, 가족들과 뿔뿔이 헤어지고 자식들은 감옥에 가 있어서 눈물로 하루하루를 보내는 이 할머니는 "하나님이 사랑하십니다"라는 말에 많이 혼란스러우셨나 봅니다.

한 번도 그런 말을 들어본 적이 없었나 봅니다. 그래서 저는 단순하다 싶었지만 이렇게 대답했습니다. "저는 하나님이 할머니를 사랑하시는 줄 확실히 압니다. 왜냐하면 하나님이 당신의 사랑하는 아들 예수를 할머니를 위해 주셨기 때문입니다." 그러자 그 할머니의 눈에서 갑자기 눈물이 주르륵 흘러 내렸습니다.

고통과 가난 때문에 아픔 때문에 하나님이 당신을 사랑하지 않는다고 생각하셨나 봅니다. 아마도 그 할머니에게 "하나님이 할머니를 사랑하셔서 곧 부자가 되게 해주실 겁니다"라고 말했더라면 그렇게 보낸 세월의 아픔 때문에라도 실소를 금치 못했을 겁니다. 그분은 평생 한 번도 하나님의 사랑을 전혀 느낄 수 없었기 때문입니다. 저는 그분이 예수님 때문에 하나님의 사랑을 느꼈으면 좋겠다는 마음으로 간절히 기도했습니다.

우리 주변에도 하나님의 사랑이 그렇게 감동적이지 않을 만큼 험한 인생을 사신 분들이 계실지 모릅니다. 반대로 나름대로 열심히 살았고, 그렇게 산 대가로 부유함을 누리고 있는 것이라고 생각해서 하나님의 사랑이 그리 감동적이지 않은 분들도 계실 겁니다. 그런데 하나님은 우리 모두에게 말씀하십니다. "내가 너를 사랑한다. 그래서 내 아들을 주었다." 하나님은 누구에게나 가장 필요한 것이 바로 이 생명임을 아시기에 그렇게 말씀하십니다.

만물의 주인이신 하나님이 당신에게는 필요도 없는 재물을 왜 안 주시는지는 저는 잘 모르겠습니다. 전능하신 하나님이 그 능력을 사용하신다고 손해를 보는 것도 아닌데 왜 병을 안 고쳐 주시는지도 저는 잘 모르겠습니다. 왜 전쟁과 기근을 용납하시고 불의한 자들이 흥하게 하시는지도 정말 답답할 정도로 모르겠습니다. 아니 왜 하나님은 저 같은 죄인도 그리 인내하고 참으시는지 두려울 만큼 모르겠습니다. 그것들로 하나님의 사랑을 확증하려니 세상은 정말 요지경이라 뭐가 뭔지 모르겠습니다. 이런 요지경인 인생사의 모든 혼란과 어지러움을 잠재우는 분명한 사랑의 음성이 있습니다. "하나님이 세상을 이처럼 사랑하사 독생자를 주셨으니……."

우리가 성탄 주일마다 듣게 되는 말씀이 있습니다. 베들레헴에 있던 목자들에게 천사들이 준 메시지입니다. "지극히 높은 곳에서는 하나님께 영광이요 땅에서는 하나님이 기뻐하신 사람들 중에 평화로다"(눅 2:14). 여전히 세상은 혼란스럽고 아프고 힘든데도 이 말씀이 진정으로 평화스럽게 들릴 수 있는 것은 이 말이 곧 "하나님이 세상을 이처럼 사랑하사 독생자를 주셨으니"라는 말이기 때문입니다. 하나님이 여러분을 사랑하십니다.

John
요한복음

요한복음 3장 17-21절

하나님이 그 아들을 세상에 보내신 것은 세상을 심판하려 하심이 아니요 그로 말미암아 세상이 구원을 받게 하려 하심이라 그를 믿는 자는 심판을 받지 아니하는 것이요 믿지 아니하는 자는 하나님의 독생자의 이름을 믿지 아니하므로 벌써 심판을 받은 것이니라 그 정죄는 이것이니 곧 빛이 세상에 왔으되 사람들이 자기 행위가 악하므로 빛보다 어둠을 더 사랑한 것이니라 악을 행하는 자마다 빛을 미워하여 빛으로 오지 아니하나니 이는 그 행위가 드러날까 함이요 진리를 따르는 자는 빛으로 오나니 이는 그 행위가 하나님 안에서 행한 것임을 나타내려 함이라 하시니라

15장
정죄함이 없으리라

저는 한국 드라마를 보면서 이해되지 않는 장면이 있었습니다. 재력이나 권세가 있는 사람의 부인이 몸이 안 좋아 병원에 입원해서 진찰을 받습니다. 그런데 암이 발견됩니다. 의사가 환자와 가족에게 아주 미안한 표정으로 암이라고 말하면 환자의 보호자가 의사의 멱살을 잡는 겁니다. 그러고는 절대로 그럴 리 없다고 하면서 "이 사람 살려 내지 않으면 내가 가만히 있지 않겠다"고 엄포를 놓는 장면입니다. 여러분은 이런 장면이 이해되십니까? 심정은 이해가 되지만 이런 행동을 이성적이라고 말할 사람은 없을 것입니다. 이런 장면은 절대적 권력을 가진 왕의 이야기를 다루는 사극에서는 훨씬 자주 나옵니다. 어의가 진찰을 하고 중병임을 고하면 그 순간, 마치 그 선언 때문에 왕이 중병에 걸린 것처럼 어의는 죄인이 됩니다.

아마도 이것은 몹시 절망적이기 때문에 유일한 희망이라고 할 수 있는 의료진에 매달리고 애원하는 방법일 것입니다. 권력과 돈이 있는 사람들이 제발 살려 달라는 말을 그런 식으로 하는 것인지도 모릅니다. 아니 어쩌면 순간적으로 그 책임이 병을 선언한 의사에게 있는 것처럼 착각했기 때문인지도 모르겠습니다. 어제까지 괜찮던 사람이 오늘 진찰받으러 병원에 갔다가 의사의 선언으로 하루아침에 죽게 된 것처럼 느껴지기 때문에 의사가 그 사람을 아프게 만들었다는 착각을 하는 것입니다. 그런 착각을 가능하게 만드는 이유 중 하나는 그 전날까지는 멀쩡했고, 아무렇지도 않았다는 사실입니다. 죽음 앞에서 하나님을 원망하는 것도 비슷한 심정일 것입니다.

어제까지 아무렇지도 않았는데 갑자기 죽게 되면 멀쩡한 사람을 하나님이 데려가신 것 같아서 하나님이 원망스럽습니다. 그러니까 사람들은 아직 괜찮다고 생각하기 때문에, 죽지 않을 것이라고 생각하기 때문에, 별 문제가 없다고 생각하기 때문에 갑작스런 재앙 앞에서 그렇게 만든 원인이 다른 사람에게 있다고 착각하는 것입니다.

한 학생이 폭력에 가담하고 마약을 하면서 절제 없이 살았습니다. 부모는 이 사실을 까맣게 모르고 있었지만 그 학생은 오래전부터 문제가 많았습니다. 어느 날 학교 선생님의 호출로 학교에 가서야 자기 자식에게 문제가 많다는 것을 알게 되었습니다. 이럴 때 많은 부모가 거의 공통으로 보이는 반응은 그 아이가 정말 착실하고 괜찮은 아이였는데 왜 갑자기 그렇게 되었느냐는 반문입니다. 안타깝고 절망적인 마음을 이해 못하는 것은 아니지만 그 아이는 전혀 괜찮지 않았습니다. 괜찮은 아이였는데 학교 선생님이 아이의 상태가 심각하다고 말해서 심각해진 것도 아니고, 학교가 그 아이의 상태를 그토록 황폐하게 만든 것도 아니었습니다.

인간은 죄인이다

사람들은 자신이 아직은 꽤 괜찮은 상태라고 생각합니다. 죽음을 실감하기 전까지는 그런 칠흑 같은 절망을 경험해 본 적도 없고 느낄 수도 없었으니까 당연합니다. 게다가 이 세상에는 인간보다 더 나아 보이는 피조물이 있는 것도 아니고, 모든 인간이 보편적으로 부러워할 만한 그런 피조물이 있는 것도 아닙니다. 여러분은 혹시 되고 싶은 짐승이 있습니까? 한번 돼 보고 싶은 짐승은 있을지 몰라도 꼭 되고 싶은 짐승은 없을 것입니다. 그것은 인간이 가장 괜찮은 존재이기 때문입니다. 글쎄, 어떤 분은 짐승들도 굳이 사람이 되고 싶어 하지 않을 거라고 말할 수도 있습니다. 옛날에는 '금수만도 못한 인간'이라는 말이 욕이었는데 요즘은 금수만도 못한 인간이라고 하면 짐승들이 오히려 화를 낸답니다.

아무리 그래도 사람은 사람이 가장 낫다고 생각합니다. 그런 위기감이 없기 때문에 오늘 본문처럼 "하나님이 그 아들을 세상에 보내신 것은 …… 그로 말미암아 세상이 구원을 받게 하려 하심이라"는 말을 들어도 그 의미가 선명하게 와 닿지 않습니다. 나중에 죽음이 임박해서라면 모를까 지금은 구원보다는 실제적 문제의 해결을 원합니다. 구원이 추상적이라서라기보다는 아직은 너무 멀게 느껴지고 당장의 문제가 더 시급하게 다가오기 때문입니다. 그래서 오히려 심판을 받는다든지, 정죄를 받는다는 말이 영 못마땅하고 불공평해 보입니다. 아니 어쩌면 문득문득 그런 위기감을 느끼게 되더라도 뒤로 미루고 싶어지는 것인지도 모릅니다.

러시아의 작가 도스토예프스키가 쓴 소설 중에 〈죄와 벌〉이라는 소설이 있습니다. 이 소설의 주인공인 라스꼴리니코프는 대학을 중퇴한 가난한 청년이었는데 그가 자주 드나들던 전당포 주인인 인정 없는 노파를 아주 미워했습니다. 그 노파는 이 세상에 살아서 유익할 것도 없고 오히려 사람들에게 피해만 주는 살 가치도 없는 쓰레기 같은 사람이라고 생각하던 라스꼴리니코프는 마침내 그 노파를 살해하게 됩니다.

노파를 살해한 후에 그에게 불안감과 두려움이 엄습하지만 그때마다 그는 끊임없이 자기를 합리화합니다. "그 노인은 죽어야 마땅했다. 그 노인이 죽는다고 안타까워 할 사람은 세상에 아무도 없다." 이런 합리화로 불안과 두려움을 잊으려고 했습니다. 그 후 라스꼴리니코프는 뜻밖의 사람들을 만나면서 성공과 출세의 가능성이 열리게 됩니다. 문득문득 불안함을 느끼기는 하지만 그는 그에게 주어진 기회를 향해 그렇게 살아갑니다.

그러다가 소냐라는 여자를 알게 됩니다. 그가 지은 죄를 알고 있던 소냐의 권고로 결국 라스꼴리니코프는 자수를 하고 시베리아에서 죄 값을 치르게 됩니다. 저자인 도스토예프스키가 하고 싶은 말은 주인공이 성공의 길을 가든, 어떤 모양으로 자기 행동을 합리화하든 자기가 한 행동을 아무리 잊으려 애써도 노파를 죽이는 바로 그 순간 돌이킬 수 없는 죄인이 된다는 것입니다. 반드시 죄 값을 치러야 하는 그는 아무리 성공한 사람이 된다 할지라도 그의 정체성은 그냥 죄인입니다. 성공도 쾌락도 노파를 죽인 살인자로서의 그의 운명을 바꾸지는 못합니다.

성경은 인간이 〈죄와 벌〉에 나오는 주인공처럼 죄인이라고 선언합니다. 단순히 하나님의 형상대로 창조된 아름다운 피조물이 아니라, 그렇게 창조되었음에도 하나님을 떠나 죽음과 절망을 향해 걸어가는 죄인이라고 선언합니다. 인간이 원래 이렇게 죄인임을 안다면 예수님이 세상을 심판하러 오신 것이 아니라는 의미는 어렵지 않게 이해할 수 있습니다. "나를 믿는 자는 구원을 받으리라"는 말씀은 나를 믿지 않는 자는 심판하겠다는 뜻이 아닙니다. 주님은 당신을 믿지 않는다고 정죄하는 분도 아니고, 당신을 믿지 않는다고 지옥에 보내는 분도 아닙니다.

이미 정죄함의 상태에 있었다

어떤 사람이 자기는 아프지 않은 줄 알고 살았습니다. 그런데 사실 그는 굉장히 아픈 사람이라 얼마 살지 못할 사람이었습니다. 의사가 진찰을 해보더니 말합니다. "많이 아프십니다. 오래 살지 못할 것 같네요. 그렇지만 고칠 수 있는 약이 있습니다. 그 약을 먹으면 살 수 있습니다." 이 환자는 아픈 증상도 없고, 활동하는 데도 아무런 지장이 없는데 그렇게 말하니까 믿을 수가 없었습니다. 그래서 말했습니다. "됐습니다. 나는 멀쩡하니까 그 약을 먹지 않을 겁니다. 난 약을 좋아하지도 않고 믿지도 않습니다." 그 사람은 그러고 나서 얼마 되지 않아 죽었습니다. 병이 들었음에도 자신은 멀쩡하다고 생각해서 약을 먹지 않은 것이 문제입니다. 그 사람이 그 약을 먹지 않아서 죽었다는 말은 맞지만 약을 먹지 않은 것이 그를 죽였다고 하면 그건 틀린 말입니다. 약을 먹지 않은 것은 그가 죽은 우선적인 원인이 아닙니다. 그를 죽게 만든 것은 병입니다.

그런데 이런 경우는 다릅니다. 어떤 사람이 비교적 건강하게 잘 살고 있었습니다. 그런데 어느 날 병원에 갔더니 한 의사가 불로장수할 수 있는 좋은 약이 있다고 소개합니다. 불로장수하고 싶은 마음도 없고, 믿어지지도 않아서 싫다고 했습니다. 그랬더니 의사가 협박을 합니다. "지금 이 약을 먹지 않으면 당신은 불로장생을 원하지 않았기 때문에 이 약을 만든 사람이 언제 찾아와서 당신을 죽일지 모릅니다. 하지만 난 일단 이 약을 소개했으니까 이제부터는 당신의 죽음에 나는 책임이 없습니다." 그리고 얼마 후에 불로장생약을 먹지 않았다는 이유로 제약 회사 직원이 밤중에 찾아와 이 사람을 죽였습니다. 이 경우에 이 사람의 죽음의 우선적인 원인은 약을 먹지 않은 것입니다.

여러분은 제가 말씀드린 이 두 경우의 차이를 이해하십니까? 저는 "예수 천당, 불신 지옥"이라는 열정적인 전도의 외침에서 사람들이 들은 메시지는 후자였다고 생각합니다. 사람들은 하나님이 자신을 믿지 않는 자들을 지옥에 보낼 것이라고 들었고 기독교는 독선적인 종교가 되었습니다. 그러나 오늘 본문에서도 예수님은 그렇게 말씀하지 않았습니다. 17절 말씀입니다.

> 하나님이 그 아들을 보내신 것은 세상을 심판하려 하심이 아니요 그로 말미암아 세상이 구원을 받게 하려 하심이라(3:17).

하나님의 아들이 와서 안 믿는 사람들을 심판한 것이 아니라는 말입니다. 그래서 18절에서 예수님은 이렇게 말씀하셨습니다.

> 그를 믿는 자는 심판을 받지 아니하는 것이요 믿지 아니하는 자는 하나님의 독생자의 이름을 믿지 아니하므로 벌써 심판을 받은 것이니라(3:18).

믿지 아니함으로 정죄함을 받는 것이 아니라 이미 정죄함의 상태에 있었다는 말입니다. 그런데 사람들은 이 상태를 인정하지 않으려 하고 여전히 괜찮다고 말하는 것이 문제입니다. 아무리 인격적으로, 물질적으로 성공적인 삶을 살았다 할지라도 인간은 결국 불행합니다. 절망을 향해 가는 것이기 때문입니다. 그 불행의 증거는 죽음입니다. 죽음을 아름답게 말할 수 있을 때는 죽음을 운명으로 받아들이고 체념했을 때입니다. 영원히 살 수 있다면 그 생명 앞에서 죽음은 삶을 허무하고, 무의미하고, 공허하게 만들기에 충분합니다.

나이에 상관없이 여기 있는 누구에게나 지금 당장 죽음이 임한다면 그 죽음은 순식간에 모든 것을 다 빼앗아 버립니다. 그런 일이 없을 것이라고 생각할 만큼 죽음을 인식하지 못하고 살고 있다는 것이 그나마 사는 일에 집중하게 만들 수 있을 것입니다. 내일 죽어도 오늘 사과나무를 심겠다는 말도 영생이 없다는 체념에서 비롯된 달관의 말일 뿐이지 다시 살 수 있다면 체념과 달관의 소리는 공허합니다. 다시 살 수 있다면 그것만이 해결책입니다

생명으로의 초청

"믿지 아니하는 자는 이미 심판을 받았다"는 말씀을 "이 사람들은 모두 죽음을 향해 치닫는 기차에 있다"는 말로 본다면 의미를 이해하는 데 도움이 될 것 같습니다. 예수님은 정류장에 모여 있는 수많은 사람 중에 천국행 기차를 탈 사람들을 고르고, 지옥행 기차를 탈 사람을 골라서 사람들을 지옥행 열차와 천국행 열차에 나누어 태우러 오신 분이 아니라 이

미 지옥행 열차를 타고서도 그 심각성을 모른 채 열심히 웃고 떠드는 사람들을 천국행 열차로 갈아탈 수 있도록 하기 위해서 오신 분입니다. 예수님은 세상을 심판하러 오신 분이 아니라 이미 심판 아래 있는 사람들을 구원하러 오신 것입니다. 예수님을 믿으라는 말은 생명으로의 초청이지 믿지 않는 자를 지옥으로 보내는 저주가 아닙니다.

아무리 잊으려 하고, 자신을 합리화하려 해도 라스꼴리니코프의 운명은 노파를 죽인 순간에 시베리아로 가게 되어 있는 것이었습니다. 소냐라는 여자가 그에게 자수를 권했기 때문에 시베리아로 가게 된 것이 아닙니다. 1초에 463m 속도로 지구가 돌고 있음에도 원심력으로 인해 사람들이 돌고 있는 것을 느낄 수 없는 것처럼 살아 있는 동안에, 때로는 마지막 순간까지도 절망적인 상태를 느끼지 못한다고 절망의 상태가 달라지는 것은 아닙니다.

이런 인간의 절망에 한 줄기 빛이 들어왔습니다. 생명의 빛입니다. 복음의 빛입니다. 그 아들이 높은 장대에 달리심으로 그를 믿는 사람들을 다시 생명으로 들어가게 하는 빛입니다. 인간에게는 최고의 선물이고, 유일한 희망인데 사람들이 이 빛을 거절했습니다. 예수님은 사람들이 빛보다 어둠을 더 사랑했기 때문이라고 하셨습니다. 이 세상에 어둠을 빛보다 더 사랑하는 사람이 몇 명이나 될까요? 절망으로 향하는 기차가 곧 추락할 텐데 그게 좋아서 거기에 있겠다는 사람이 얼마나 되겠느냐 말입니다.

그런데도 주님은 그들이 어둠을 더 좋아한다고 했고, 어둠을 좋아하는 이유는 그들이 악하므로 행위가 드러날까 봐 빛으로 나오기를 싫어 해서라고 하셨습니다. 이미 예수님을 구주로 믿는 분들은 이 말씀이 그리 어렵지 않겠지만 믿지 않는 분들은 어둠을 더 사랑해서 빛에 나오기를 원치 않는다는 이 말씀이 쉽게 받아들여지지 않을 것입니다. 그렇다면 이 어둠이 무엇을 의미하는가가 중요한 문제입니다.

저는 이 말씀을 이렇게 이해했습니다. 하나님 앞에서 인간이 범할 수 있는 가장 큰 죄가 무엇일까요? 살인죄? 동성애? 도둑질? 하나님과의 관계에서 볼 때 가장 큰 죄는 하나님을 창조주로 인정하지 않고 스스로 자기 인생의 주인이 되려고 하는 것입니다. 집을 나간 탕자에게는 돈을 탕진한 죄, 여색을 탐한 죄, 술에 취해 방탕한 죄보다 아버지를 떠난 죄가 더 크고 어두운 죄였습니다.

이 말은 반대로 해도 성립됩니다. 그는 자기가 인생의 주인이 되어서 마음껏 돈도 벌어 보고, 써 보기도 했습니다. 그는 원하는 대로 소유하고 누리고 싶어서 아버지를 떠났습니다. 그러니까 탕자는 설령 그가 허랑방탕하지 않고, 사업을 매우 잘해서 성공한 사업가가 되어 어려운 사람들을 많이 구제해도 그 선행조차 아버지에게는 불효입니다. 아버지와의 관계에서는 그가 그렇게 훌륭한 사업가가 되는 것보다는 망한 것이 복입니다. 그래서 아버지께 돌아올 수 있었기 때문입니다.

"정말 살 수 있습니까?"

바리새인과 서기관은 세리와 창녀들에 비하면 괜찮은 사람들이기 때문에 하나님을 필요로 하지 않는 또 다른 탕자들이었습니다. 그 인생이 지금 어디로 가고 있는지 느낄 수 없을 만큼 기차 안에서의 놀이가 재미있고, 기차 안에서의 영역 확장에 모든 관심이 쏠려 있는 그 모습을 주님은 어둠을 더 좋아한다고 말씀하신 것입니다. 그들은 그 기차를 갈아탈 마음이 전혀 없습니다. 주인을 바꾸고 싶지 않습니다. 절망을 향한 기차 안에서 웃고 떠들며 정신없이 살아가는 사람들에게 주님이 말씀하십니다. "나는 세상을 심판하러 온 것이 아니라 세상을 구원하러 왔다. 누구든지 이제 나를 믿는 자는 심판을 받지 아니하리라."

추락하는 기차 안에서 곧 죽게 될 것을 알고 있으면서도 인생의 궁극적인 관심이 쾌락과 소유의 축적에 있다면 그것은 어차피 달리 방법이 없다는 체념에서만 가능한 현상일 것입니다. 살고자 하는 사람의 궁극적인 관심은 빨리 그 기차에서 내리는 것뿐입니다. 주님은 오늘 니고데모에게, 그리고 모든 사람에게 말씀하고 계십니다. "살 길이 있다. 살 수 있다." 주님을 만난 사람들은 "정말입니까? 정말 살 수 있습니까?"라고 물은 사람들입니다. 죽음이 끝이라고 생각하고 다시 사는 것을 체념한 사람들에게는 이 질문을 다시 할 수 있다는 것만으로도 엄청난 충격이고 희망입니다. 그리고 주님은 친히 십자가에 달리시고 부활하심으로 그 제자들에게 그 말이 사실임을 확인하셨습니다.

요한은 요한복음을 통해 이 사실을 증언하고 있는 것입니다. 아니 지난 2,000년 동안 수많은 사람이 절제와 희생의 삶을 살고 때로는 순교의 길을 가면서 증언하고 싶은 것이 바로 이것입니다. "살 길이 있습니다. 예수님을 믿으면 살 수 있습니다." 그리고 우리는 이렇게 고백합니다. "내가 그 예수를 믿습니다."

John
요한복음

요한복음 3장 23-30절

요한도 살렘 가까운 애논에서 세례를 베푸니 거기 물이 많음이라 그러므로 사람들이 와서 세례를 받더라 요한이 아직 옥에 갇히지 아니하였더라 이에 요한의 제자 중에서 한 유대인과 더불어 정결 예식에 대하여 변론이 되었더니 그들이 요한에게 가서 이르되 랍비여 선생님과 함께 요단 강 저편에 있던 이 곧 선생님이 증언하시던 이가 세례를 베풀매 사람이 다 그에게로 가더이다 요한이 대답하여 이르되 만일 하늘에서 주신 바 아니면 사람이 아무것도 받을 수 없느니라 내가 말한 바 나는 그리스도가 아니요 그의 앞에 보내심을 받은 자라고 한 것을 증언할 자는 너희니라 신부를 취하는 자는 신랑이나 서서 신랑의 음성을 듣는 친구가 크게 기뻐하나니 나는 이러한 기쁨으로 충만하였노라 그는 흥하여야 하겠고 나는 쇠하여야 하리라 하니라

16장
그도 흥하고 나도 흥하여야 하리라

저는 굉장히 내성적이고 소극적인 성격이었기 때문에 어릴 적에는 사람들 앞에 서는 것이 두려웠습니다. 제가 처음 사람들 앞에서 뭔가를 한 것은 고등학교 1학년 때 교회에서 학생 회장이 되면서 하게 된 대표 기도였습니다. 20여 명쯤 되는 학생들 앞에서 기도하는 것은 몹시 떨리는 일이라 저는 동생이 적어 준 기도문을 외워서야 겨우 할 수 있었습니다. 그러다가 강남 지구 학생 총연합회라는 단체에서 억지로 총무가 되었는데 어느 날 한 사건이 발생하고 말았습니다.

한 교회에 모여서 연합 헌신 예배를 드리는데 제게 기도 순서가 주어진 것입니다. 몹시 떨리고 자신이 없어서 당시 학생부 담당 선생님께 기도문을 써 달라고 어렵게 부탁을 드렸습니다. 누구에게 부탁도 제대로 못할 만큼 숫기가 없는 저로서는 정말 오래 망설이다 드린 부탁이었는데 선뜻 그러겠다고 해주셨습니다. 그런데 센스 없던 이 선생님은 차일피일 미루더니 연합 예배가 있는 날 오후가 되어서야 기도문을 써 주셨는데 그것도 달력 한 장을 뜯어 뒷장에 써 주셨습니다.

옛날에는 달력 종이가 얼마나 두껍고 큰지 여러분도 잘 아실 것입니다. 아무리 눌러서 접어도 작은 책만큼 두꺼웠습니다. 써 주신 기도문을 그냥 읽으면 사실 아무 문제될 게 없는데 그 당시만 해도 기도를 써서 읽는 것은 경건하지 않다는 인식이 강한 터라 미처 외우지 못한 저는 선생님이 써 주신 기도문을 몰래 읽어야 했습니다.

모두 눈을 감고 있을 때 기도문을 꺼냈습니다. 그런데 달력 종이가 왜 그렇게 큰지, 그리고 소리는 왜 그렇게 나는지 정말 숨이 막힐 정도로 긴장하며 조심스럽게 종이를 폈습니다. 그렇게 기도를 읽기 시작하자마자 임원 중 한 사람이 제 기도하는 모습을 사진 찍겠다고 다가오는 것이 아닙니까? 저는 엉겁결에 기도문을 적은 달력 종이를 급하게 접었습니다. 그 다음에 무슨 일이 일어났는지는 상상에 맡기겠습니다. 제 앞에 앉아 있던 사람들도 제가 무슨 말을 하는지 못 알아들었다고 했으니까 기도는 완전히 망친 것입니다.

삶의 일부가 된 설교

그때 일을 생각하면 지금도 얼굴이 화끈거립니다. 그날 왜 그렇게 떨었을까? 왜 지금까지도 그렇게 창피해할까를 생각해 보면 그것은 많은 사람 앞에서 잘해야 한다는 부담감과 두려움 때문이었을 것입니다. 그렇게 사람들 앞에 서는 게 두렵고 자신이 없으면서도 저는 목사가 되겠다는 간절한 마음이 있었습니다.

신학교 2학년 때 전도사로서 장년들에게 설교할 기회가 주어졌습니다. 담임 목사님은 출타 중이셨고, 워싱턴에 계신 목사님이 설교하기로 되어 있었는데 주말에 눈이 많이 온다는 예보로 당회에서는 제게 설교를 준비하고 대기해 달라고 했습니다. 저는 이틀 동안 설교를 준비했습니다. 얼마나 기도를 많이 하며 열심히 준비했는지 모릅니다. 하지만 주일에 눈이 오지 않아서 결국 설교를 할 수 없었습니다. 정말 아쉬웠습니다. 그러다가 스물여섯 살 때 담임 목사님이 안식년을 가지시면서 제가 일 년 동안 매 주일 설교를 하게 되었습니다. 그러면서 지난 30년 동안 설교는 저와 뗄 수 없는 제 삶의 일부가 되어 버린 것이지요.

30년 동안 설교했지만 지금도 설교를 하려면 두려움과 떨림이 있고, 설교 전에는 식사도 제대로 할 수 없을 만큼 긴장이 됩니다. 하지만 제가 가장 좋아하는 일이 설교이고, 신학생 때부터 가장 관심 있는 일이 설교였다고 말해도 과언이 아닙니다. 하나님은 어릴 적부터 저에게 설교할 수 있는 기회를 참 많이 허락하셔서 저는 설교자로서의 제 소명에 대해서는 한 번도 의심해 본 적이 없었습니다.

저는 성공적인 목회를 하려면 설교를 잘해야 한다는 말을 수없이 들었습니다. 그래서 설교에 목숨을 건 목사님들도 만났고, 설교 한 편을 위해 일주일을 꼬박 준비하는 분들도 만났습니다. 설교가 약하면 교회가 성장하지 않는 것은 어렵지 않게 볼 수 있는 현상이어서인지 많은 목회자가 가장 부러워하는 사람도 설교 잘하는 목사입니다.

그런데 사실 설교에 대한 열정은 그 열정만큼 위험한 일입니다. 그 열정은 결국 누군가에게 인정받기 원하는 마음을 불러오기 때문에 잘해야 한다는 의욕은 하나님의 부르심에 합당하게 행하려는 열정일 수 있지만 하나님의 부르심을 가리는 장애가 될 수도 있습니다.

인기 많은 세례 요한의 설교

세례 요한은 처음부터 설교자가 되겠다는 생각은 없었을 것입니다. 사실은 상상도 못했을 것입니다. 어릴 적부터 사람들과 함께 어울리는 것보다는 혼자 있는 것이 더 익숙했고, 구체적으로 어떤 일을 어떻게 할 것인가에 대한 꿈이나 계획도 없었습니다. 다만 세례 요한은 하나님이 그를 어릴 적부터 구별해서 절제된 삶을 살도록 부르신 특별한 사명을 맡은 자인 것만 알고 있었을 뿐입니다.

혼자 광야에 살면서 철저하게 금욕적이고 고립된 삶을 살던 세례 요한이 드디어 사람들 앞에 섰습니다. 그리고 외치기 시작했습니다. 그는 준비된 사람이었습니다. 하지만 저는 세례 요한이 광야에서 이런 설교자가 되기 위해서 훈련받고 준비된 사람이라고 생각하지는 않습니다. 굳이 그를 준비된 하나님의 사람이었다고 한다면 하나님의 부르심에 따라 사역을 감당하고 고난당하더라도 낙심하지 않고 한곳을 바라볼 수 있도록 준비되었다는 의미일 것입니다. 성공적인 사역을 위해서 수많은 사람을 모으고 그들에게 감동을 줄 수 있는 사람으로 철저하게 훈련되고 준비되었다는 의미는 아닙니다.

그런데 정말 엄청난 일이 일어났습니다. 사람들이 구름 떼처럼 몰려왔습니다. 거침이 없는 세례 요한의 설교는 그곳에 모인 많은 사람의 가슴을 시원하게 해주었습니다. 약대 털옷을 입고, 광야에서 청렴결백하게 살았던 삶이 그의 설교를 뒷받침해 주었다고 보아도 좋습니다. 그동안 사람들은 영적으로 몹시 메말라 있었고 사회적으로 불만이 많았습니다. 이런 상황에 요한의 설교가 적중했다고 볼 수도 있습니다.

요한의 설교를 듣고 싶은 사람들이 온 유대에서 몰려왔습니다. 그의 설교를 들은 사람들은 시원함이 있었고 마음에 찔림이 있었습니다. 그리고 요한은 그들에게 세례를 주었습니다. 세례는 사람들이 요한의 설교에 대해서 얼마나 긍정적으로 반응하고 있는가를 볼 수 있는 최상의 방법이었습니다. 좋은 설교를 들어도 물에 들어가 세례를 받겠다고 결심하는 것은 결코 쉬운 일이 아니기 때문에 그들은 틀림없이 요한의 설교를 진지하게 들었을 것입니다. 아무튼 세례 요한의 사역은 대단했습니다.

만일 그 백성이 하나님께 회개하고 돌아오기를 바라는 간절한 마음이 요한에게 있었다면 설교한 후, 그는 그 결과에 충분히 만족했을 것입니다. 군인도, 세리도, 창녀도 그들의 삶을 청산하고 하나님께 돌아오기를 원했으니까요. 그렇게 많은 사람이 몰려들어 설교에 반응한다는 것은 좋은 일입니다. 요한에 대한 소문이 온 유대에 퍼지기 시작한다는 것은 하나님 나라의 확장을 위해서는 긍정적인 일입니다.

그런데 저는 여기에 함정이 있다고 생각합니다. 저는 이때 요한이 어떤 심정이었을지 전혀 모릅니다. 성경에도 이때 요한이 어떤 심정이었는지에 관해서는 언급이 없습니다. 사실 이때 요한이 어떤 심정이었는지는 저에게 그렇게 중요하지 않습니다. 어차피 저는 요한이 아니니까요. 그런데 제가 만일 그런 상황에 처한다면 어땠을까 궁금해서 저의 심리적 상태에 세례 요한의 상황과 정황을 대입시켜 보았습니다.

예수님의 흥함은 곧 우리의 흥함

요한의 상황은 이랬을 것입니다. 처음에는 정말 순수한 마음으로 사역했을 것입니다. 사람들이 그렇게 많이 모일 것이라는 기대도 없었고, 그런 계획을 해본 적도 없었을 것입니다. 그 백성이 진심으로 회개하고 하나님께 돌아오는 것을 보고 싶었고, 하나님의 주 되심이 유대 땅에 다시 온전하게 드러나는 것을 보고 싶었을 것입니다. 광야에서 하나님과의 깊은 관계를 통해 하나님을 더욱 사랑하게 되었고, 고난 중에 있는 그 백성을 향한 하나님의 마음을 더욱 깊이 알게 되었을 것입니다. 그래서 외쳤겠지요. 그랬더니 사람들이 몰려들기 시작합니다. 상상하지 못한 일입니다. 그는 그냥 이름도 없이 묵묵히 하나님의 뜻을 전하리라고 생각했는데 사람들이 반응하기 시작합니다.

그들은 회개했습니다. 그들의 회개가 진심임을 보기 위해서 세례를 받도록 했을 때 아침부터 늦은 저녁까지 쉴 시간도 없을 만큼 사람들이 줄을 섰습니다. 이것은 엄청난 부흥입니다. 놀라운 하나님의 역사입니다. 언제부터인지 이제는 많은 사람이 익숙해지기 시작했고, 사람들의 환호가 어색하지 않았습니다. 그건 당연한 일상이 되었습니다. 그리고 얼마 후 드디어 예수님이 나타났습니다. 그가 지금까지 사역한 이유이자 목적입니다. "세상 죄를 지고 가는 하나님의 어린양이 나타났는데 나는 그의 신발 끈을 푸는 일도 감당할 수 없다"고 외쳤을 때 군중이 보인 반응은 폭발적이었습니다.

당시 유대인들에게는 핵폭탄급 내용의 메시지를 요한이 외친 것입니다. 더 많은 사람이 모여 더 진지하게 요한의 설교를 들었습니다. 그런데 자꾸 사람들이 빠져나가는 것이 현저하게 보였습니다. 강기슭을 가득 메웠었는데 빈자리가 보이기 시작하고 세례를 받는 사람들도 줄었습니다. 이런 현상을 보면서 가장 걱정한 사람들은 요한의 제자들이었습니다. 이미 그들을 떠난 제자들도 있어서 요한의 제자들 사이에서도 그 전에 있던 열정과 흥분이 사그라지고 있었습니다. 게다가 찾는 사람들도 자꾸 줄어드니 걱정이 아닐 수 없습니다.

제자들은 그 원인을 알았습니다. 그리 멀지 않은 곳에서 예수님이 세례를 주신 것입니다. 예수님이 직접 세례를 주시지는 않았지만 제자들이 세례를 주었습니다. 참 섭섭한 일입니다. 어떻게 예수님이 바로 가까운 곳에서 자기 선생의 흉내를 낼 수 있단 말입니까? 자기 선생이 그렇게 칭찬하고 띄워 줬으면 겸손한 마음을 갖고 자제하거나 자기 선생을 배려해 줬어야지 말입니다. 그렇게 높여 드리고 최고의 존경을 보여 드렸는데 자기의 선생을 어떻게 이리 대할 수 있단 말입니까?

몹시 걱정이 된 요한의 제자들이 세례 요한에게 이 사실을 보고했습니다. "선생님이 말한 그 사람에게 사람들이 몰리고 있습니다. 이제는 선생님에게 세례를 받으러 오는 사람들이 그렇게 많지 않습니다"(요 3:26 참조) 그때 세례 요한은 "그는 흥하여야 하겠고 나는 쇠하여야 하리라"(요 3:30)고 대답했습니다.

그런데 여러분 아십니까? 언제부터인지 우리에게는 이 대답이 아주 어색해졌습니다. 우리는 열심히 하고 바르게 하면 하나님이 형통케 하시리라는 확신이 있습니다. 설교를 많이 준비해서 잘하면 교회는 부흥할 것이라는 확신이 있습니다. 아무리 세상이 변했어도 순수하게 복음을 전하고 깨끗하게 목회하면 경건한 사람들은 알아서 찾아올 것이라는 믿음이 있습니다. 그렇기 때문에 예수님의 흥함이 우리의 쇠함을 의미하지 않습니다. 예수님의 흥함은 곧 우리의 흥함을 의미하기 때문에 그는 흥하고 나는 쇠하여야 하리라는 말은 아주 답답하고 불편한 말이 되어 버렸습니다.

제가 세례 요한의 처지에 있었다면 저는 세례 요한처럼 말하기가 매우 어려웠을 것입니다. 그는 인정과 성공의 맛을 이미 보았기 때문입니다. 고난과 가난을 각오하면 고난과 가난이 영광스럽기도 합니다. 그런데 부흥과 영광을 누리고 나면 고난이 불편해집니다. 아무도 알아주지 않을 때는 소신만 있다면 사람들의 비난에도 흔들리지 않고 하나님의 일을 할 수 있습니다. 그런데 사람들에게 칭찬받고 인정받으면 그 후에 오는 비난과 무반응에는 상처를 받고 심지어는 분노가 생기기도 합니다. 무명 시절에는 비난에 마음이 흔들리지 않았는데 유명해지고 나면 한 마디의 비난에도 두려움이 생깁니다.

차라리 광야에 있을 때는 아무런 욕심도 미련도 없었을 것입니다. 하지만 유대 땅 최고의 인기인이 되고 난 후에 경험하는 내리막길은 인생을 쓸쓸하게 만들기에 충분하고 허전하게 만들기에 충분합니다. 오랜 광야 생활을 통해 혼자 사는 것이 익숙해져 있었지만 수많은 사람 속에서 인정과 환호를 받고 난 후에는 고독을 견딜 수 없습니다. 이미 맛본 영광과 편리함, 성공은 그리스도만을 영화롭게 하며 살아가는 삶에 매우 큰 유혹입니다.

여기에 저의 문제가 있고 많은 사람의 문제가 있습니다. 많은 사람이 초심을 잃어버렸습니다. 그런데 초심을 잃어버린 것조차 모르고 있습니다. 저는 지금도 예수님의 이름이 높아지는 게 좋습니다. 진심으로 예수님을 높이는 것이 좋습니다. 예수님의 이름으로 사역이 확장되고, 예수님의 사역에 제가 사용될 수 있다는 것이 정말 좋습니다. 그런데 언제부터인지 저의 사역을 통해 예수님의 이름에 편승해서 제가 영광과 인기를 누리고 있었습니다. 주님의 이름이 높아지고 덩달아 제 이름이 높아지는 것은 나쁘게 없다 생각했습니다. 이런 마음이 은근히 목회자들을 넘어뜨리고 있는데도 주님의 이름을 높이려는 마음이 있으니까 초심을 잃은 것은 아니라고 방심하게 만들었습니다.

예수 그리스도의 길을 예비하라는 특별한 사명 때문에 예수님은 흥하고 자신은 쇠하리라고 말한 것이 당연하지만 그건 요한의 특수한 상황일 뿐이지 대부분 하나님을 높이면 그 하나님이 우리를 높이실 것이라고 기대합니다. 우리에게 익숙한 고백은 "그는 흥하여야 하겠고 나는 쇠하여야 하리라"가 아니라 "그는 흥하여야 하겠고, 그래서 나도 흥하여야 하리라"입니다. 주님을 높이면 주님도 나를 높여 주셔야지 내가 주님을 높이는데 주님이 나를 낮추시면 주님께 무척 섭섭합니다.

오해는 마십시오. 저는 주님만 높아지고 우리는 다 망해야 한다는 말을 하는 것이 아닙니다. 주님을 온전히 높이는 사람들은 다 망하게 될 것이라고 말하는 것도 아닙니다. 망하고 쇠함이 우리의 궁극적인 목표가 되는 것이 아니라 예수 그리스도의 흥함이 우리의 궁극적인 목표임을 잊어서는 안 됩니다.

제자도의 고백

다시 말하면 주님의 이름을 높이는 것이 가장 소중한 일이라서 내가 쇠하는 것은 정말 괜찮다는 그 마음이 바로 우리의 초심이었는데, 예수님의 흥함에 편승해서 덩달아 높아지려는 마음이 강해지는 바람에 이제는 나의 쇠하지 않음이 궁극적인 목표가 되어 버렸습니다. 누가 저를 존중해 주는 것은 감사한 일이지만 주님의 영광을 위해 내 자존심이 상하는 것 정도는 그리 대단하지 않아야 한다는 말입니다.

그런데 요즘 목사들은 얼마나 자존심을 내세우고 대접받기를 원하고 사람들의 인정에 목말라 하는지 모릅니다. 주를 위해서 헌신하면 그만 한 대접 정도는 받고 그만 한 존경과 인정은 받아야 할 것 같은데 그렇지 못해서 얼마나 서운해 하는가 말입니다. "대접을 못 받으면 어떻고, 인정을 못 받으면 어떻습니까? 그래서 주님의 영광만 나타난다면 난 아무래도 상관없습니다"라는 말이 이제는 어색한 말이 되어 버렸습니다.

하지만 그것은 주님에 대한 섭섭함이 아니라 사람에 대한 섭섭함일 것입니다. 인정받기를 원한 것은 아니지만 다른 사람들은 다 잘 나가는데 나만 인정을 못 받는 게 억울할 수도 있습니다. 그런 마음이었다면 세례 요한도 섭섭했을 것입니다. 하지만 "그는 흥하여야 하겠고, 나는 쇠하여야 하리라"는 말은 바로 그런 마음을 경계하고 있는 말입니다.

이것은 목사만의 문제가 아닐 것입니다. 우리가 주님의 영광을 위해서 산다고 하면서도 "그는 흥하여야 하겠고, 나도 흥하여야 하리라"는 마음이 깊이 자리 잡고 있기 때문에 우리가 주님의 제자로 온전히 살지 못하고 쉽게 상처 받는지도 모릅니다. "그는 흥하여야 하겠고, 나는 쇠하여야 하리라"는 말은 "나는 반드시 쇠해야 한다"는 말이라기보다는 그리스도의 영광 앞에서 나의 쇠함과 흥함이 그리 중요하지 않다는 제자도의 고백입니다.

저는 초심을 잃고 싶지 않습니다. 설교자로 칭찬받아 보았고 결실도 보았지만 지금도 오직 그리스도만 높이고 싶은 마음이 간절해서 "그는 흥하고 나는 쇠하여야 하리라"는 초심을 붙들고 사역하고 싶습니다. 여러분도 초심을 잃지 않으면 좋겠습니다. 여러분이 사람들에게 섭섭해도, 그렇게 인기가 많지 않아도, 여전히 주님을 높이고 싶어서 "그는 흥하여야 하겠고 나는 쇠하여야 하리라"는 고백이 하나님 앞에서 살아 있으면 좋겠습니다.

John
요한복음

요한복음 3장 27절

요한이 대답하여 이르되 만일 하늘에서 주신 바 아니면 사람이 아무것도 받을 수 없느니라

17장

하나님이 주신 것

대학생 때 어느 글에서인가 읽어서 정확하게 기억나지 않지만 "아기가 울면 바늘을 찾으라"는 말이 있습니다. 아기가 자꾸 웁니다. 배가 고파서 우는가 싶어 먹을 것을 주어도 울고 엄마 품이 그리워 우는가 싶어 안아 줘도 더 크게 웁니다. 눕혀 놓아도 울고 기저귀를 갈아 주어도 웁니다. 이럴 때 부모는 아기가 우는 원인을 알 수 없기 때문에 정말 답답하고 안타깝습니다. 아기의 부모는 안타까운 마음으로 머리를 맞대고 함께 원인을 찾습니다. "아이를 임신했을 때 공포 영화를 많이 봐서 이 아이가 이렇게 우는 것은 아닐까?", "아빠 성격을 닮아서 예민하고 까칠한 것은 아닐까?", "하나님이 우리를 연단하시려고 이렇게 힘든 아기를 주신 걸지도 몰라." 이렇게 원인을 찾는 중에도 아기는 계속 웁니다. 목욕을 시키면 기분이 좋아질까 해서 옷을 벗겼습니다. 그러자 아기 옷 안에서 작은 가시가 있는 것을 발견했습니다. 아기가 운 이유는 그냥 옷에 있는 가시에 찔려서였는데 부모는 너무 거창하게 부모의 성격을 말하고 하나님의 뜻을 말한 것입니다.

사람들은 대체로 모든 일에 반드시 원인이 있다고 생각합니다. 과학을 하는 사람들은 실험을 하면서 원하는 결과가 나오지 않을 때 그가 세운 가정이 잘못되었다는 결론을 짓기 전에 혹시 실험 과정에서 뭔가 잘못된 것은 없는지 그 원인을 찾으려고 밤을 새우기도 합니다. 철학을 하는 사람들도 인생의 문제, 고통의 문제의 근본적인 원인을 찾기 위해 고민하고, 사업을 하는 사람도 매출이 떨어지면 아주 치밀하게 그 상황을 분석해서 원인을 찾으려고 합니다. 그렇게 하는 것은 모든 결과에는 반드시 원인과 이유가 있다고 생각하기 때문입니다.

요즘 SNS에서 자주 볼 수 있는 글들이 이런 원인과 이유들에 관한 글들입니다. '젊은이들이 교회를 떠나는 열 가지 이유', '교인들이 개척 교회를 가지 않으려는 열 가지 이유', '젊은이들이 결혼하지 않는 열 가지 이유', '벤처 창업에 실패하는 열 가지 이유' 등 이런 글들은 나름대로 열심히 하는데도 잘 안 되는 원인이 궁금한 사람들에게 가능한 원인들을 분석하고 제시하는 것이 도움이 되겠다 싶어서 올리는 글들입니다.

저는 이런 글들을 거의 읽지 않습니다. 그런 원인 분석이 모두 틀렸기 때문이 아니라 개개인의 정확한 정보를 입력하지 않은 상황에서 나온 결과는 원인을 호도할 수 있다 싶기도 하고, 사람들의 문제는 원인을 모르는 것이 아니라 원인을 알아도 문제를 해결할 수 없다는 사실 때문이기도 합니다. 고난을 당하면 그 고난의 원인을 찾아보려고 애쓰는 것은 아주 자연스러운 반응입니다. 틀림없이 우리가 뭘 잘못해서 어려움을 당한 경우도 있지만 사실은 도저히 원인을 알 수 없는 고난도 의외로 많고, 원인을 알아도 도저히 스스로 해결할 수 없어서 안타까울 때도 참 많습니다.

하나님의 섭리라는 변수

저는 2009년부터 지팡이를 짚기 시작했습니다. 지팡이를 짚어서 좋은 점은 굽이 높은 구두를 신을 수 있다는 것이고(언뜻 보기에는 제 키가 보통 이상은 되어 보이지만 구두를 벗으면 아담합니다) 전처럼 자주 넘어지지 않는다는 것입니다. 지팡이에 중절모까지 쓰고 시가(cigar)까지 물면 윈스턴 처칠처럼 보인다는 것도 좋은 점 중 하나입니다. 하지만 좋지 않은 점이 더 많습니다. 한 손이 지팡이에 묶인다는 것도 아주 불편하지만 그보다는 지팡이에 지나치게 의존하다 보니 다리 힘이 점점 약해져서 이제는 지팡이 없이는 아무 데도 갈 수 없게 된다는 것이 더 큰 단점입니다. 신발을 벗고 집 안에서 걸어 다닐 때는 아무런 지장이 없었는데 조만간 집 안에서도 지팡이를 짚어야 할 것 같아서 마음이 영 불안합니다.

그러니까 저는 제가 점점 약해지는 원인을 분명히 알고 있습니다. 운동을 하면 어느 정도 도움이 되기는 하겠지만 운동은 퇴화를 지체시킬 뿐이지 해결책은 아닙니다. 제 문제를 해결할 수 있는 방법은 하나밖에 없습니다. 최근에 개발되고 있는 보조기나 의족을 하는 것입니다. 로봇 다리를 하면 일반인보다도 빨리 뛸 수 있을 것이고 걷는 데 큰 불편함이 없을 것입니다. 그런데 그렇게까지 하고 싶지는 않고, 아마 가장 현명한 길은 약함과 더불어 사는 법을 빨리 배우는 것이 아닐까 싶습니다.

원인을 알지만 어쩔 수 없을 때는 받아들이는 게 최선입니다. "왜 기억력이 떨어지지? 왜 자꾸 쉽게 노여워지고 섭섭해지지? 왜 눈이 침침해지지? 왜 기운이 없지?" 이런 것들은 나이가 들면서 일어나는 자연스러운 현상이니까 원인을 모르는 것은 아닙니다. 다양한 의학적인 이유를 제시할 수 있겠지만 "늙어서 그래요!"라고 말하면 그게 극복할 수 없는 우선적인 이유임에 틀림없을 것입니다.

그리스도인의 경우에는 이 원인을 찾아가는 과정이 더 복잡합니다. 그리스도인들은 모든 상황에 인간의 행동에서 원인을 찾을 수 없는 하나님의 섭리라는 변수가 있음을 인정하는 사람이기 때문입니다. 원인이 우리에게 있는 것이 아니라 하나님에게 있다면 그럴 때는 어떻게 해야 합니까? 아니 사실은 아주 사소해 보이는 일조차도 하나님의 주권적인 섭리 가운데 이루어지고 있어서 하나님의 허락 없이는 아무것도 되지 않는다면 우리는 어떻게 사는 것이 마땅한 모습일까요? 여러분은 사소한 일에도 하나님의 섭리가 있다는 말이 믿어지십니까?

우리가 경험하는 모든 일의 우선적인 원인

앞서 말씀드렸다시피 세례 요한은 그의 사역에서 상상하지 못한 성공을 경험했습니다. 수많은 사람이 몰려들었고 그들은 요한의 설교를 들으면서 열광했습니다. 요한은 그들이 오는 것을 막지 않았습니다. 그의 목적이 검소함과 고요함이었다면 거절함이 마땅했을 것입니다. 그의 사역의 목적이 그리스도를 위한 길을 예비하는 것이었기에 수많은 사람이 몰려드는 것을 막지 않았지만 그는 얼마나 많은 사람이 오는가에 연연하거나 흔들리지 않았습니다. 그래서 사람들이 자기에게 오는 대신에 예수님에게 가는 것도 받아들일 수 있었습니다.

앞 장에서는 "그는 흥하여야 하겠고 나는 쇠하여야 하리라"는 말씀으로 함께 생각해 보았습니다. 같은 맥락이지만 오늘은 요한이 한 또 다른 유명한 말인 3장 27절 말씀을 여러분과 함께 깊이 묵상해 보고 싶습니다. "만일 하늘에서 주신 바 아니면 사람이 아무것도 받을 수 없느니라." 우리가 이 땅에서 경험하는 모든 일의 우선적인 원인이 하나님께 있다는 의미로도 볼 수 있을 것입니다. 이 말씀의 배경을 좀 더 살펴보겠습니다.

요한의 제자들이 어떤 유대인과 세례에 관해 토론했습니다. 이들이 무슨 토론을 했는지는 언급하지 않았지만 토론하다 말고 그들이 세례 요한을 찾아와서 한 말을 보면 대충 짐작할 수는 있습니다. 그들이 세례에 관한 토론을 하다가 요한을 찾아와 많은 사람이 예수님에게 세례를 받으러 간다는 이야기를 한 것으로 보아 세례가 무엇인지, 어떤 세례가 정당한지에 관한 토론이었나 봅니다. 그들은 "사람들이 저 사람(예수님)에게 더 많이 가는 것으로 보아 저 사람의 세례가 당신의 세례보다 더 나은 무엇이 있기 때문이 아니냐"는 이야기를 했을지도 모릅니다. 아니면 사람들이 요한을 떠나 예수님에게 가는 원인이 도대체 무엇인가에 대한 토론이었는지도 모릅니다.

예수님의 메시지가 좀 더 신선해서일까요? 세례 요한의 설교가 너무 강하고 혼만 내기 때문일까요? 세례를 주는 장소가 지역적으로 더 편리하기 때문일까요? 그렇게 나이 차이가 있는 것은 아니지만 예수님이 더 젊어 보이고 잘 생겨서일까요? 도대체 왜 사람들이 예수님에게 더 많이 가는 겁니까? 요한의 사역이 침체되고 쇠퇴하는 이유가 무엇입니까?

이런 질문은 목사들이나 교인들에게는 아주 익숙한 질문입니다. 제가 전도사 때 선배가 담임으로 사역을 시작한다며 도와달라고 해서 함께 사역한 적이 있습니다. 30-40명 정도 모이던 교회였는데 일 년 만에 150-200명 정도로 성장했습니다. 당시 신학생들 사이에서는 이런 성장이 화제였나 봅니다. 여러 사람이 제게 함께 사역하는 사람으로서 그 교회가 그렇게 빨리 성장하는 원인이 무엇이라고 생각하느냐고 물었습니다. 설교가 좋아서인가 아니면 구성원들의 성품이 좋아서인가? 아니면 목사의 학벌이나 배경이 좋아서인가? 혹시 특별한 프로그램이 있는가?

저는 그때도 왕자병에 시달리고 있었기 때문에 그런 질문을 받으면 함께 일하는 전도사가 잘생겨서 빨리 성장하는 것이라고 대답했고, 사람이 진지하지 못하다고 욕을 많이 먹었습니다. 이럴 때 오늘 본문에 나온 요한의 말을 했더라면 아주 근사할 뻔했습니다. "하늘에서 주신 바 아니면 사람이 아무것도 받을 수 없느니라." 성장의 원인은 사람에게 있는 것이 아니라 하나님께 있다는 의미로 볼 수 있을 것입니다. 참 좋은 말인데 저는 요한이 이 말을 한 의도가 무엇일까를 살펴보지 않으면 이 말은 참 많은 오해를 불러올 수 있는 위험한 말이 될 수도 있을 거라고 생각합니다.

요한의 사역이 쇠퇴하는 이유

이 대답과 관련해서 세 가지 정도만 간단하게 생각해 보려고 합니다. 우선은 하나님의 섭리를 받아들인다는 말이 우리의 책임을 회피하는 말이어서는 안 되지만 동시에 인간의 책임에 하나님의 섭리를 가두는 말이어서도 안 됩니다. 자기가 한 설교에 문제가 있고 자기가 게을러서 사람들이 예수님에게 가고 있는데 세례 요한이 "하늘에서 주신 바 아니면 아무것도 받을 수 없느니라"라고 했다면 그건 명백히 책임 회피성 발언입니다. 그가 쇠퇴하는 원인은 틀림없이 세례 요한 자신에게 있는 것입니다. 하지만 우리 모두 아는 대로 세례 요한이 쇠퇴한 원인은 요한에게 책임이 있는 것도 아니고, 인간적인 다른 어떤 것에 있는 것도 아닌 하나님의 뜻이었습니다. 요한이 쇠퇴한 이유는 예수님이 메시아였기 때문입니다.

문제는 이런 경우에도 그 원인을 자꾸 사람의 행위에서 찾으려고 하는 것입니다. 그러니까 하나님이 부흥하게 하신 것은 알겠는데 왜 하나님이 부흥하게 하셨는지 이유가 있을 것이라고 생각하고, 그 이유를 알고 싶어서 하나님의 뜻을 인간 행위의 결과로만 국한시키려고 한다는 것입니다. 부흥이 하나님께로부터 온 것은 알겠는데 왜 하나님이 부흥을 주셨는지 모르겠습니다. 순종을 잘해서 부흥하게 하신 것인지, 하나님이 특별히 사랑해서 부흥하게 하신 것인지 그 원인이 있을 것이라는 전제입니다.

사람이 게을러서 가난해지는 경우가 틀림없이 있지만 부지런하고 성실해도 가난해서 그 원인을 사람들의 행동과 자세에서 찾을 수 없는 경우도 있다는 것을 신앙인들조차 인정하지 않으려고 한다는 것입니다. 그래서 부자가 되면 자꾸 부자가 된 원인을 자랑하려고 하고, 가난하면 그 가난에 떳떳하지 못한 것입니다. 어느 분이 제게 "교회가 성장하지 못하는 데는 틀림없이 원인이 있는 겁니다"라고 하셨습니다. 그런데 그 원인이 하나님께 있는 경우도 인정해야 하지 않겠습니까? 그리고 바로 그 변수 때문에 실패로 보이는 남의 인생에 대해서 섣불리 말해도 안 되고 성공으로 보이는 내 인생에 대해서 자랑하거나 비결을 말하지 말아야 합니다. 교회가 성장한 데는 눈에 보이는 이유들도 있겠지만 하나님의 주권적 섭리라는 변수도 있으므로 성장의 비결을 함부로 말하고 다니지 말아야 합니다.

두 번째로 저는 이 말을 요한이 하고 있다는 점에 주목하고 싶습니다. 사실 형통할 때 "하나님이 하셨습니다"라고 말하는 것은 많이 들었습니다. 하지만 고난 중에 있을 때 "하나님이 하셨습니다"라고 말하는 것은 많이 듣지 못했습니다. 어쩌면 자신의 잘못과 허물을 합리화하는 것 같아서 그렇게 말하지 못할지도 모릅니다. 어쩌면 하나님이 하셨다고 하면 하나님이 욕을 먹을까 봐 그렇게 말하지 못할지도 모릅니다. 요한은 지금까지 그에게 많은 사람이 몰려온 것도 하나님이 그에게 주신 사명이었다고 생각했고, 이제 많은 사람이 예수님에게 몰려가는 것도 하나님이 하시는 일이라고 생각했기 때문에, 만일 하늘에서 주신 바가 아니면 사람이 아무것도 받을 수 없다고 했습니다.

예수님께 사람들이 몰려가는 것을 보면서 "하나님이 그렇게 하셨으니까 그는 흥하고 나는 쇠하여야 할 것이라"고 한 말이 자기 합리화나 무책임한 말로 들리지 않는 것은 그가 실제로 그의 삶에서 성공과 실패에 연연하지 않고 그에게 맡겨진 사명을 감당하는 일에만 관심이 있었기 때문입니다. 흥함에 교만해지지 않는 것만큼 소중한 것이 쇠함에 낙심하지 않는 것입니다. 그것도 하나님의 섭리 가운데 있음을 인정하는 것이기 때문이고 내가 형통하는 것보다 더 귀한 일이 주님의 뜻이 이루어지는 것이라는 믿음이 있기 때문입니다.

물론 그렇게 고백하는 것과 그 고백대로 사는 것은 말처럼 쉽지 않습니다. 그 사이에는 엄청난 틈새가 있습니다. 이건 의지와 능력의 차이입니다. 그렇게 살고 싶은 의지는 있지만 그렇게 살 능력은 없으니까 위선이 아니라 허물과 약함으로 인한 한계가 우리에게 있다고 말할 수 있습니다. 우리는 하나님이 당신의 계획과 뜻을 위해서 우리를 풍부에 처하게도 하시고, 비천에 처하게도 하실 수 있음을 인정하고 범사에 감사하고 싶은데 비천에 처하면 자꾸 낙심이 되려 하고 풍부에 처하면 교만해지려고 합니다.

하늘에서 주신 바 아니면 사람이 아무것도 받을 수 없다는 말은 예수님을 가리켜 한 말이지만 요한이 자기 입장에 대입했다고 해도 틀리지 않습니다. 예수님의 흥함만이 하나님의 뜻이 아니라 요한의 쇠함도 하나님의 뜻이기 때문입니다. 고난도 약함도 하나님의 원하심입니다. 풍부함만이 아니라 비천함도 주님이 주신 것입니다. 어떻게 그럴 수 있습니까? 하나님이 어떻게 쇠함과 약함을 주실 수 있습니까?

하나님이 보시기에 합당한가?

그래서 세 번째 생각해 보고 싶은 것이 가치관의 문제입니다. 하나님 앞에서는 크고 많은 것만 좋은 것이 아니라는 확신이 우리 그리스도인들에게는 필요합니다. 요한 주변에 많은 사람이 몰려들었을 때에만 요한이 성공한 인생이고, 그를 따르던 많은 사람이 예수님께 몰려갔기 때문에 그의 인생이 실패가 되는 게 아닙니다. 실패와 성공은 소유에 있는 것도 아니고 힘에 있는 것도 아닙니다. 성공은 축복이고 실패는 저주가 아니라는 말입니다.

하나님의 말씀을 외치며 유대 땅에 선한 영향을 끼치고 유명세를 누리던 요한은 얼마 지나지 않아서 예수님에게 많은 사람을 다 빼앗기고 그뿐 아니라 헤롯의 눈 밖에 나서 옥에 갇히고 결국은 목이 베어 죽임을 당하게 되었습니다(막 6:17-29). 그래도 그가 하나님이 주신 바 아니면 사람이 아무것도 받을 수 없다고 말할 수 있었을까요? 말할 수 있었습니다. 그래서 그는 "그는 흥하고 나는 쇠하여야 하리라"는 말도 할 수 있는 것입니다. 요한이 옥에 갇혀 목이 잘려 죽는 참혹한 결과를 기다리고 있을 때 예수님은 요한에 관해 이렇게 말씀하셨습니다. "여자가 낳은 자 중에 세례 요한보다 큰 이가 일어남이 없도다 그러나 천국에서는 극히 작은 자라도 그보다 크니라"(마 11:11).

비록 사람들이 보기에는 비참하게 생을 마감하게 되었을지라도 이 땅에서는 요한보다 위대한 삶을 산 사람이 없다고 말할 만큼 그는 위대하고 훌륭한 사람임에 틀림없지만 그런 그를 더욱 복되게 만들 것은 바로 영생이라는 말씀입니다. 하나님 보시기에 합당하면 그게 성공한 인생이고, 하나님 보시기에 합당치 않으면 그게 실패한 인생입니다. 하나님이 주신 바 아니면 사람이 아무것도 받을 수 없다는 말도 자꾸 이른바 성공한 사람들에게만 적용하려 하고 실패한 듯한 사람들에게는 적용하기를 불편해 하는 것도 어쩌면 우리의 가치관이 여전히 세속적이기 때문일 수 있습니다.

하나님 앞에서 하나님의 인정에 미소 지을 수 있는 사람이 된다면 "하늘에서 주신 바 아니면 아무것도 받을 수 없느니라"는 고백은 서로 비교하지 않게 만듭니다. 그리고 주어진 모든 상황에 최선을 다하게 만드는 자유와 구원의 힘을 누리며 살 수 있도록 합니다. 이 고백은 이토록 생명력 있는 고백임에 틀림없습니다.

John
요한복음

요한복음 4장 1-6절

예수께서 제자를 삼고 세례를 베푸시는 것이 요한보다 많다 하는 말을 바리새인들이 들은 줄을 주께서 아신지라 (예수께서 친히 세례를 베푸신 것이 아니요 제자들이 베푼 것이라) 유대를 떠나사 다시 갈릴리로 가실새 사마리아를 통과하여야 하겠는지라 사마리아에 있는 수가라 하는 동네에 이르시니 야곱이 그 아들 요셉에게 준 땅이 가깝고 거기 또 야곱의 우물이 있더라 예수께서 길 가시다가 피곤하여 우물 곁에 그대로 앉으시니 때가 여섯 시쯤 되었더라

18장
몹시 다른, 그러나 결코 다르지 않은!

전도하는 사람들이 보기에 예수님을 잘 믿을 것 같은 사람이 있는가 하면 잘 못 믿을 것 같은 사람이 있습니다. 표현이 적절하지는 않지만 교인들은 "거의 다 되었다 싶은데, 곧 넘어올 것 같은데, 넘어올 듯 넘어올 듯 안 넘어오네요"라는 말도 합니다. 어떤 사람은 예수님의 복음을 필요로 하지 않을 것 같아 전도하고 싶지 않고, 어떤 사람은 복음이 절실하게 필요하겠다 싶어서 꼭 전도하고 싶습니다.

저는 고등학생 때 전도지를 들고 골목골목을 다니며 전도하기도 하고, 술을 파는 가게 앞에서 전도지를 돌리기도 했습니다. 대부분 사람들은 전도지를 받자마자 버리지만 아주 가끔은 제가 준 전도지에 진지하게 반응하며 말을 건네 오는 사람도 있었습니다.

대학생 때는 교회 청년회에서 볼티모어 전 지역에 있는 한인들을 전도하자는 엄청난 포부를 가지고 한인 주소록과 전화번호부를 뒤져서 명단을 만들고 수백 가정으로 축호 전도를 나간 적이 있습니다. 청년들이 두 명씩 짝을 지어서 일주일에 한 번 열 가정씩 주소록에 나온 주소로 찾아 가서 전도를 했습니다. 저는 그때 주소록에 나온 주소 가운데 틀린 게 많다는 것과 한인들은 몹시 바빠서 초저녁에는 대체로 집에 없다는 것을 몸소 체험했습니다. 당시만 하더라도 인심이 야박하지 않아서 갑자기 찾아가도 함부로 대하지는 않았지만 저희를 통일교로 오해하는 사람도 참 많았습니다. 하지만 거의 90퍼센트는 문전박대를 당했습니다. 그러면 전도지를 전달해 주고, 집 앞에서 그 집을 위해 기도하고 돌아왔습니다.

가끔 교회에 열심히 다니는 분을 만나 차라도 얻어 마시면 얼마나 힘이 되었는지 모릅니다. 한번은 부잣집으로 보이는 집의 문을 두드렸습니다. 주인이 나오길래 자초지종을 설명했더니 집으로 들어오라고 하셨습니다. 저희에게 차를 대접해 주시고 과일을 주시면서 자기소개를 하셨습니다. 자기는 존스 홉킨스 대학교 물리학 교수라고 하셨습니다.

정말 인격적이고 겸손했습니다. 저는 그분 내외분께 복음을 전했습니다. 그러자 그분들은 고맙다며 생각해 보겠다고 하셨습니다. 그리고 저는 그날 돌아가 팀원들에게 이 사실을 전했고, 우리 청년들은 희망에 차서 그분을 위해 집중적으로 기도하기 시작했습니다. 완전 대박입니다. 금방 주님을 영접하실 것 같았습니다. 청년들이 일주일 동안 기도하고 토요일이면 전화를 드렸습니다. 이번 주에 교회에 나오시지 않겠느냐고 여쭤 보니 처음에는 주말에 약속이 있어서 바쁘다고 하셨지만 사실 이 얼마나 성가신 일입니까. 마침내 몇 주 만에 화를 내시더니 다시는 전화하지 말라고 하셨습니다. 인자하고 온화해서 곧 교회로 나오실 것 같았는데 그분의 마음은 확고했습니다.

아주 오랜 시간이 지나고 그분을 잘 아는 분들이 저와 성경 공부를 할 기회가 있었는데 그분도 관심이 있어 한다고 함께 공부할 수 있는 자리를 만들겠다고 하셔서 얼마나 기분이 좋았는지 모릅니다. LA에 올 때까지 그분을 뵙지 못하고 왔지만 그분을 위해 기도하는 사람이 주변에 많다는 것을 알았습니다. 저는 이 세상에 예수님이 정말 필요한 사람이 있고, 그렇지 않은 사람이 따로 있다고 생각하지 않습니다. 환경과 상황에 따라 잘 믿을 것 같은 사람과 안 믿을 것 같은 사람도 없다고 생각합니다. 복음의 본질 앞에서는, 그리고 모든 인간에게 주어진 운명 앞에서는 가난해서 잘 믿는 것도 아니고 똑똑해서 잘 믿는 것도 아니고 성격이 별나서 못 믿는 것도 아닙니다.

니고데모와 사마리아 여인

많은 학자가 오늘 본문에 나오는 사마리아 여인에 관한 이야기가 3장에서 나온 니고데모와 대조를 이루기 위해서 의도적으로 기록된 사건이라고 생각합니다. 오늘은 나란히 기록된 이 두 사람이 어떤 점에서 다른지, 어떤 점에서 같은지 생각해 보겠습니다. 우선 다른 점을 살펴보겠습니다. 이들의 다른 점은 누가 보아도 알 수 있습니다. 한 사람은 남자고, 바리새인이요 아주 잘나가는 산헤드린 공회의 회원으로 출세한 사람이고, 종교적 열심이나 경건에 있어서 뭇사람의 존경을 받는 사람입니다. 도덕적으로도 흠잡을 데가 없어 보이고 겸손하고 점잖았습니다. 율법과 신학에 있어서도 많은 지식을 갖추고 있는 사람입니다.

반면에 오늘 본문의 주인공은 사마리아 사람이고, 여자고, 험난한 인생을 살아온 하층민으로 보이는 사람입니다. 예수님이 찾아가셨을 때에도 그 여인은 친구도 없이 혼자 물을 길러 와야 했고 그렇게 살아가는 게 몹시 힘들어서 물을 길러 오지만 않아도 좋겠다고 생각할 만큼 힘겨운 하루를 살았습니다.

한 사람은 그 인생에 부족함이나 문제가 없다 싶을 만큼 넉넉하고 풍요로운 삶을 살았다면, 다른 한 사람은 당장 먹고살 일을 걱정해야 하고 사람들의 따가운 시선을 의식하며 힘겨운 삶을 살았습니다.

이 두 사람은 달라도 몹시 달랐습니다. 신분도, 소유 정도도, 학식 정도도, 사회적 영향력이나 평판도 완전히 다릅니다. 한 사람은 정통이라고 불렸고, 다른 한 사람은 사이비라고 불렸습니다. 한 사람은 주류라고 불렸고 다른 한 사람은 비주류라고 불렸습니다. 한 사람은 세련되고 체계적인 신학자라고 불렸고, 다른 한 사람은 천박한 기복주의자라고 불렸습니다. 이럴 때 보통은 둘이 엮이게 되지 않습니다. 서로 왕래할 일도 없고 삶의 영역 자체가 다릅니다.

만일 이 두 사람이 같은 교회를 다니게 된다면 대화가 안 된다든지 서로 불편하다든지 하는 실제적인 이유나, 수준이 매우 다르다든지 격이 맞는 사람들끼리 어울려야 한다든지 하는 신분 차이의 이유로 갈라지거나 은연중에라도 왕래를 거부할 것입니다. 대놓고 무시하지는 않겠지만 불편함을 이유로 교제를 피할 것입니다. 이들의 배경이 완전히 달랐기 때문인지 예수님과 나누던 대화의 내용도 차이가 있습니다. 니고데모와의 대화는 조금 심오하고 철학적인 것 같았고 사마리아 여인과의 대화는 실제적이고 물질적인 것 같았습니다. 저는 예수님이 복음을 정형화된 형태로 기계적으로 전하지 않으셨음에 감사합니다.

이렇게 다른 두 사람에게도 공통점이 있습니다. 하나는 두 사람 모두 메시아를 기다리고 있었다는 것입니다. 니고데모는 조금 더 신학적으로 접근해서 이스라엘의 회복을 가져다 줄 메시아의 도래를 말했고, 사마리아 여인은 실제적으로 접근해서 하나님 자녀들의 부족함을 채워 줄 메시아의 도래를 말했습니다. 한마디로 두 사람 모두 메시아를 기다리고 있었습니다. 하지만 그들이 상당히 종교적이었음에도 불구하고 영적이지 않았다는 것도 공통점입니다.

제가 말씀드리는 영적이란 영원한 생명과 종말적 관점을 의미합니다. 그들은 하나님 나라에 관심이 있고, 예배에도 관심이 있었습니다. 하지만 그들의 관심은 온통 이 땅에서의 형통에 쏠려 있었습니다. 저는 이것을 "종교적이지만 영적이지 않았다"는 말로 표현합니다. 이것은 마치 많은 교인의 관심이 온통 교회이고, 직분이고, 이 땅에서의 형통이라서 열심히 봉사하고 예배도 드리지만 영적인 일에는 별로 관심이 없는 상황과 비슷합니다.

저도 여러분도 사실은 교회 생활을 하면서 이런 괴리를 느낄 때 참 혼란스럽습니다. 일주일 모임과 행사로 굉장히 바쁠 때, 먹고사는 일로 분주할 때, 그 일들이 하나님과는 아무런 상관이 없는 일인 것처럼 느껴질 때, 참 혼란스럽습니다. 심지어 교회에서 아주 분주하게 봉사하고, 훈련을 받는데도 하나님보다는 사람에게 집중하고 있는 것 같을 때 우리의 신앙 생활은 영적이 아니라는 생각이 들기도 합니다.

피상적인 종교성에만 머물러 있는 사람들

니고데모는 예수님께 메시아가 아니냐고 물었습니다. 그리고 주님은 거듭나지 않으면 하나님의 나라를 볼 수 없다고 하셨습니다. 메시아에 대한 관심이 있었지만 그 관심이 결국은 이 땅에서의 형통과 승리에 있었기 때문에 주님은 당신이 오신 이유가 이스라엘에 해방과 번영을 주기 위해서가 아니라 모든 인간에게 생명을 주기 위해서라고 말씀하셨습니다.

사마리아 여인이 더는 물을 길러 오지 않아도 되도록 그 물을 달라고 했을 때 예수님은 당신이 주는 물을 마시면 영원히 목마르지 않으리라고 하셨습니다. 니고데모에게 물과 성령으로 거듭나야 하나님 나라에 들어갈 수 있다고 하신 주님이 곧 생명의 물이라고 말씀하셨습니다. 전혀 다른 이야기를 하는 것 같고 아주 다르게 표현되었지만, 이 두 사람의 관심은 결국 세상에서의 형통과 편리였습니다.

물론 그게 나쁘다는 말도 아니고 틀렸다는 말도 아닙니다. 그런데 충분하지 않습니다. 그것은 모든 인간이 해결해야 할 문제의 궁극적인 해결이 아닙니다. 그런데 형통과 편리가 궁극적인 문제 해결이라고 생각했기 때문에 그들은 메시아를 통해 그것을 이루려고 했습니다. 성공과 실패의 잣대가 세속적인 것이어서 같은 종교인이면서도 니고데모는 우월감으로 살고 사마리아 여인은 열등감으로 살아온 것인지도 모릅니다.

매우 달라 보였지만 그들이 처한 실존적 운명에서 둘은 다르지 않았습니다. 한 사람은 하나님 나라가 무엇인가, 메시아는 어떤 회복을 가져다 줄 것인가 수준 높은 신학적 문제들에 관심이 있었고, 한 사람은 거칠고 험한 삶에서 당장 먹고살 일의 문제들에 관심이 있었지만, 문제의 본질을 놓치고 있었다는 점에서는 둘이 다르지 않았습니다. 우리도 마찬가지입니다. 선교, 구제, 예배, 제자 훈련, 기도회 등으로 바쁘지만 우리는 정작 복음의 본질을 놓치며 사는지도 모릅니다. 그런 것들이 필요 없다는 말이 아닙니다. 생명이 없다면 둘 다 정말 중요한 것을 잃어버린 채 피상적인 종교성에 머물고 만다는 말입니다.

정말 애석하게도 많은 사람이 교회를 다니고, 헌금을 하고, 봉사하기도 하지만 그 열심이 피상적 종교성에 머물러 있습니다. 아니 우리 모두가 이런 위험에 적나라하게 노출되어 있습니다. 이런 피상적인 종교성에서는 서로 다른 점들만 부각됩니다. 누가 더 열심이고, 누가 더 많이 아는가가 중요합니다. 누가 더 많은 지식을 소유했고 누가 더 인정받는가가 중요합니다. 하지만 예수님이 말씀하신 하나님 나라와 영생의 관점에서 보면 니고데모나 사마리아 여인이 크게 다르지 않습니다. 모두 다 죄인이고 하나님의 은혜와 도우심이 절실하게 필요한 존재입니다.

세상 사람들이 니고데모와 사마리아 여인을 보면서 니고데모가 믿는 종교, 사마리아 여인이 믿는 종교가 나에게는 필요 없다고 말할지도 모르지만 예수님이 말씀하신 생명과 구원은 모든 사람에게 절실하게 필요한 것입니다. 열심히 종교 생활을 하는 사람에게도, 형식적으로 종교 생활을 하는 사람에게도, 아니 종교의 필요를 전혀 느끼지 못하는 사람에게도 인생의 허망함과 죽음의 절망이 가져다주는 무게는 같기 때문입니다. 예수님은 니고데모에게도 그 말씀을 하고 싶으셨고, 사마리아 여인에게도 그 말씀을 하고 싶으셨습니다.

신분과 지위, 소유라는 가면으로 인간의 허망한 실체를 가리고, 종교적 열심과 관심으로 공허함을 메우려고 한 두 사람을 주님은 진실함으로 대면하셨습니다. 대화 내용도 다르고 접근하시는 방법도 달랐지만, 주님이 보시기에 이 두 사람은 모두 예수 그리스도를 통한 하나님의 은혜로 주어진 영생이 필요하다는 점에서는 같았습니다. 이 생명에 주목하지 않는 열심과 관심은 무의미합니다. 저는 주님이 우리에게 하고 싶은 말씀은 "교회에 열심히 다녀라"가 아니라 "나를 믿어라"라는 말이라고 확신합니다. 그런데 우리는 이 말씀에 주목하지 않습니다. 우리 안에 있는 세상의 것들로 인한 차별, 우월과 열등의 갈등이 바로 그 증거입니다. 니고데모와 사마리아 여인을 같게 만드는 것은 바로 영원한 생명의 절대적 필요입니다.

두 사람 다 주님의 제자가 되었다

니고데모와 사마리아 여인의 또 다른 공통점은 이들이 모두 예수님을 인격적으로 만나 주님의 제자가 되었다는 것입니다. 요한이 그의 복음서에서 말하고 싶은 것은 니고데모도, 사마리아 여인도, 예수님과 3년 동안 동행한 사람도 모두 예수님을 인격적으로 만난 후 그분의 제자가 되었다는 것입니다. 이제 그들의 가치는 산헤드린 공회의 회원인가 바리새인인가에 있는 것이 아니고, 더는 물을 길러 오지 않아도 될 신비의 물을 소유했는가에 있는 것도 아닙니다. 바로 예수님과의 관계에 있습니다.

유대인으로서 남자요, 산헤드린 공회의 회원이요, 율법에 능통한 학자인 니고데모도 주님의 제자가 되었고, 사마리아인으로 결혼을 다섯 번 하고, 사람들의 시선을 의식해 외롭고 힘겨운 삶을 산 이 여인도 주님의 제자가 되었습니다. 주님이 주신 이 생명은 신분도 지위도 소유도 성별도 인종도 초월하는 가장 위대한 것이고, 모든 인류에게 가장 필요한 것입니다. 목사도 장로도 부자도 학자도 가난한 자도 고난 중에 있는 자도 젊은이도 노인도 모두 예수님을 인격적으로 만나는 것이 필요합니다.

주님을 만나기 위해서는 형통과 편리로는 해결할 수 없는 가장 심각한 문제가 우리에게 있음을 인정해야 할 것입니다. 오늘날 기독교가 이 생명을 또 다른 형태의 종교로 전락시켜 예수님이 주시는 생명보다 눈에 보이는 풍요와 힘에 대한 관심으로 파벌과 분쟁을 일삼고 있더라도 저와 여러분에게, 그리고 온 인류에게 가장 절실하게 필요한 분은 바로 생명을 주시는 우리의 주 예수 그리스도입니다.

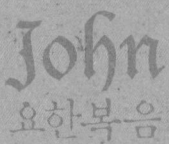

요한복음 4장 3-15절

유대를 떠나사 다시 갈릴리로 가실새 사마리아를 통과하여야 하겠는지라 사마리아에 있는 수가라 하는 동네에 이르시니 야곱이 그 아들 요셉에게 준 땅이 가깝고 거기 또 야곱의 우물이 있더라 예수께서 길 가시다가 피곤하여 우물 곁에 그대로 앉으시니 때가 여섯 시쯤 되었더라 사마리아 여자 한 사람이 물을 길으러 왔으매 예수께서 물을 좀 달라 하시니 이는 제자들이 먹을 것을 사러 그 동네에 들어갔음이러라 사마리아 여자가 이르되 당신은 유대인으로서 어찌하여 사마리아 여자인 나에게 물을 달라 하나이까 하니 이는 유대인이 사마리아인과 상종하지 아니함이러라 예수께서 대답하여 이르시되 네가 만일 하나님의 선물과 또 네게 물 좀 달라 하는 이가 누구인 줄 알았더라면 네가 그에게 구하였을 것이요 그가 생수를 네게 주었으리라 여자가 이르되 주여 물 길을 그릇도 없고 이 우물은 깊은데 어디서 당신이 그 생수를 얻겠사옵나이까 우리 조상 야곱이 이 우물을 우리에게 주셨고 또 여기서 자기와 자기 아들들과 짐승이 다 마셨는데 당신이 야곱보다 더 크니이까 예수께서 대답하여 이르시되 이 물을 마시는 자마다 다시 목마르려니와 내가 주는 물을 마시는 자는 영원히 목마르지 아니하리니 내가 주는 물은 그 속에서 영생하도록 솟아나는 샘물이 되리라 여자가 이르되 주여 그런 물을 내게 주사 목마르지도 않고 또 여기 물 길으러 오지도 않게 하옵소서

19장

은혜는 모든 편견을 역행한다

〈브리튼즈 갓 탤런트〉(Britain's got talent)라는 텔레비전 인기 프로그램이 있습니다. 숨은 인재를 찾는 프로그램인데 2009년 4월 수잔 보일이라는 사람이 출연했습니다. 47세인 그녀가 무대 위에 서자 그녀의 볼품없는 외모에 청중과 심사위원들은 그녀를 무시했습니다. 그녀가 일레인 페이지라는 유명한 가수처럼 되고 싶다고 했을 때 사람들은 비웃었고 한심해 하는 표정을 지었는데 이를 카메라맨들이 기가 막히게 잡았습니다. 그녀에게 정말 아무런 기대도 없었습니다. 그런데 그녀가 입을 열어 노래를 부르는 순간 심사위원들과 청중은 깜짝 놀랐습니다. 그녀의 노래는 청중들에게 엄청난 감동을 주었고, 많은 사람이 그 노래를 들으면서 눈물을 흘렸습니다.

특별히 노래를 잘해서라기보다는 단순히 외모를 보고 절대로 노래를 잘하지 못할 것이라고 생각한 사람들의 편견을 깨뜨렸기 때문입니다. 비웃고 무시하던 사람들이 그녀의 노래를 들으면서 경악하는 듯한 표정을 짓는 것을 보니 정말 저도 엄청난 카타르시스를 느꼈습니다. 오늘 설교를 준비하면서 그 영상을 다시 보았는데 또 울뻔 했습니다. 제가 감동을 받는 것은 그녀의 음성이나 노래가 아니라 사람들이 충격받는 모습이고 편견을 깨뜨린 그 여인의 모습입니다.

저는 사람이라면 모두 편견이 있다고 생각합니다. 편견은 상대방에 대해서 매우 피상적으로 알고 있거나 자신의 주관적인 입장이 매우 강하기 때문에 생기는 것입니다. 사람들의 관계를 살펴보면 피상적 지식의 참을 수 없는 가벼움의 흔적들이 있습니다. 그냥 한 번 마주쳤거나 몇 마디 말을 나누었을 뿐인데 거기서 얻은 지식들을 나름대로 분석해서 상대방이 어떤 사람인가를 판단하려고 합니다. 어떤 차를 타고 다니는지를 보고 경제 상태를 판단하고, 외모를 보고 성격을 분석하기도 합니다. 몇 마디 대화를 나누면서 그 사람에 관한 가능한 모든 정보를 수집해서 분석하고는 이제부터 그 사람을 어떻게 대해야 할지 태도를 결정합니다. 그렇게 하다 보니 편견도 생기고 오해도 생깁니다.

그런데 한편 생각해 보면 그렇게 하지 않을 수가 없습니다. 사람과의 관계에서는 상대방의 정체를 알아야 실수하지 않고 적절하게 처신할 수 있습니다. 상대방이 좌파인지 우파인지 알아야 대화거리도 찾을 수 있고, 말도 조심할 수 있으니까요. 특히 목사의 경우는 이런 증세가 더욱 심한 것 같습니다. 새로운 사람을 많이 만나게 되는데 대화에서 실수하지 않으려다 보니 사소한 말에서도 그 사람의 배경, 경력, 가족 사항 등을 알아내려고 합니다. 그러나 사실 건강한 가치관에 의한 바른 마음 자세를 가지고 있지 않으면 편견으로 인한 실수는 불가피합니다.

사마리아를 통과하다 여인을 만나다

저는 오늘 본문을 읽고 묵상하면서 두 가지 편견이 떠올랐습니다. 하나는 우리가 가지고 있는 사마리아 여인에 대한 편견이고, 또 다른 하나는 그 여인이 가지고 있던 예수님에 대한 편견입니다. 우선 사마리아 여인에 대한 편견을 통해 우리를 돌아보면 좋겠습니다. 어떤 사람들은 오늘 본문의 주인공인 사마리아 여인이 행실이 바르지 못해서 사람들에게 소외된 죄인이라고 생각합니다. 저는 그럴 수도 있고 아닐 수도 있다고 생각하는데 4장 내용으로 보아서는 솔직히 이 여인이 어떤 여인인지 알 길이 없습니다. 이 여인에 대한 편견과는 크게 상관없다고 볼 수도 있지만 제가 꼭 한 번 먼저 생각해 보고 싶은 부분이 있습니다. 4장 3-4절에 나오는 재미있는 표현입니다.

> 유대를 떠나사 다시 갈릴리로 가실 새 사마리아를 통과하여야 하겠는지라(4:3-4).

이 말씀은 마치 예수님은 사마리아를 통과하지 않아도 되는데 이 여인을 만나기 위해서 일부러 사마리아로 가신 것처럼 이해될 수 있습니다. 사람들이 그렇게 이해하는 이유는 당시 유대인들이 사마리아 사람들을 부정하다고 생각해서 그들의 땅을 밟는 것도 거부했다는 선입관 때문입니다다. 그래서 어떤 사람들은 예루살렘에서 갈릴리로 가려는 유대인들은 사마리아를 거쳐서 가는 것이 지름길임에도 그리로 가지 않고 더 동쪽으로 가서 요단강을 건너 우회하는 길을 택했다고 합니다. 만일 정말 그랬다면, 특히 도보로 여행하던 당시 사람들이 그렇게 큰 불편을 감수했다는 것은 사마리아 사람들에 대한 미움이 정말로 컸다는 의미입니다.

하지만 당시 기록들을 보면 유대인들이 사마리아를 거쳐 가지 않으려고 동쪽으로 우회했다는 근거는 매우 희박합니다. 그러니까 사마리아 사람들과 유대인들 사이에 적대감이 있는 것은 사실이지만 마치 남한과 북한이 장벽을 만들어 왕래를 거부한 것처럼 그렇게 남남으로 살았던 것은 아니라는 말입니다.

누가복음 9장에도 예수님이 예루살렘으로 가는 길에 사마리아의 마을에 들어가신 일이 나오는데 예수님이 그 마을에 거하는 것을 사마리아 사람들이 허락하지 않았다는 기록이 있습니다. 하지만 그것은 그 마을에 유하기를 허락하지 않은 것이지 그곳을 지나가지 못하게 한 것은 아닙니다.

주님은 늘 그 길로 다니신 것 같습니다. 누가복음 10장에 나오는 선한 사마리아 사람의 비유를 보아도 사마리아 사람이 유대 땅에 있었다는 그 자체가 파격적인 일은 아니었습니다. 국경을 만들어 놓아서 사마리아 사람들과 유대인들 사이에 왕래가 없던 것은 아닙니다. 그래서 "사마리아를 통과하여야 하겠는지라"(요 4:4)는 말씀은 가지 말아야 할 길을 가서야 했다는 의미가 아니라 사마리아를 통해서 가야만 했는데 그곳에서 사마리아 여인을 만나셨다는 의미입니다. 예수님의 예지 능력을 염두에 두고 보면 그렇게 큰 차이가 없겠지만 주님은 사마리아 여인을 만나기 위해서 당시의 관행을 깨뜨리신 것이 아니라 사마리아를 통과하시다가 이 여인을 만나신 것입니다.

마치 주님이 사마리아 여인을 만나기 위해서 일부러 우회한 것처럼 말한다면 모든 사람이 겪었을 불편에는 아랑곳하지 않는, 마치 역사가 한 개인을 중심으로 움직이는 것과 같은 인상을 줄 수 있습니다. 예를 들면 이런 것입니다. 지진이 일어나서 광산이 무너졌습니다. 한 사람이 열흘 동안 그 광산 안에 갇혀 있었습니다. 그 안에 갇혀 있으면서 죽음의 절망 앞에서 삶과 믿음에 관해 진지하게 생각했습니다. 그리고 형식적으로 믿던 예수님을 인격적으로 만났습니다. 광산이 무너지지 않았더라면 그는 주님을 모를 뻔했습니다. 그렇게 얻은 새 생명이 정말 기쁘고 감사하지만 예수님이 나를 만나기 위해서 광산이 무너지게 했다고 말하면 어떤 사람이 생각하기에는 하나님이 몹시 끔찍하고 잔인한 분이 되고 맙니다. 하나님이 이 땅에 일어난 사건들을 통해 사람들을 만나 주신다고 말하는 것은 인정하지만 하나님이 '나'를 만나기 위해서 특정한 사건을 일으키셨다는 간증은 위험하다는 말입니다.

역사는 나를 중심으로 돌아가는 것이 아닙니다. 하나님의 섭리로 이루어지는 것이고 그 가운데서 하나님이 우리를 만나 주시는 것입니다. 저는 기독교인들이 하나님의 은혜를 체험한 후에 하는 많은 간증이 몹시 자기중심적이라서 다른 사람들에 대한 배려가 없다는 점이 매우 안타깝습니다. 그래서 이 본문 말씀을 예수님이 사마리아 여인 한 사람을 만나기 위해 그 길을 가셨다는 의미가 아니라, 사마리아를 거쳐서 가셔야 했는데 거기서 이 여인을 만나게 되었다는 의미라고 말해도 이 여인에 대한 예수님의 관심을 강조하는 데는 아무런 문제가 없습니다.

사마리아 여인은 죄인인가

사마리아 여인은 어떤 사람이었을까요? 이것을 짐작하는 데 많이 사용되는 증거 중 하나는 이 여인이 물을 길러 온 시간입니다. 예수님은 긴 여행 끝에 몹시 피곤하셔서 우물곁에 앉으셨고 제자들은 먹을 것을 구하러 마을로 들어갔습니다. 요한은 그때가 여섯 시쯤 되었다고 했습니다. 이 여섯 시가 지금 시간으로 언제인지는 아주 복잡한 문제인데 설교가 지루해질 수 있으니까 간단하게 설명하겠습니다. 여섯 시를 당시 로마 시간으로 계산하면 새벽 6시이거나 저녁 6시입니다. 그리고 유대 시간으로 계산하면 낮 12시가 됩니다.

성경은 대체로 유대 시간으로 기록되어 있고, 당시 유대 땅이나 사마리아에 살던 사람들이 로마 시간 법을 사용했을 가능성은 적습니다. 그렇기 때문에 일반적으로는 요한이 유대 시간을 사용했을 것이라고 짐작합니다. 그런데 문제는 요한복음 19장 14절입니다. 요한은 빌라도가 예수님을 십자가에 못 박도록 넘겨준 시간이 '제 육 시'라고 했습니다. 오늘 본문의 시간과 같습니다. 로마 시간으로 하면 새벽 6시이거나 저녁 6시이고, 유대 시간으로 하면 낮 12시입니다.

그런데 마가복음을 보면 예수님이 십자가에 달리신 시간이 오전 9시였다고 했으니까 빌라도가 예수님을 죽이도록 내어 준 시간은 오전 6시였을 것이라고 보는 게 맞을 것입니다. 그렇게 본다면 요한은 유대 시간이 아닌 로마 시간을 사용하고 있다고 보아야 하고, 사마리아 여인이 물을 길러 온 시간은 낮 12시가 아니라 저녁 6시입니다.

그런데도 많은 학자는 낮 12시를 선호합니다. 요한이 로마 시간을 사용했을 가능성이 아주 적다는 이유 때문에 요한복음 19장 14절 나오는 여섯 시에 대해 가능한 다른 해석을 찾아보는 게 더 맞다고 생각하는 것입니다. 그럼 낮 12시가 맞을까요? 아니면 저녁 6시가 맞을까요? 많은 분은 낮 12시든 저녁 6시든 그게 무슨 상관이냐고 반문하실 수도 있습니다. 제 생각에도 그렇습니다만, 시간이 중요한 이유는 저녁 6시라면 아주 덥지는 않을 때라서 당시 여인들이 물을 길러 다니는 시간이고, 낮 12시면 아무도 물을 길러 오지 않는 시간이기 때문에 만일 낮 12시에 왔다면 여인은 의도적으로 사람을 피하거나 사람들이 피하던 여인이라고 생각할 수 있어서입니다.

저는 낮 12시였을 것이라는 입장을 선호하는 편이기는 하지만 그렇더라도 그 여인이 죄인이었다는 주장은 비약이고 편견이라고 생각합니다. 대체로 함께 다니는데 혼자 왔다는 것이 의아하고 외로운 사람이라는 짐작은 할 수 있지만, 낮 12시에 혼자 물을 길러 나왔다고 해서 사람들을 두려워하는 죄인이라고 말할 이유는 없습니다.

정오에 물을 길러 온 것만으로 왜 그 여인을 죄인이라고 생각해야 할까요? 아! 그 여인은 남편이 다섯 명이었으니까 죄인이라고 봐야 할까요? 하지만 그것은 다섯 번 이혼한 여인은 죄인이라는 전제에서 비롯된 편견입니다. 그 당시에도 이혼하거나 사별한 여인을 죄인 취급하지 않았습니다. 당시 사회 구조나 의식에서 볼 때 남편이 다섯이었다는 말은 이 여인이 피해자라는 의미이지 품행이 방정하지 못한 죄인이라는 의미가 아닙니다. 당시에는 아내가 이혼을 요구할 수 없었기 때문입니다. 그보다는 다섯 번 버림 받은 아주 불쌍한 여인이라고 보는 게 더 맞을 것 같습니다.

사마리아 여인을 불결하고 추한 죄인으로 보아야 할 이유가 본문에는 없고, 주님의 은혜를 강조하기 위해서 이 여인을 아주 몹쓸 죄인으로 만들 필요도 없습니다. 이 여인은 우리처럼 평범한 사람입니다. 이 여인은 죄인이기 때문에 예수님을 더 필요로 한 것도 아니고 예수님은 이 여인이 불쌍한 죄인이기 때문에 사마리아까지 일부러 찾아가신 것이 아니었습니다. 이 여인은 다른 사람과 다른 못된 죄인이라서 예수님을 만나야 할 절대적 필요가 있던 것도 아닙니다.

인간이 가지고 있는 최대의 편견과 오만은 자신이 괜찮은 존재라고 생각하는 것입니다. 제가 너무 거창했나요? 하지만 이것이 차별과 교만을 가능하게 만드는 참혹한 현실임을 부인하기 어렵습니다. 이 여인과 자신을 차별화하려 한, 이른바 일반 사람들에게는 우리 죄 때문에 주님이 이 땅에 오시고 우리에게 큰 사랑을 주셨다는 것이 그리 감동적이지 않을 것입니다. 이게 하나님 앞에서 인간이 저지르는 최대 오만입니다. 우리는 사마리아 여인과 다르지 않습니다.

예수님에게 가진 편견

제가 오늘 생각해 보고 싶은 또 다른 편견은 사마리아 여인이 예수님에게 가진 편견입니다. 이 여인은 예수님이 메시아일 것이라고는 상상도 못했습니다. 예수님이 사마리아 여인을 만나 물을 달라고 했을 때 이 여인은 예수님에게 "당신은 유대인으로서 어찌하여 사마리아 여자인 나에게 물을 달라 하나이까"(요 4:9)라고 했습니다. 그리고 주님과 몇 마디 대화를 더 나누는 중에도 예수님이 메시아일 것이라고는 꿈에도 생각하지 못했습니다.

물론 어떤 여자라도 처음 만난 남자와 대화를 나누면서 그 사람이 메시아일 거라는 기대는 못할 것입니다. 아무리 예수님의 말씀이 범상치 않았다 할지라도 몇 마디 대화에 예수님을 메시아라고 생각하는 것은 불가능합니다. 그런데 문제는 예수님이 정말로 메시아였다는 것입니다. 단순히 억양을 듣고 갈릴리 촌사람일 거라고 짐작하고, 옷차림만 보고 유대인일 거라고 짐작해서, 경계하고 거리를 두려고 한 선입관이 얼마나 위험천만한 일입니까!

우리는 보이는 대로 판단하고, 들은 대로 판단합니다. 그래서 어떤 사람의 행색이 궁하게 보이면 무시하기 쉽고, 화려해 보이면 주눅 들기 쉽습니다. 사마리아 여인은 예수님을 보고 그분이 메시아인 줄 몰랐습니다. 심지어 자신의 과거를 다 알고 있음에 놀라면서도 선지자일 것이라고만 생각했습니다. 지극히 당연한 반응이지만 중요한 것은 예수님이 바로 메시아였다는 사실입니다. 그렇다면 우리는 편견이 얼마나 위험한 것인지 알아야 하고 인정해야 합니다.

아브라함이 천사인 줄 모르고 하나님을 대접한 것처럼 편견이 불가피한 것이라 할지라도 우리는 편견과 싸워야 합니다. 특히 그리스도의 제자로 살아가는 사람들은 눈에 보이는 대로만 판단하고 말하지 말아야 합니다. 성령의 인도하심과 역사하심이 있음을 믿기에 항상 그 임재와 인도하심에 민감하게 깨어 있어야 합니다.

모든 편견을 역행하는 은혜

사마리아 여인에게는 종교적인 편견도 있었습니다. 그는 메시아를 자기

방식대로 믿고 있었습니다. 물론 이 여인의 방식이란 당시 종교인들이 만들어 낸 방식일 것입니다. 유대인들의 경우는 이런 편견이 훨씬 심했습니다. 메시아는 갈릴리에서 나올 수 없다는 편견, 메시아는 절대로 창기나 세리들을 반기지 않을 것이라는 편견, 메시아는 안식일에 병자를 고치지 않을 것이고, 여자들을 제자로 삼지 않을 것이라는 편견, 메시아는 정권을 무너뜨리기 위해 힘 있고, 영향력 있는 사람들과 가까이 하지 힘없고 천한 사람들과는 함께하지 않을 것이라는 편견입니다. 이런 편견들이 예수님을 영접하기보다는 대적하고 죽이게 만들었습니다. 예수님을 거부하게 만든 것은 그들의 불신앙이 아니라 편견에 의해 만들어진 지나친 열심이었습니다.

그러나 예수님에게는 가난한 자도 병자도 죄인도 다 같았습니다. 모두 다 불쌍한 사람들이고 모두 다 사랑의 대상이었습니다. 그래서 예수님이 이 땅에 오셔서 십자가의 길을 가신 것입니다. 그분 앞에서는 왜 저 사람은 사랑하지 않느냐고 말할 수 없고 왜 나에게 필요한 것을 주지 않느냐고 말할 수 없습니다. 주님은 그 생명을 주셨기 때문입니다. 메시아가 자기처럼 물을 길러 오는 것조차도 버거워할 만큼 험난한 인생을 산 사람을 찾아와 만나 주실 줄 그 여인은 미처 몰랐습니다. 절대로 그럴 리가 없을 것이라고 생각했습니다. 하지만 주님은 그 여인을 만나셨습니다. 그리고 그를 당신의 제자로 삼으셨습니다.

세상 사람들은 아무도 거들떠보지 않는 자이고, 자기 스스로도 하나님의 관심 밖에 있다고 생각하는 자라도 주님은 그를 주목하시고 그에게 생명을 주십니다. 이 주님이 저를 찾아오셨고, 여러분을 찾아오셨습니다. 우리는 남보다 낫다는 편견 때문에, 아직은 괜찮다는 생각 때문에 주님을 무시하기도 하고 멀리하기도 했지만 주님은 항상 우리를 기다리고 만나 주셨습니다. 이 은혜는 모든 편견을 역행합니다. 그래서 우리는 우리의 생각이나 주장이 아닌 은혜에 의지해서 자신을 보아야 하고 다른 사람을 보아야 합니다.

John
요한복음

요한복음 4장 10-15절

예수께서 대답하여 이르시되 네가 만일 하나님의 선물과 또 네게 물 좀 달라 하는 이가 누구인 줄 알았더라면 네가 그에게 구하였을 것이요 그가 생수를 네게 주었으리라 여자가 이르되 주여 물 길을 그릇도 없고 이 우물은 깊은데 어디서 당신이 그 생수를 얻겠사옵나이까 우리 조상 야곱이 이 우물을 우리에게 주셨고 또 여기서 자기와 자기 아들들과 짐승이 다 마셨는데 당신이 야곱보다 더 크니이까 예수께서 대답하여 이르시되 이 물을 마시는 자마다 다시 목마르려니와 내가 주는 물을 마시는 자는 영원히 목마르지 아니하리니 내가 주는 물은 그 속에서 영생하도록 솟아나는 샘물이 되리라 여자가 이르되 주여 그런 물을 내게 주사 목마르지도 않고 또 여기 물 길으러 오지도 않게 하옵소서

20장
볼 수 없다 해도 거기에 있음을 아는 것

발달 심리학에 '대상 영속성'(object permanence)이라는 용어가 있습니다. 대상 영속성이란 눈으로 보거나 만질 수 없어도 그 물체가 계속 존재함을 아는 것입니다. 일반적으로 한 살이 넘으면 대상 영속성이 생긴답니다. 여러분도 혹시 옛날에 아기들을 상대로 그런 놀이를 해보셨는지 모르겠습니다. 아기들에게 공을 보여 주다가 갑자기 공을 뒤로 감추는 겁니다. 그러고는 빈손을 내밀면 아기들은 정말 공이 사라진 줄 압니다. 공을 다시 보여 주면 정말 좋아합니다. 아기가 한 살 반이나 두 살이 넘어가면 어른이 빈손을 내밀 때 자꾸 등 뒤를 가리키거나 주변에서 공을 찾습니다. 이렇게 당장 공이 사라져서 보이지 않아도 어디엔가 공이 있음을 알게 되는 것이 대상 영속성입니다.

비슷한 것이지만 '사람 영속성'(person permanence)이라는 것도 있다고 합니다. 갓난아기들과 놀아 줄 때 많이 하는 놀이가 '까꿍 놀이'입니다. 옷이나 담요로 얼굴을 가렸다가 "까꿍" 하면서 얼굴을 보여 주면 아기들은 까르르대며 웃습니다. 어른들은 이 게임이 전혀 재미없습니다. 하지만 아이들은 몹시 재미있어 합니다. 심리학자들은 사람 영속성 때문이라고 합니다. "까꿍"을 하면 갓난아기들은 어디 갔던 아빠가 갑자기 나타난 것으로 보지만 건강하게 발육해서 일정 나이가 되면, 부모가 보이지 않아도 거기에 있는 것을 압니다. 물론 사람 영속성 때문이 아니라 심리적 불안 때문에 아이들이 부모와 떨어지지 않으려고 할 수도 있지만, 사람 영속성이 생기면 보이지 않아도 사람이 거기에 있다는 것을 알기 때문에 안심하고 자기 일에 집중할 수 있습니다.

하나님 나라 영속성

심리학적인 것은 아니지만 '하나님 영속성' 혹은 '하나님 나라 영속성'이란 말도 가능할까요? 처음에는 눈에 보이는 것만 존재한다고 생각했는데 나중에는 보이지 않아도 존재한다는 것을 알고 인정합니다. 유치부실에 있는 아이는 엄마가 함께 예배드리지 않아도 언제든 예배실에만 찾아가면 만날 수 있는 것을 알지만 그래도 심리적 불안으로 엄마의 손을 놓지 못합니다.

이처럼 하나님이 계시다는 것을 알지만 고난을 당하면 몹시 불안하고 하나님을 느낄 수 없으면 마치 계시지 않은 것 같아 두렵습니다. 그러다가 조금씩 성숙해지면 보이지 않고 느낄 수 없어도 거기에 계시다는 확신으로 믿음 생활을 할 수 있습니다. 하나님이 보이지 않아도 하나님을 의식하며 살 수 있게 됩니다. 엄마가 보이지 않는다고 보채는 아이도, 엄마가 보이지 않아도 혼자 잘 노는 아이도 엄마를 의식하고 의존하며 엄마를 필요로 한다는 점에서는 다르지 않습니다. 그런데 정말 갓 태어난 신생아는 엄마를 인식조차 할 수 없습니다.

그렇다면 사마리아 여인의 영적 상태는 어떤 것이었을까요? 사마리아 여인은 자신이 하나님의 백성이라는 믿음으로 평생을 살아온 사람입니다. 비록 유대인들은 사마리아 사람들을 부정하고 악하다고 비난하고 하나님을 모르는 자들이라고 욕했지만, 사마리아인들도 하나님의 선민으로 자부심이 있었습니다.

하지만 이 여인이 하나님을 의식하며 살기에는 삶이 몹시 벅찼습니다. 인생의 거센 파도에 한 번씩 나동그라질 때마다 지친 몸과 마음으로 다시 일어서야 한다는 것 말고는 아무것도 생각할 수 없었습니다. 인간의 불행과 슬픔은 자초한 것이라고 알고 있던 그로서는 정의롭고 거룩하신 하나님 앞에서 부끄러움과 죄송함만 앞설 뿐이었습니다. 하나님께 "도대체 왜 나를 이렇게 힘들게 하시느냐"고 항변할 수조차 없고, 하나님이 자기를 찾으시고 자기를 사랑하시리라는 것도 기대할 수 없었습니다.

하나님의 선물

이 여인은 그날도 지친 걸음으로 우물가를 찾았습니다. 물을 길어 들고 가는 것도 힘들었지만 사람들이 싫고 무서워서 우물가에 나올 때마다 제발 아무도 만나지 않았으면 하는 바람으로 나왔는데 그날은 우물가에 한 남자가 앉아 있었습니다. 낯선 남자를 본다고 설렐 나이도 아니고 차라리 모르는 사람이라 다행이다 싶었습니다. 그런데 이 남자가 물을 달라고 말을 건넵니다. 깜짝 놀랐습니다. 유대인 남자가 사마리아 여자에게 말을 건네는 일은 결코 흔한 일이 아니기 때문입니다. 오죽 목이 말랐으면 그럴까 싶어 대꾸하지 않고 물을 줄 수도 있겠지만, 사마리아 사람은 부정하다고 생각하고, 심지어 여자는 태어나면서부터 부정하다고까지 생각한 유대인들이 있었으니까 그렇게 말을 건네는 것도 못마땅했을 것입니다. 그래서 말했습니다.

> 당신은 유대인으로서 어찌하여 사마리아 여자인 나에게 물을 달라 하나이까(4:9).

리델보스(Ridderbos)라는 학자는 이때 여인이 "사마리아 여인인 내가 어찌 유대인인 당신에게 물을 줄 수 있습니까?"라고 묻지 않고 "당신은 유대인으로서 왜 사마리아 여인인 내게 물을 달라 하나이까?"라고 물었음을 주목했습니다. 자신의 처지를 자격 없는 자의 모습으로 본 것이 아니라 유대인이던 예수님에게 강한 불만을 보이며 비웃음으로 한 말이라는 의미입니다. 정상적인 유대인이라면 목이 말라 죽는 한이 있어도 사마리아 여인에게 물을 달라고 하지 않을 텐데 유대인으로서 자존심도 없냐는 비웃음일 것입니다. 물을 달라고 하는 유대인 남자에 대한 조롱과 경멸이 담겨 있었습니다.

그러나 주님은 그런 경멸과 조롱도 괜찮았습니다. 설령 나병 환자가 부정한 사람이라서 그를 만지는 자마다 부정해진다 해도 주님이 만지면 그

나병 환자가 깨끗해질 수 있었으니까요. 그 여인의 마음에 깊은 상처가 있어도 주님은 그 여인을 가까이 함으로 상처를 받는 분이 아니라 그 여인의 상처를 낫게 하실 수 있는 분이었으니까요. 그래서 말씀하셨습니다.

네가 만일 하나님의 선물과 네게 물 좀 달라 하는 이가 누구인 줄 알았더라면 네가 그에게 구하였을 것이요 그가 생수를 네게 주었으리라(요 4:10).

여인으로서는 이 말이 도대체 무슨 말인지 알 수가 없었습니다. 여러분은 하나님의 선물과 생수라고 하면 무엇이 떠오르십니까? 이 여인에게 하나님의 선물은 그녀에게 지금 꼭 필요한 야곱의 우물물입니다. 그것보다 더 큰 선물이라면 시원한 물이 흐르는 시냇가라도 발견하는 것입니다. 이 여인이 생각할 수 있는 하나님의 선물은 물을 길러 오지 않아도 되는 것입니다. 아니 이 야곱의 우물이 하나님이 주신 선물이라면 그냥 그 시원한 물을 계속해서 마실 수 있는 것입니다. 죽는 날까지 건강하게 살다가 죽는 것이고, 너무 고생하지 않고 먹고살 만큼 재산을 모아 두는 것이고, 자식들이 잘 되어서 편안하게 사는 것입니다. 그냥 그렇게 살 수 있으면 그게 최고의 선물입니다. 그런 소박한 꿈을 누가 뭐라 할 수 있겠습니까? 그래서 그 여인은 그런 물이 있다면 그 물 좀 달라고 예수님께 말했습니다. 이것은 "내가 주는 물을 마시는 자는 영원히 목마르지 아니하리니"(요 4:14)라는 말을 믿어서 물을 달라고 한 것이 아니라 절대로 믿을 수가 없어서 "그런 물이 있다면 달라"는 체념의 탄식처럼 들립니다. 그동안의 좌절과 실패의 무게는 그 어떤 말에도 진지하게 반응하지 못하게 하기에 충분합니다. 그런데 사실은 그게 함정이었습니다.

고난에 주목하느라 영광을 보지 못하다

오늘 본문에 나오는 대화를 보면 예수님과 사마리아 여인은 서로 동문서답을 하고 있습니다. 그 이유가 무엇일까요? 이 여인의 관심은 온통 이 세상입니다. 인간 됨, 인생의 의미, 사후 문제에 관해 생각하지 않았다고 말할 수 없겠지만 현실에 놓인 문제들 앞에서 그런 이야기들은 그녀에게 사치처럼 보였습니다. 적어도 우물가의 대화에서 이 여인에게 물을 길러 오는 것보다 더 크고 현실적인 문제는 없었습니다. 그것만 보였기 때문입니다. 하나님도, 하나님 나라도 보이지 않았기 때문입니다.

어쩌면 참 많은 사람이 하나님을 믿지만 하나님을 바라볼 여유 없이 세상을 살아가고 있는지도 모릅니다. 그렇게 눈에 보이는 것만 주목하며 산다면 우리는 더 소중한 것을 잃어버리고 사는 셈이 됩니다. 예수님은 고되고 벅찬 삶을 살아야 하는 이 여인의 형편을 다 아셨지만 그 여인의 시급한 문제를 해결해 주기보다는 그 여인에게 가장 소중한 생명을 주고 싶으셨고, 그래서 하나님께 주목하기를 원하셨습니다. 이것이 그 여인의 필요를 아시면서도 주님이 동문서답하신 이유입니다. 주님은 이제 거기서 눈을 떼라고 말씀하시는 것입니다.

오래전에 어떤 분이 제게 메일을 보내셨습니다. 어린 딸이 병으로 죽었답니다. 살려 달라고 간절하게 애원하며 기도했는데 죽었답니다. 딸을 위해 아무것도 할 수 없었음에 마음이 몹시 아프고, 그 딸을 데려가신 하나님이 너무나도 원망스러워서 슬픔과 좌절로 살았답니다. 왜 안 그랬겠습니까? 그렇게 2년쯤 지나고 우연히 제 설교를 듣고 도대체 하나님이 왜 그러셨는지, 이 일에 하나님의 선하신 뜻이 있을 수가 있는지 묻고 싶어서 연락하는 거라면서 제게 이메일을 보내 오셨습니다. 몇 번 메일을 주고받으면서 어떤 말로도 위로가 되지 않는다는 것을 알았습니다. 저는 그분의 아픔을 온전히 이해하지도, 느낄 수도 없을 테니까요.

크게 도움이 된 것 같지는 않지만 그때 제가 그분에게 쓴 답장은 이렇습니다. "집사님은 지금 딸이 보이지 않아서 몹시 슬프고 힘들지만 한번 이렇게 상상해 보면 어떨까요? 딸이 보이지 않기 때문에 딸이 존재하지 않는 건 아니잖아요. 지금 그 딸이 정말 아름다운 곳에서 주님과 함께 살고 있는 거예요. 정말 평화스러워 보이는데 거기서 엄마를 보며 걱정스러운 표정으로 '엄마! 나 여기서 잘 지내고 있어요. 곧 봐요'라고 한다면 어떨까요? 혹 우리가 고난에 주목해 영광을 보지 못하는 것은 아닐까요?" 이 말이 그분에게 얼마나 위로가 되었는지는 모르겠습니다. 그러나 보이지 않아서 존재하지 않는 것이 아니고, 비록 한참을 볼 수 없다 해도 거기에 있음을 아는 것이 '천국 영속성'(kingdom permanence)이 아닐까 싶습니다.

고개를 들어 하늘을 보라

주님과 사마리아 여인의 대화가 동문서답처럼 들리는 것은 주님은 영원한 생명을 말씀하시고, 이 여인은 이 땅에서의 삶을 말하고 있기 때문입니다. 주님은 영원히 목마르지 않는 생명의 물(living water)을 말씀하셨고, 이 여인은 마르지 않는 샘물(running water)을 생각했습니다. 물을 길을 그릇도 없는 양반이 자기가 주는 물을 마시면 영원히 목마르지 않을 거라고 말하니까 이 물을 흐르는 물, 샘물로 짐작했을 것입니다. 생명의 물은 상상조차 해본 적이 없었습니다. 지금은 길러 오지 않아도 될 흐르는 물이 최상의 선물이었으니까요. 이 여인이 영생을 믿지 않은 것도 아니고 하나님을 믿지 않은 것도 아니지만, 예수님과 대화를 나누면서 그녀는 한 번도 고개를 들어 하늘을 볼 생각을 못했습니다. 그냥 모든 게 힘들었기 때문입니다.

이 땅에서의 삶이 무의미하다는 말도 아니고 그것들은 다 쓸데없다는 말도 아닙니다. 물 한 모금 마시고 하늘 한 번 쳐다보고, 또 물 한 번 마시고 하늘 한 번 쳐다보며 사는 게 경건한 삶이라는 말도 아닙니다. 하나님 나라를 소망하고 하나님을 믿는다는 고백이 있는 사람이라면 가끔씩이라도 고개를 들어서 보이지 않으나 존재하는 하나님과 하나님 나라의 관점에서 삶을 보아야 한다는 말입니다. 보이는 것, 느낄 수 있는 것, 손에 잡히는 것에만 집착하다 보면 우리는 우리가 믿는다고 말하는 가장 소중한 것을 놓칠 수 있습니다. 삶이 고된 것은 사실이지만, 그래서 물을 길러 오지만 않아도 좋겠다는 생각이 간절하겠지만 그렇게 삶의 고통에만 주목하다 보면 그것이 전부인 것처럼 살게 됩니다.

다른 사람은 이해할 수 없을 만큼 고난은 무겁고 힘든 것이지만, 그래서 누구도 남의 고난에 대해서 가볍게 말해서는 안 되지만 그리스도인들에게는 고난도 이 땅에서의 일이기에 그 너머를 볼 수 있어야 견딜 만한 힘이 생깁니다. 마찬가지로 이 세상에서 우리가 누리는 즐거움과 쾌락도 의미 있고 좋은 것이지만 그것들은 우리를 마비시킬 만한 강한 중독성이 있기 때문에 쾌락을 절제할 줄 알고 그 쾌락에 안주하지 말아야 합니다. 4장 28절을 보면 재미있는 말이 있습니다.

여자가 물동이를 버려두고 동네로 들어가서 사람들에게 이르되(4:28).

이 여인은 마침내 예수님이 메시아인 것을 알고는 마을 사람들에게 알리기 위해서 물동이를 버려두고 동네로 뛰어갔습니다. 물동이를 버려두었다는 말은 이제 그 여인이 다시는 물을 길러 오지 않았다는 의미가 아닙니다. 그녀는 틀림없이 나중에 정신을 차리고 그 물동이를 찾으러 갔을 것입니다. 여전히 매일매일 물을 길러 와야 했을 겁니다. 하지만 요한은 이 여인이 예수님을 만나고 난 후에, 처음으로 생명의 물과 하나님의 나라를 생각할 수 있었고 매일 물을 길러야 하는 그 현실적인 문제를 초월하는 경험을 했다는 의미로 "물동이를 버려두고"라는 표현을 썼습니다. 이 여인은 처음으로 물이 아닌 예수님에게 집중할 수 있었습니다.

저는 예배가 그런 경험을 준다고 생각합니다. 물동이를 버려둔 채 뛰어갔던 여인처럼 예배를 통해 우리는 지금 우리가 처한 고난과 즐거움의 현실을 뛰어넘어 하나님을 바라보는 것입니다. 예배를 통해 우리는 보이지 않지만 거기 계시는 하나님의 존재를 다시 한 번 확인하는 것입니다. 우리는 또 물동이를 찾을 수밖에 없겠지만, 그리고 다시 물을 길어야 하고 그 일은 여전히 피곤하고 힘든 일이지만 그럼에도 우리는 보이지 않으나 분명히 존재하는 그 하나님 나라를 바라보며 살아가는 사람임을 확인하기 위해서 고개를 들고 하늘을 바라볼 수 있을 것입니다.

처음에 이 여인의 마음은 온통 이 세상에서 살아가는 일들로 가득했지만 예수님을 만남으로 이 여인은 처음으로 세상에서 눈을 떼고 보이지 않는 것을 볼 수 있었습니다. 예배는 잠시 물동이를 버려두는 행위입니다. 비록 흐르는 물(running water)은 없지만 생명의 물(living water)이 있음을 고백함으로 다시 마음을 추스르는 것입니다. 그것이 잠깐이라 할지라도 우리는 오늘 하나님을 주목해야 합니다. 진심으로 하나님 나라가 우리가 궁극적으로 소망하는 나라임을 고백함으로 우리의 일상을 포기하는 경험이 아니라 초월하는 경험을 해보아야 합니다. 하나님 영속성이 전혀 계발되지 않은 갓난아기가 아니라 보이지 않아도 거기 계심을 믿기에 한 주간을 살아 낼 용기와 힘을 얻을 수 있는 예배가 되기를 소망합니다.

지금 우리 앞에 놓인 문제에 비하면 매우 아득하고 먼 이야기 같지만 그래도 우리는 그 나라를 주목해야 합니다. 그래야 일어설 수 있고 뭐든지 다시 할 수 있습니다. 여러분의 삶의 여정은 결코 헛되지 않을 것입니다.

John
요한복음

요한복음 4장 15-21절

여자가 이르되 주여 그런 물을 내게 주사 목마르지도 않고 또 여기 물 길으러 오지도 않게 하옵소서 이르시되 가서 네 남편을 불러 오라 여자가 대답하여 이르되 나는 남편이 없나이다 예수께서 이르시되 네가 남편이 없다 하는 말이 옳도다 너에게 남편 다섯이 있었고 지금 있는 자도 네 남편이 아니니 네 말이 참되도다 여자가 이르되 주여 내가 보니 선지자로소이다 우리 조상들은 이 산에서 예배하였는데 당신들의 말은 예배할 곳이 예루살렘에 있다 하더이다 예수께서 이르시되 여자여 내 말을 믿으라 이 산에서도 말고 예루살렘에서도 말고 너희가 아버지께 예배할 때가 이르리라

21장
땅의 것에만 머물던 관심이 달라지다

저는 지금까지도 제가 처음 교회에 나갔을 때의 느낌을 생생하게 기억합니다. 신림동에 있는 아주 작고 허름한 군인 막사 같은 가건물로 된 교회였습니다. 토요일 저녁이었는데 학생들이 20여 명 정도 모여 있었습니다. 저는 친척도 별로 없는 4형제 집안에서 자라 여학생과는 한 번도 제대로 이야기를 나눈 적이 없었습니다. 그런 제가 고등학교 1학년 때 교회에서 경험한 일들은 전혀 다른 세계의 일들이었습니다. 여자아이들과 남자아이들이 친구처럼 웃고 떠드는 모습도 신기했고, 어쩌다 한 번씩 학생들이 모여서 게임이라도 하면 여학생이 제 옆에 앉아 있다는 사실만으로 가슴이 두근거리고 몸 둘 바를 몰랐습니다. 하지만 이런 것들이 싫지는 않았습니다. 저는 교회의 아늑하고 소박한 분위기가 매우 좋았습니다. 게다가 학생들이 저에게 얼마나 친절한지 처음으로 저의 존재감을 느낄 수 있었고, 교회에 나간 후 그런 분위기가 정말 좋아서 그 모임에 한 번도 빠진 적이 없었습니다.

생전 처음 불러 보는 찬송가도 좋았습니다. "내 영혼이 은총 입어", "부름 받아 나선 이 몸", "주홍빛 같은 네 죄 흰 눈같이 되리라", "멀리멀리 갔더니" 등의 찬송가들은 지금도 가사를 외우고 있을 정도입니다. 아마 혼자서 백 번은 더 불렀을 것입니다. 의미를 이해해서가 아니라 그냥 부를 노래가 있다는 게 좋았던 고등학생의 감수성 때문이었을 것입니다. 기억나거나 감동을 받은 설교는 없지만 학생부 부장 집사님이나 전도사님이 들려주시는 길지 않은 설교들이 크게 부담스럽지는 않았습니다.

다만 마음이 열렸을 뿐이다

저는 처음 경험해 보는 자유, 설렘, 존재감이 참 좋았습니다. 만일 그 모임이 이단이었다 할지라도 저는 아마 빠져들었을 것입니다. 그렇게 교회를 다닌 지 일 년쯤 지났을 때 감리교 연합으로 열린 교사 세미나에 참석할 기회가 있었습니다. 그곳에서 제 평생 처음으로 빌립보서의 배경과 내용에 대한 강의를 들었습니다. 정말 재미있고 신기해서 성경을 조금 더 공부하면 좋겠다는 생각을 처음으로 했습니다. 교회에서 복음을 진지하게 들어본 적은 없지만 예수님이라는 이름을 자주 들으면서도 한 번 심하게 거부감이 들지는 않았습니다.

오히려 점점 궁금해졌습니다. 저는 성경을 배우는 것도 재미있었고 예배하면서 찬송을 부르는 것도 즐거웠습니다. 같은 또래 아이들이 유창하게 기도하는 것도 부러웠습니다. 문학의 밤을 준비한다고 밤새도록 아이들과 웃고 떠드는 것도, 성탄절이면 뜻도 모르면서 아이들과 온 동네를 휘젓고 다니며 새벽송을 부르던 것도 잊을 수 없는 추억입니다.

그렇게 학창 시절을 보내면서 저는 자연스럽게 교회에 있을 때가 가장 편한 교인이 되어 갔습니다. 성경 공부를 체계적으로 한 적은 한 번도 없었지만 그러는 중에 메시아에 관한 이야기도 들었고, 예정이니 삼위일체니 하는 알 수 없는 것들로 사람들이 토론하는 것도 들었습니다. 그때 제가 다닌 교회 이름이 반석교회였는데 이웃에 저희 교회보다 훨씬 큰 일석교회가 있었습니다. 당시 학생들끼리 우리는 반쪽이라 반석교회고, 저 교회는 교세가 커서 일석교회라고 우스갯소리를 하면서 이유 없이 그 교회를 싫어하기도 했습니다. 어느 날 제가 그 교회에서 열리는 부흥회에 참석했다가 처음으로 복음을 듣고 예수님을 저의 주님으로 영접하는 사건이 있었습니다.

그래서 그날부터 제 인생이 획기적으로 달라진 것은 아니지만 누가 언제 예수님을 마음에 영접했느냐고 물으면 저는 늘 그날을 말합니다. 하지만 제가 믿는다는 게 뭔지, 제자가 된다는 게 뭔지를 진지하게 고민한 것은 목사가 되고 나서까지 아주 오랜 시간에 걸친 일이었습니다. 누가 저에게 언제부터 복음을 진지하게 생각했냐고 물으면 저는 언제라고 말할 수 없는 아주 긴 시간에 걸친 고민이었고, 그 고민은 지금도 계속하고 있다고 대답하곤 합니다.

저는 지금도 학생 시절 교회 생활이 그립습니다. 그때를 생각하면 웃음이 나고 그때 그 사람들을 만나면 무척 반가울 좋은 추억도 많습니다. 그런데 좋은 추억이 있고 그리운 시간이기는 했지만 지금 생각해 보면 그때는 복음도 은혜도 몰랐습니다. 다만 마음이 열렸을 뿐이었습니다.

남편을 불러오라

사마리아 여인은 새로울 것도, 즐거울 것도 없는 지루하고 힘든 하루하루의 삶 가운데 들은 "내가 주는 물을 마시는 자는 영원히 목마르지 아니하리니"(요 4:14)라는 한 남자의 말을 그냥 가소롭고 의미 없게 여겼습니다. 그래서 아무런 기대도 없이 그런 물이 있다면 자기에게 주어서 다시는 물을 길러 오지 않게 해달라고 비아냥거렸습니다. 그런데 그 남자는 무례하게도 갑자기 "남편을 불러오라"(요 4:16)고 했습니다. 이 말은 여자들이 너무 무식하고 속물이라서 영생의 물을 말해도 도대체 알아듣지 못하고 마실 물만 말하니 말이 통하지 않는다는 것입니까? 왜 갑자기 남편을 데리고 오라고 했을까요?

예수님이 왜 사마리아 여인에게 남편을 데리고 오라고 하신 것인지에 관해서는 여러 의견이 있습니다. 예수님이 정말로 이 여인의 남편을 만나고 싶어서 남편을 데리고 오라고 하신 것은 분명히 아니니까요. 어떤 사람은 이 여인이 다시는 목마르지 않을 물을 달라고 하니까 그 고백이 진심인지 아닌지를 확인하고 싶어서 남편을 데리고 오라고 했다고 말합니다. 이 생명을 여인 혼자 누려서는 안 되고 남편에게도 전해 주어야 한다는 사명을 가르치기 위해서 남편을 데리고 오라고 하신 것이라고 말하는 사람도 있습니다.

지나치게 우화적인 설명 중에는 당시 사마리아 사람들은 다섯 우상을 섬겼는데 남편을 여럿 둔 이 여인의 믿음이 사마리아 사람들처럼 혼합주의적인 것이었음을 암시하셨다는 것도 있습니다. 아마 가장 보편적인 설명은 예수님이 이 여인의 과거 삶을 다 알고 계시다는 것을 말씀하심으로 메시아의 신적 능력을 보여 주기 위해서라는 것이 아닐까 싶습니다.

주님의 의도가 무엇이었든 다짜고짜 남편을 데려오라는 말을 들은 이 여인은 불쾌했을 것입니다. 이 여인은 "당신이 뭔데 내 남편을 데려오라 말라 하느냐" 따지지 않고 그냥 무시하기로 했습니다. 그래서 "나는 남편이 없나이다"(요 4:17)라고 대답했습니다. 더는 대화를 진전시키기 원치 않을 때 할 수 있는 최선의 대답입니다. 그런데 놀랍게도 주님은 그 여인을 알고 계셨습니다.

> 네가 남편이 없다 하는 말이 옳도다 너에게 남편 다섯이 있었고 지금 있는 자도 네 남편이 아니니 네 말이 참되도다(4:17-18).

어떤 사람들은 예수님이 이렇게 말씀하심으로 이 여인이 자신의 죄인 됨을 볼 수 있도록 하셨다고 말하기도 합니다. 주님이 이렇게 말씀하심으로 이 여인에게 심한 죄책감을 느끼게 하시고 대화의 주도권을 잡기 위해서였다는 주장이지요. 하지만 그건 이 여인이 남편 이야기만 하면 주눅이 들어서 고개를 못 드는 죄인일 것이라는 편견에서 발생한 주장일 뿐입니다. 예수님의 이 말씀에 여인이 보인 반응을 보면 죄책감을 느낀 것 같지는 않습니다. 다시 말하면 이 여인은 그 말을 들으면서 놀라기는 했지만 뜨끔하지는 않았다는 말입니다.

오히려 예수님을 특별하게 보기 시작했습니다. 그래서 이 여인은 "오! 주님 나를 떠나소서. 내가 더러운 죄인입니다"라고 말하지 않고 "내가 보니 당신은 선지자시군요"(요 4:19 참조)라고 했습니다. 남편을 데려오라는 주님의 말씀을 통해 여인은 자기를 다시 보기 시작한 것이 아니라 주님을 다시 보기 시작한 것입니다. 주님이 자기의 과거를 알고 있다는 것 때문에 주님에게 관심을 가지기 시작했습니다. 자기의 과거를 맞출 수 있는 신기함에 갑자기 호감이 생기고, 그런 신기한 능력을 가진 이 사람의 정체는 아마도 틀림없이 선지자일 것이라고 짐작했습니다.

종교적인 일에 관심을 보인 여인

이 여인은 비로소 스스로 대화 소재를 바꾸었습니다. 그리고 예수님에게 물었습니다.

> 우리 조상들은 이 산에서 예배하였는데 당신들의 말은 예배할 곳이 예루살렘에 있다 하더이다(4:20).

어느 예배가 합당한 예배인가를 묻습니다. 사마리아 사람들은 신명기와 출애굽기 말씀에 의존해서 하나님이 정하신 예배 장소는 사마리아라고 확신하고 있었고, 유대인들은 다윗과의 약속에 관한 말씀에 의존해서 예루살렘이라고 확신하고 있었습니다. 어느 곳이 하나님이 정하신 합당한 장소인가는 율법을 연구하는 사람들 사이에서 큰 논쟁거리였습니다. 그런데 이 여인이 지금 그 질문을 하고 있는 것입니다.

이 여인이 평소에 이 문제를 얼마나 진지하게 고민했는지 모르겠지만 저는 이 여인에게 이 문제가 물을 길러 와야 하는 삶의 현실적인 문제만큼 심각하지는 않았을 것이라는 생각이 듭니다. 하지만 예수님이 선지자라고 생각했기 때문에 선지자에게는 이런 질문이 적합하겠다고 생각했을지 모르고, 선지자 앞에서 본인이 종교적이고 신학적인 것에도 관심이 있음을 보임으로 자신을 감추고 싶었는지 모르고, 아니면 선지자인 것 같아서 평소에 궁금한 것을 물었는지도 모릅니다. 자신의 과거를 알고 있는 예수님 앞에서 여인은 신앙에 관한 이야기를 꺼냈습니다.

사마리아 여인은 처음에는 땅에 있는 것만 생각했습니다. 당장 마실 물에만 주목했습니다. 그런데 예수님이 자기의 과거를 알 수 있는 신기한 능력을 가진 선지자일지 모른다는 마음이 들자 종교적이 되었습니다. 많은 종교인이 논쟁을 벌이는 예배의 합당한 장소에 관해 묻고, 종교적인 일에 대한 관심을 보이기 시작합니다.

대화가 이렇게 끝났다면 참 아쉬웠을 거라는 생각을 합니다. 마치 영생에 관한 질문으로 예수님을 찾아왔다가 그냥 근심을 가지고 예수님을 떠난 부자 청년처럼 말입니다. 눈에 보이는 물질적인 것에서 눈을 떼어 종교적인 것에 관심을 가지기 시작했다고 해서 이 여인이 예수님이 말씀하시는, 그리고 예수님이 주기 원하신 생명과 자유에 관심을 가지기 시작했다고 볼 수는 없습니다. 예배와 교회에 관심이 있어도, 많은 지식이 있어서 교회의 문제와 해결을 알고 있어도, 성경에 관한 해박한 지식으로 그 흐름을 관통하고 있어도, 이제는 어떤 설교를 듣고 어떤 교회를 가도 정통과 이단을 판단할 수 있다고 해도 영적이라고 말할 수는 없습니다. 아무리 교회와 교회가 주는 가르침이 재미있어도 그건 단순한 사회적 활동이나, 지적 만족의 기쁨에 불과할 수 있습니다. 예수님이 말씀하신 그 자유를 누리고 있다고 말할 수 없습니다.

당장 일상에 필요한 것들에 집착해서 마실 물에만 관심이 있던 이 여인은 예수님이 보통 분이 아닌 선지자이심을 알고 비로소 예배에 관해 관심을 가지기 시작하고, 지금까지 자신의 고된 삶 가운데 크게 관심이 없던 종교적인 일에 관심을 가지기 시작했습니다. 하지만 그녀는 아직까지 메시아가 인격적으로 그 여인을 찾아왔다는 것과 예수님이 그 여인에게 주고자 하는 것이 바로 영원한 생명이라는 것에는 확신이 없었습니다. 예수님이 비록 선지자라 할지라도 그는 유대 선지자이기 때문에 사마리아 여인으로서 종교적인 편견을 가지고 예수님을 시험해 보고 싶었을 뿐입니다. 이 여인은 아직 참된 자유가 무엇인지 참된 위로가 무엇인지 몰랐습니다. 아직은 "내 삶이 바뀌었다. 이제 내가 생명을 얻었다"고 말할 만한 초월적 고백은 없었습니다.

그럼에도 저는 이 여인이 보이는 종교적인 관심을 경계와 함께 소중하게 여기고 싶습니다. 종교적 관심이나 구도적 자세 자체가 가치 있는 것이기 때문이라서가 아니라 바로 그런 관심이 예수님이 누구이신가를 진지하게 생각할 수 있도록 마음을 열어 준 기회가 될 수 있었기 때문입니다.

주님을 알아가는 과정

다시 제 경험으로 돌아가 보면 제가 교회에서 느낀 따뜻함, 교회에서 소속감을 느끼고 교회의 일원으로 자리매김한 일은 대단히 위험한 일일 수도 있고, 대단히 유익한 일일 수도 있습니다. 만일 제가 제 삶을 주님께 한 번도 드린 적 없이, 복음의 초청 앞에서 한 번도 진지하고 진실하게 대답한 적 없이 그냥 교회 생활이 익숙해져서 집사도 되고, 목사도 되어서 불편함 없이 목회를 해왔다면 그건 저에게도 교인들에게도 재앙입니다. 하지만 그렇게 교회 생활에 익숙해지고 종교에 깊은 관심을 가지는 중에 복음의 초청에 제가 진지하게 반응해서 예수 그리스도가 제 삶의 주님이라는 고백을 할 수 있는 결단이 있었다면 교회 생활은 정말 소중한 경험이고 과정이 됩니다.

하나님은 갑자기 찾아와 한순간에 사람을 변화시키기도 하지만 이런 과정을 통해서 주님을 알아가도록 하기도 하십니다. 어떤 사람은 아주 오랫동안 구도자의 자리에서 종교인으로 남아 있습니다. 종교적 열심과 관심은 중요하고 필요한 것이지만 아직은 아닙니다. 이미 경험하신 대로 종교 생활이 주는 기쁨과 만족이 틀림없이 있지만 그건 예수님이 말씀하신 생명이나 자유가 아니라서 그것으로 인한 만족은 더 중요한 것, 더 좋은 것을 놓치게 할 수 있습니다. 하지만 그럼에도 그 과정은 매우 소중하고 필요합니다.

사마리아 여인이 예수님을 만난 것처럼 어떤 사람들에게는 잠깐의 대화에서 그리스도를 메시아로 인정하게 되는 획기적인 일이 발생하지만, 어떤 사람들에게는 이 대화 과정이 몇 년에 걸쳐 일어나기도 합니다. 저의 경우에는 교회를 다니기 시작하면서 아주 많이 교회를 좋아하기는 했지만 제법 긴 시간을 제자의 삶에 대한 의식이나 고민 없이 살았습니다. 하지만 저는 그때부터 지금까지 이어지는 종교적, 구도의 시간들이 참 귀하고 고맙습니다. 그것이 전부인 것처럼 안주하지만 않는다면 그것은 아주 소중한 기회가 될 것임에 틀림없습니다.

이 여인이 예배에 관해 묻기 시작한 것은 그 자체로 영적이 되었다고 말할 수는 없어도 몹시 소중한 전환이고 기회가 되었다고 생각합니다. 그래서 저는 교회를 다니기 시작한 분들에게도 "교회에 다니게 된 것은 참 소중한 일이지만 조금만 더 적극적으로 본질적인 질문을 가지고 고민해 보세요"라고 말하고 싶습니다. 소중한 시작이지만 아직은 아니니까요.

어느 분이 제게 이렇게 말씀하셨습니다. "나는 교회에 진리가 있는지 궁금해서 예배에 열심히 참석하고 성경 공부에도 참석했었습니다. 처음에는 새롭고 신기했는데 시간이 지날수록 다 시시해지고 그냥 또 다른 종교일 뿐이라는 생각이 들었습니다." 저는 솔직히 그분을 어떻게 획기적으로 변화시킬 수 있는지는 잘 모르겠습니다. 그냥 안타깝고 답답했습니다. 왜냐하면 우리 모두 인정하는 대로 그분이 경험한 것은 아직은 아니기 때문입니다. 그래서 저는 그분께 그렇게 말했습니다. "아직 아니라고 말하지 말고 조금 더 찾아주세요. 저들은 뭘 믿고 저렇게 열광하는 걸까 그 본질을 조금 더 진지하게 찾아봐 주세요. 선생님이 말씀하신 그게 아닙니다." 저는 모든 분이 다 주님을 인격적으로 만나면 좋겠습니다.

John
요한복음

요한복음 4장 21-26절

예수께서 이르시되 여자여 내 말을 믿으라 이 산에서도 말고 예루살렘에서도 말고 너희가 아버지께 예배할 때가 이르리라 너희는 알지 못하는 것을 예배하고 우리는 아는 것을 예배하노니 이는 구원이 유대인에게서 남이라 아버지께 참되게 예배하는 자들은 영과 진리로 예배할 때가 오나니 곧 이 때라 아버지께서는 자기에게 이렇게 예배하는 자들을 찾으시느니라 하나님은 영이시니 예배하는 자가 영과 진리로 예배할지니라 여자가 이르되 메시아 곧 그리스도라 하는 이가 오실 줄을 내가 아노니 그가 오시면 모든 것을 우리에게 알려 주시리이다 예수께서 이르시되 네게 말하는 내가 그라 하시니라

22장
영이신 하나님 앞에서

교회에서 사용하는 표현 중에는 확실하게 정리되지 않아서 애매한 것들이 있습니다. 우선은 하나님을 당신이라고 부르는 경우입니다. 당신이 3인칭 단수로 사용될 때는 존칭어가 되지만 2인칭 단수로 사용될 때에는 낮춤말이 됩니다. 예를 들어 아버지와 대화를 나누면서 "아버지, 당신은 참 부지런하십니다"라고 말하면 낮춤말이라서 합당하지 않습니다. 하지만 제가 다른 사람과 저의 아버지에 대한 대화를 나누면서 "당신께서는 생전에 참 부지런하셨습니다"라고 말하면 3인칭으로 합당한 존칭어가 됩니다. 기도할 때는 '당신'이 거의 모든 경우에 2인칭이 되기 때문에 하나님을 당신이라고 부르는 것이 낮춤말로 들려서 불편해 하는 분이 많습니다.

찬송가의 경우에는 조금 애매합니다. 가령 찬송가 중에 "당신은 영광의 왕, 당신은 평강의 왕. 천사가 무릎 꿇고 예배하고 찬송하네. 당신은 예수 그리스도"라는 가사가 있습니다. 이것이 하나님께 하는 고백이라면 여기서 당신은 2인칭이 됩니다. 그런데 하나님께 그렇게 반말을 할 리는 없으니까 "당신은 예수 그리스도"라는 가사는 그분은 예수 그리스도라는 의미의 존칭으로 사용한 것입니다.

또 다른 표현이 '예배를 보다'라는 표현입니다. '예배를 보다'라는 표현이 적절한 표현인가에 대해서도 여러 의견이 있습니다. 한국의 동화 작가이신 권정생 선생께서는 '예배 본다'는 표현의 정당성을 주장하셨는데 한국어 정서에서 본다는 말은 구경한다는 의미가 아닌 참여한다 혹은 보살핀다는 의미로도 사용된다는 것입니다. 가령 생일 파티에 초대되어 가면서 잔치 보러 간다고 말하거나, 초상집에 가면서 상주 보러 간다고 말하면 구경 간다는 의미가 아니라 동참한다 혹은 보살핀다는 의미이기 때문에 예배 보러 간다고 말할 때 옛날 분들은 교인들을 만나러 간다는 의미로 사용했다는 것입니다. 그러니까 옛날 어른들이 '예배 본다'고 하면 성도의 교제의 의미가 강하게 내포되어 있었기 때문에 잘못된 사용이 아니라는 것입니다.

'예배하다'와 '예배드리다'도 논란의 대상입니다. '예배하다'가 맞다고 주장하는 사람들은 예배라는 말에는 이미 드린다는 의미가 포함되어 있기 때문에 '탁구 진다, 축구 찬다'는 표현이 잘못된 것처럼 예배드린다는 표현도 너무 높이려다 보니까 어색한 높임말이 되었다는 것입니다. 다만 예물을 드리다와 마찬가지로 예배나 기도를 명사형으로 사용해서 기도를 올린다, 예배를 드린다고 하는 것은 가능할지 몰라도 예배드리다, 기도드리다는 적합한 표현이 아니라고 합니다. 실제로 이 단어가 동사 형태로 사용될 때 국립국어원 표준국어대사전에는 "예배하다"가 공식 표현으로 등록되어 있습니다. 하지만 언어에는 사람들의 문화적 정서가 포함되어 있다는 것을 염두에 둔다면 용도와 의미의 변천 과정에서 무엇이 틀렸다 맞다 말하기란 쉽지 않습니다.

예배 대상이 누구인가

저는 이런 표현들을 좀 더 정확하게 사용하기 위한 토론은 필요하다고 생각합니다. 사실 이런 토론의 원래 의도는 하나님께 합당한 존경과 경외함을 표현하기 위한 것이니까 참 소중하다고 생각합니다. 하나님을 '당신'이라고 부르는 문제나 '예배하다'와 '예배보다', '예배드리다'를 놓고 하는 토론의 의도는 단순히 어떤 말이 문법적으로 맞는가보다는 "어떤 것이 우리의 거룩하고 영광스러우신 주님께 합당한 것인가"였으니까요. 그러니까 정말 주님을 높이고 싶은 간절한 마음이 있기 때문에 용법상 맞지 않다 해도 '예배하다'보다는 '예배드리다'라고 말하고 싶다면 이해가 됩니다. 하지만 주님을 높이려는 예배에 대한 열망이 없다면 어느 것이 정확한 표현인가에 대한 논쟁이 그리 큰 의미는 없습니다. 용어보다 중요한 것이 마음가짐과 자세임은 분명합니다.

하지만 동시에 형식이나 방법은 아무래도 상관없다고 말할 수는 없습니다. 어떤 예배를 하나님이 기뻐하실까를 논하고 예배 중에 어떤 찬송이 합당한 찬송일까를 논하는 것은 아주 중요합니다. 예배하려는 마음만 있다면 그런 것들은 하나도 중요하지 않다고 말할 수는 없습니다. 예배의 자세가 무엇보다 중요하다고 말할 때 그 말의 의미는 표현이나 형식은 하나도 중요하지 않다는 의미가 아니라 표현과 형식에 대한 깊은 고민을 가능하게 만드는 것이 바로 그 자세이어야 한다는 의미입니다.

그래서 사마리아 여인도 유대의 선지자로 보이는 예수님께 물었을 것입니다. "하나님이 기뻐하시는 예배 장소가 사마리아 사람들의 그리심산입니까? 아니면 유대인들의 예루살렘입니까?"(요 4:20 참조) 이에 대해 예수님께서는 또다시 동문서답을 하셨습니다.

> 예수께서 이르시되 여자여 내 말을 믿으라 이 산에서도 말고 예루살렘에서도 말고 너희가 아버지께 예배할 때가 이르리라(4:21).

지금까지 주님이 어떻게 대화를 끌어오셨는가를 본 우리로서는 이 말씀까지는 어렵지 않게 이해할 수 있습니다. 장소가 중요한 것도 아니고 사마리아의 전통이나 유대 전통이 중요한 것도 아닙니다. 여기까지는 이해되는데 그 다음 말씀이 또 난해합니다.

> 너희는 알지 못하는 것을 예배하고 우리는 아는 것을 예배하노니 이는 구원이 유대인에게서 남이라(4:22).

이 말씀은 이해하기 어려운 말씀이기도 하고 사마리아 여인의 입장에서는 주님이 자꾸 마음에 상처가 될 만한 말씀을 하시는 것 같아서 조마조마하기도 합니다.

저는 이것이 사마리아 사람들을 무시해서 하신 말씀이 아니라 구원의 과정과 방법을 설명하신 말씀이라고 이해합니다. 참된 예배는 오직 메시아의 오심으로 완성된 구원을 통해서만 가능한데 이 메시아가 유대인에게서 나온다는 말입니다. 그렇다면 "사마리아 사람들은 알지 못하는 것을 예배하고 유대인들은 아는 것을 예배한다"는 말씀은 사마리아 사람들의 예배는 잘못된 예배이고 유대인들의 예배가 바른 예배라는 뜻이 아니라 구약이 예언하고 있는 메시아적 계시에 근거해서 하는 예배가 바른 예배라는 뜻입니다. 예배에서 우선적으로 중요한 것은 예배 대상이라는 말입니다. 아무리 경건하고 엄숙하게 예배한다고 해도, 그 예배 대상이 자신의 감정이거나, 전통 혹은 민족적 자존심이 된다면 참된 예배가 될 수 없고, 계시된 하나님일 때라야 비로소 참된 예배가 될 수 있습니다. 우상 숭배가 절대로 참된 예배가 될 수 없음은 우상은 참 신이 아니기 때문입니다.

그런데 우리 모두가 인정하는 것처럼 하나님을 예배함에 최대 우상은 바로 우리 자신입니다. 예배를 하든, 예배를 드리든, 예배를 보든 예배 주체가 예수 그리스도를 통해 이곳에 임재하시는 하나님이 아니라 우리 자신이 된다면 그건 참 예배가 될 수 없습니다. 예배가 구약의 제사를 통해 예시된 구속, 즉 관계의 회복에 대한 반응이 되지 않는다면 참된 예배가 될 수 없습니다.

예배자로 서는 것

한때는 예배에 들어올 때마다 제 머릿속에 온통 설교만 있었습니다. '오늘 설교를 잘할 수 있을까?' '어떻게 하면 교인들에게 감동을 줄 수 있을까?' '이 설교를 꼭 들어야 할 사람들이 과연 오늘 교회에 올까?' 그래서 목회를 시작하고 꽤 오랫동안 제가 예배에 들어오면서 열심히 드린 기도가 있습니다. "하나님, 저를 도와주소서. 주님이 함께하셔서 제가 오늘도 교인들에게 감동을 주는 설교를 할 수 있게 해주시고 제가 성령으로 충만케 해주시옵소서."

그러던 중 어느 목사님의 설교를 들으면서 저는 예배 때마다 설교자가 아닌 예배자로 서야 한다는 것을 깨달았습니다. 제 머릿속이 온통 설교로 가득하다면 저는 하나님을 온전히 예배할 수 없습니다. 하나님은 제가 설교를 잘할 수 있도록 도우시는 분이 아니라 저의 설교를 통해서 영광을 받으시는 분입니다.

그 후 제 기도가 바뀌었습니다. 주일마다 예배당에 들어오면서 제가 예배자로 설 수 있게 해달라고 기도합니다. 그리고 설교자이면서 예배자로 이 자리에 서는 것이 얼마나 어려운 일인지 매 주일 절감합니다. 좋은 설교자로 여러분에게 인정받고 싶은 유혹이 제 주위를 떠나지 않기 때문입니다. 여러분에게도 이와 같은 유혹이 있을 것입니다. 제가 예배자가 아닌 설교자로 이 자리에 설 때 온전히 하나님을 예배하지 못하는 것처럼 여러분도 예배자가 아닌 청중으로 그 자리에 있을 때 온전히 예배하기가 힘들 것이기 때문입니다.

오늘 "예배가 좋았다 나빴다"를 설교로 평가하고, 설교가 하나님을 바라보도록 하는 것이 아니라 자신의 마음을 흡족하게 해주기를 원할 때, 예배 주체는 하나님이 아닌 자신이 되기가 쉽습니다. 말은 '예배한다'고 하는데, '예배하다'가 맞는지, '예배드리다'가 맞는지, '예배 본다'가 맞는지에 대한 강력한 소신도 있는데 예배 대상을 잃어버린 경우가 허다합니다. 이 산도 아니고 예루살렘도 아니지만, 즉 예배 장소가 중요한 것은 아니지만 그렇다고 예배란 자기 마음에 흡족한 대로 아무 데서나 아무렇게나 해도 되는 것이 아닙니다. 그렇기 때문에 우리의 예배 대상으로서 사마리아인이 아닌 유대인에게서 나올 메시아, 곧 그리스도를 예배함이 참 예배라고 주님은 말씀하십니다.

현대 교회가 신앙의 대상을 잃어버렸다는 것은 예배 대상을 잃어버린 모습을 통해 드러나고 있습니다. 예배할 때 여러분에게 대상이 있습니까? 그 대상에 대한 지식이 있습니까? 정말로 우리가 하나님을 예배하는 것이 맞습니까? 혹시 우리 자신이 이 예배 주체가 된 것은 아닙니까?

영과 진리로 예배할지니라

주님은 이 말씀의 의도를 설명하기 위해서 하나님이 영이시라고 했습니다. 여러분은 영이라는 단어를 들으면 어떤 이미지가 떠오르십니까? 저는 유령도 떠오르고 귀신도 떠오릅니다. 주님은 왜 하나님은 영이라는 말씀을 하셨을까요? 뜬금없이 예배 대상으로서 하나님의 존재적 특성을 설명하기 위해서 하나님은 영이라는 말씀을 하지는 않았을 것입니다. 그러니까 하나님은 육체를 가지고 있는 분이 아니라거나 하나님은 무소부재하셔서 그리심 산이든 예루살렘이든 어디든지 계실 수 있는 분임을 강조하기 위해서가 아닐 것입니다. 하나님은 눈으로 볼 수 있는 분이 아니라거나 하나님은 온 세상을 운행하는 기운과 바람 같은 분이라고 소개하기 위해서 하나님이 영이심을 언급한 것이 아닙니다.

물론 하나님은 어디에나 계신 분입니다. 하나님은 눈으로 볼 수 있는 분도 아닙니다. 하지만 주님이 하나님은 영이라고 말씀하신 것은 하나님이 어떤 분인가를 소개하기 위함이 아니라 예배하는 자들이 어떻게 예배해야 하는지를 설명하기 위해서였습니다. 하나님은 영이시기 때문에 예배하는 자는 신령과 진리로, 혹은 개역개정 성경에 번역된 대로 영과 진리로 예배해야 한다고 하셨습니다.

사실은 영과 진리로 예배한다는 말 또한 참 애매한 말이라서 해석이 분분합니다. 진리는 진실함으로 번역될 수도 있어서 영과 진리란 신령함과 진실함이라는 예배하는 자의 자세를 강조한다고 보는 사람들도 있습니다. 예배 대상을 강조하는 사람들은 성령과 진리, 곧 성령과 진리이신 성자(그리스도)를 가리킨다고 말하기도 합니다. 개인적으로는 영을 성령으로 번역하는 것은 문제가 있다고 생각합니다. 저는 영과 진리로 하는 예배를 영적이고 지적이라는 말로 이해합니다. 하나님이 영이심을 말씀하시고 그래서 우리가 영적으로 예배해야 한다고 말씀하셨다면 이는 예배에서의 인격적인 만남을 의미합니다.

예배에서 중요한 것은 장소보다는 만남이고 교감입니다. 그 아들 예수 그리스도를 통해 우리를 찾아오시고 우리를 자녀 삼으셔서 우리에게 생명을 주신 하나님께 진심으로 감사드리며 그분의 주 되심을 인정하는 인격적인 교제가 예배입니다. 영으로 예배한다고 해서 우리의 육신으로는 예배하지 않는다고 생각하거나 신비적이고 무아지경의 상태를 추구해야 한다는 것은 아닙니다.

영으로 예배한다는 말과 영적인 예배라는 말은 우리가 일상적으로 경험하는 것과는 다른 뭔가가 있거나 다른 차원이 있다는 의미가 아닙니다. 하나님이 지금 이 자리에 임재하심을 인정하고 우리의 믿음과 고백에 합당하게 하나님을 의식하여 하나님 앞에서 행동할 수 있을 때 그것이 영적인 예배, 혹은 인격적인 예배가 되는 것입니다. 예배를 어느 장소에서 하는가도 중요한 문제가 될 수 있고 예배 때 무슨 찬송가를 불러야 하는가도 소홀히 여길 수 없는 중요한 문제이지만 가장 중요한 것은 우리가 영이신 하나님 앞에서 영으로 예배하는가입니다.

하나님과의 인격적인 교제와 사귐

진리로 예배한다는 것도 예수 그리스도를 통해 우리에게 주신 구원의 은혜에 대한 감사와 헌신으로, 예배 주체이신 우리 주 예수 그리스도에 대한 분명한 지식과 인정으로 예배하는 것을 의미합니다. 저는 이것을 예배의 지적인 면이라고 불렀습니다. 4장 23절에서 주님은 참되게 예배하는 자들은 영과 진리로 예배할 때가 오는데 곧 지금이 그때라고 하셨습니다. 진리로 예배할 때가 이제 이르렀다는 말입니다.

물론 이전에 예배하던 사람들은 모두 진리로 예배하지 않았다는 의미는 아닙니다. 구약의 백성들이 하나님을 예배하기 위해서 매일 제물을 드리고 제사를 드렸다면 그 제사, 그 제물이 잘못되었다고 말할 수 없고, 예루살렘이든 그리심 산이든 유대인들과 사마리아인들이 드린 예배를 하나님이 받지 않으셨다고 말할 수 없습니다. 참되게 예배하는 자가 영과 진리로 예배할 때가 이때라는 말씀은 이제 구약의 모든 제사의 완성으로, 선지자들을 통해 말씀하신 구속의 완성으로 메시아가 오셨으니까 그를 통하여 은혜의 보좌 앞에 담대히 나아갈 수 있게 된 것이 진리이고 진실이라는 의미입니다.

이제 예수 그리스도의 복음의 은혜가 없으면 참된 예배가 될 수 없습니다. 이제 유일한 중보자이신 예수 그리스도를 통하지 않고서는 참된 예배를 할 수 없습니다. 그분이 진리고 길이고 생명이기 때문입니다. 예수님을 통해 우리에게 주어진 영원한 생명에 대한 감사와 믿음의 고백 없이 사람들의 필요를 일시적으로 만족시키고, 쾌적한 환경과 듣기 좋은 말들과 좋은 음악이 있는 예배를 좋은 예배라고 생각한다면, 그것은 교회의 성장을 위한 상술일 수 있습니다. 예배란 우리끼리의 잔치가 아니라 하나님 앞에서 진리이신 예수 그리스도를 통하여 영이신 하나님과의 인격적인 교제와 사귐이기 때문입니다.

저는 연기자가 아닙니다. 저의 설교는 연기나 공연이 아닙니다. 설교자란 훌륭한 설교를 통해서 사람들에게 인정받고 명예와 부를 누리는 사람이 아니라 성도로 하여금 하나님을 예배하도록 돕는 자이고, 그래서 무엇보다 예배자여야 합니다. 동시에 여러분도 제가 설교로 만족시켜야 할 관람객이 아닙니다. 그럼에도 여러분 중에 자꾸 관객이 되려는 분들이 계실지도 모르겠습니다.

하나님은 영이시니 우리가 영과 진리로 예배해야 한다는 말씀은 바로 이 유혹을 물리치고 지금 이 자리에 임재하신 성삼위 하나님을 인격적으로 의식하여 우리에게 생명을 주신 우리 주 예수 그리스도께 합당한 찬송과 영광을 드려야 한다는 의미입니다. 그리고 이 예배를 가능하게 만드는 것은 바로 우리 죄를 용서하기 위해서 십자가의 길을 가시고 죽음을 이기고 부활하신 구속의 은혜라는 의미입니다. 예수 그리스도만이 예배를 받기에 합당하신 분입니다. 구원의 은혜만이 예배를 가능하게 만드는 힘입니다.

요한복음 4장 27-30, 39-42절

이 때에 제자들이 돌아와서 예수께서 여자와 말씀하시는 것을 이상히 여겼으나 무엇을 구하시나이까 어찌하여 그와 말씀하시나이까 묻는 자가 없더라 여자가 물동이를 버려두고 동네로 들어가서 사람들에게 이르되 내가 행한 모든 일을 내게 말한 사람을 와서 보라 이는 그리스도가 아니냐 하니 그들이 동네에서 나와 예수께로 오더라

……

여자의 말이 내가 행한 모든 것을 그가 내게 말하였다 증언하므로 그 동네 중에 많은 사마리아인이 예수를 믿는지라 사마리아인들이 예수께 와서 자기들과 함께 유하시기를 청하니 거기서 이틀을 유하시매 예수의 말씀으로 말미암아 믿는 자가 더욱 많아 그 여자에게 말하되 이제 우리가 믿는 것은 네 말로 인함이 아니니 이는 우리가 친히 듣고 그가 참으로 세상의 구주신 줄 앎이라 하였더라

23장
전도, 진실함으로 우리가 믿는 바를 드러내다

　영국의 유명한 연예인 중에 맥크리디(Macready)라는 사람이 있습니다. 많은 팬이 있었고, 그가 입을 열면 많은 사람이 울고 웃었습니다. 한번은 어떤 목사가 그를 찾아갔습니다. 그리고 그에게 물었습니다. "당신은 사람들 앞에서 꾸며 낸 이야기를 하고 나는 진실을 말하는데 사람들이 당신의 말에는 열광하고 내 말에는 시큰둥한 이유가 뭐라고 생각하십니까?" 그러자 맥크리디가 대답했습니다. "나는 꾸며 낸 말을 사실처럼 말하고, 당신은 사실을 거짓말처럼 말하기 때문입니다." 사실을 알고 있는 사람들에게는 그 말이 사실인지 아닌지가 중요하지만 사실을 알지 못하는 사람들에게는 전달하는 사람이 사실처럼 말하는지 아닌지가 더 중요할 수밖에 없습니다.

그래서 여기에 함정이 있습니다. 현대 사회에서 유능한 세일즈맨은 자기가 파는 물건에 대해 확신을 가지고 있는 사람이 아니라 다른 사람들로 하여금 그 물건을 신뢰하게 만들 수 있는 사람입니다. 예를 들어 샴푸 광고를 보면 광고 회사는 머릿결이 좋은 모델을 고용해 샴푸를 광고합니다. 머릿결이 좋은 광고 모델이 샤워를 하고 난 다음에 윤기 있는 머리를 한 번 흔들면 정말 부드럽고 근사해 보여서 광고를 보는 사람들은 그 샴푸를 사고 싶어 합니다. 그 모델이 그 샴푸를 써서 그렇게 머릿결이 좋아진 것인지 아닌지는 확신할 수 없지만 샴푸 구매자들에게 그것은 중요한 게 아닙니다. 그 모델의 역할은 사람들이 구매 충동을 느끼도록 할 만큼 매력적이게 보이기만 하면 되는 것입니다.

광고 모델은 자기가 광고하는 상품에 대해서 확신을 가지고 있는 사람이 아니라 다른 사람들로 하여금 확신을 가지도록 하는 사람입니다. 그러니까 광고 모델이 사람들로 하여금 그 상품을 사도록 광고하고 자신은 그 상품을 사용하지 않는다고 해도 광고 모델의 진실성을 논하는 사람은 없습니다.

설교나 전도는 어떤 것일까요? 좋은 전도자는 다른 사람들로 하여금 자기가 전하는 것을 믿게 만드는 사람이라고 말할 수 있을까요? 좋은 설교자는 단순히 사람들에게 감동을 주어 자신의 설교를 믿게 만드는 사람이라고 말할 수 있을까요? 1992년 10월 28일에 주님이 재림하시니 집 팔고 땅 팔고 교회에 모여 주님의 재림을 기다리자고 해놓고 자기는 뒤로 집 사고 땅 샀던 다미선교회의 이장림이라는 사람이 있습니다. 사람을 지극히 비이성적으로 만들 수 있는 종교적 심리가 인간에게 있음은 알지만 집도 팔고 땅도 팔 수 있도록 사람들의 마음을 움직인 이장림 씨의 호소력과 전달력은 참 대단한 것 같습니다. 대동강 물을 팔았던 장사꾼 봉이 김선달 같은 사람입니다.

그럴 마음도 없지만 저는 여러분이 땅 팔고 집 팔아 선교하도록 할 능력이 없습니다. 그렇게 사람의 마음을 움직일 수 있는 탁월한 호소력과 설득력이 있다 해도 우리는 그런 사람을 결코 좋은 설교자나 전도자라고 말하지 않습니다. 우리는 그런 사람을 사기꾼이라고 말합니다. 그는 자기가 믿고 있는 사실을 전하는 진실한 사람이 아니기 때문입니다. 생명을 다루는 문제에서 가장 중요한 것은 진실성입니다. 여기서 말하는 진실성이란 자기가 믿고 확신하는 것을 진실하게 말할 수 있는 것입니다.

예수님을 직접 만난 사람들

저는 사마리아 여인이 주님과의 대화에서 주님의 말씀을 얼마나 알아들었는지 모르겠습니다. 고달프고 힘든 삶을 살아온 여인이 낯선 유대 남자를 만나 대화를 나누는 중에 그가 선지자라는 생각을 했습니다. 그래서 예배에 관해 질문했고 그 남자는 하나님은 영이시라서 신령과 진리로 예배해야 한다고 했습니다. 너무 당연한 사실로 인정되었고 마음에 깊이 와 닿았습니다. 메시아가 오시면 정말 그런 예배를 할 수 있는 날이 올 것이라는 생각이 들었습니다. 아니 어쩌면 이해는 되지만 그가 메시아라는 확신은 없었는지도 모릅니다. 주님은 아직 당신이 메시아라고 말씀하시지는 않았으니까요. 그래서 "메시아 곧 그리스도라 하는 이가 오실 줄을 내가 아노니 그가 오시면 모든 것을 우리에게 알려 주시리이다"(요 4:25)라고 메시아에 대한 신앙을 고백했습니다. 그러자 주님은 "네게 말하는 내가 그라"(요 4:26)라고 했습니다. 그때 마침 제자들이 돌아왔습니다. 제자들은 마음속으로 주님이 사마리아 여인과 대화를 나누는 것이 이상했지만 누구도 아무 말을 하지 않았습니다.

돌아온 제자들을 보고 그 여인은 갑자기 동네로 뛰어 들어갔습니다. 예수님과 대화를 나누는 내내 마음에 신선한 충격이 있었을 것입니다. 제가 '갑자기'라고 말하는 것은 요한이 그 여인이 물동이를 버려둔 채 동네로 들어갔다고 말했기 때문입니다. 잊어버렸을 리 없습니다. 물동이를 버려둔 것이 이제 세상적인 일들에는 관심을 가지지 않기로 한 것이라고 비약해서 해석할 필요는 없지만 그녀의 심정에 변화가 일어난 것은 틀림없습니다. 그러고는 동네 사람들에게 말하기 시작했습니다. "내가 행한 모든 일을 내게 말한 사람을 만났습니다. 이 사람이 자신이 그리스도라고 하는데 맞는 것 같습니다"(요 4:29 참조).

이 여인이 말한 '내가 행한 일'이 무엇입니까? 동네 사람들이 다 아는, 다섯 번 이혼한 일입니다. 상처입니다. 아무에게도 말하고 싶지 않고 누가 물어도 피하고 싶어 하던 아픔입니다. 사실은 그 아픔과 상처 때문에 외로웠고 사람들을 피하며 살아왔는데 이 여인이 먼저 사람들을 찾아와 말하기 시작합니다.

그리고 39절을 보면 요한은 이 여인의 증언에 많은 사마리아인이 예수를 믿었다고 기록했습니다. 저는 이것이 신기합니다. 사람들이 어떻게 이렇게 쉽게 예수님을 믿을 수 있습니까? 아니 이들이 예수를 믿었다는 말은 무슨 말입니까? 사마리아 여인의 과거를 다 알아맞힌 사람, 예배에 관해 전에 들어 보지 못한 심오한 말을 해준 사람을 만나 그가 메시아인 것 같다고 말했다고 마을 사람들이 예수님을 메시아로 믿었다는 것이 신기하지 않습니까? 한 번도 본 적 없고, 직접 들은 적도 없이 여인의 증언만으로 그들이 예수를 믿었다면 도대체 뭘 믿었다는 말일까요? 그게 가능합니까? 물론 성령께서 아주 강하게 역사하셔서 그들의 마음에 믿음을 주셨다고 말한다면 저는 부인하지 않겠습니다만 제가 짐작하기에 그 마을 사람들이 복음을 듣고, 실제로 예수님을 메시아로 믿은 것은 사마리아 여인의 소개로 예수님을 마을로 초청해서 이틀 동안 예수님의 말씀을 들음을 통해서입니다.

그래서 나중에 요한이 "거기서 이틀을 유하시매 예수의 말씀으로 말미암아 믿는 자가 더욱 많아"(요 4:40-41)라고 증언했고, 마을 사람들도 사마리아 여인에게 말하기를 "이제 우리가 믿는 것은 네 말로 인함이 아니니 이는 우리가 친히 듣고 그가 참으로 세상의 구주이신 줄 앎이라"(요 4:42)고 했습니다. 그냥 여자의 말을 듣고 믿었다고 말하기에는 자존심이 상해서 여자가 그리스도께 인도한 것을 부인하는 것이 아니라 예수님을 통해 비로소 예수님이 어떻게 메시아이신가를 알고 그를 믿게 되었다는 고백입니다. 그들은 여자의 말이 아니라 예수님을 직접 만남으로 복음을 알았고 주님을 그들의 구주로 영접했습니다.

사람들을 믿게 만드는 힘

제가 오늘 주목해 보고 싶은 것은 그 마을 사람들을 예수님께 인도할 수 있던 이 여인의 변화입니다. 다섯 번 이혼하고 사람을 만나는 게 부담스러워서 낮에 혼자 물을 길러야만 하던 이 여인은 (굳이 그렇게 볼 이유는 없지만 전통적인 해석을 따르자면) 마음에 깊은 상처와 아픔이 있던 사람이었습니다. 스스로 외로움을 택한 사람입니다. 본문에는 나와 있지 않습니다만 아마 마을 사람들은 이 여인의 이런 열정적인 모습을 아주 오랫동안 본 적이 없었을 것입니다.

사람들에게 속기도 하고 배신과 미움을 당하기도 하면서 버겁게 살다 보면 사는 게 재미가 없어집니다. 모든 것이 귀찮고 시큰둥했습니다. 웃음도 잃어버렸고 눈물도 메마르고 하고 싶은 일도, 관심 있는 일도 없었습니다. 그랬던 여인이 물동이도 내버려둔 채 마을로 뛰어왔습니다. 먼저 사람들을 찾아가 말을 걸었습니다. 아주 특별한 사람을 만났다고, 자신을 메시아라고 하는데 정말 그런 것 같다고 사람들에게 예수님을 소개했습니다. 얼굴은 상기되어 있었고 목소리에는 흥분함이 역력했습니다. 이 여인이 이런 적은 한 번도 없었습니다. 이 여인은 자기가 듣고 본 것을 진짜 사실처럼 말했기 때문에 사람들은 그 여인이 없는 말을 꾸며 낸다고 생각하지 않았고 정말 특별한 사람이 왔다고 생각해서 우물가로 몰려갔습니다. 그 여인이 할 수 있는 일은 거기까지였습니다.

저는 이것이 전도자의 모습이고 사명이라고 생각합니다. 이 여인에게는 예수님이 하나님의 아들이심을 사람들에게 증명할 책임이 없었습니다. 아니 그럴 수 있는 능력도 없었습니다. 사람들의 마음을 움직여 예수님을 찾아가도록 만든 것은 그 여인이 자기가 전한 말의 사실 여부를 증명할 수 있어서가 아니라 이 말을 전하는 여인의 진실성이었습니다.

저는 신천지가 사이비라고 확신합니다. 그리고 여호와의증인이 성경의 가르침을 심각하게 왜곡했다고 생각합니다. 하지만 더 두려운 것은 그들이 사실이 아닌 것을 사실인 것처럼 확신에 차서 말하는 것입니다. 사람들의 마음에 감동을 줄 수 있는 것은 그 말의 사실성이 아니라 전하는 사람의 진정성인 경우가 더 많다는 것을 알기 때문입니다.

저는 개혁주의 신학이 성경적이라고 확신합니다. 저는 웨스트민스터 신앙고백이 성경의 가르침을 아주 잘 요약했다고 믿고, 이를 믿고 고백하는 사람들은 참 그리스도인들임에 틀림없을 것이라고 확신합니다. 하지만 이 분명한 사실을 믿는 사람들이 사실을 사실이 아닌 것처럼 무기력하게 영혼 없이 말하는 것이 두렵습니다. 사람들의 마음에 의심이 들게 만드는 것은 말의 허구성보다 말하는 사람의 불성실함인 경우가 많기 때문입니다. "주 예수보다 더 귀한 것은 없네"라는 찬송을 부르는데 예수가 누구길래 세상에 가장 귀할까라는 궁금증이 생길 만큼 그 찬송이 진실해 보이지 않습니다. "전능하사 천지를 만드신 하나님 아버지를 내가 믿사오며"라고 고백하는데 그 고백도 별로 진실해 보이지 않습니다. 예수님 이야기를 하는데도 눈이 빛나지 않고 전혀 중요하지 않은 대화를 나누는 것처럼 말합니다.

오해하지 마시기 바랍니다. 저는 뭔가에 빠져서 들뜬 사람처럼 지나칠 만큼 과장되게, 아니면 열정적으로 믿음을 표현해야 한다는 말을 하는 게 아닙니다. 그럴 수 있는 분들도 있겠지만 찬송을 부를 때 언제나 손을 들고 몸을 흔들어야 하는 것도 아니고, 기도할 때 목이 쉬도록 외쳐야 하는 것도 아니고, 길거리에 나가서 "예수 천당 불신 지옥"을 외치지 않으면 잠을 잘 수 없을 만큼 마음이 뜨겁고 급해야 한다는 것도 아닙니다. 그렇지만 그렇게 하든지 그렇게 하지 않든지 사람에게는 다른 사람들이 느낄 수 있는 진정성, 진실성이라는 게 있습니다.

사마리아 여인의 삶을 알고 있던 동네 사람들은 설령 그 여인이 험난한 인생을 살았기에 가까이하고 싶어 하지 않았다 해도 사마리아 여인의 모습에서 이 진정성을 보았습니다. 그 여인은 진짜 누군가를 만난 게 틀림없었습니다. 누군가를 만나 충격적인 이야기를 들었음에 틀림없었습니다. 단순히 그 여인의 행동이 평소와 같지 않을 뿐만 아니라 그 여인의 모습이 뭔가 달라졌음을 동네 사람들은 느낄 수 있었습니다. 말하지 않아도 느낄 수 있고 요란하지 않아도 느낄 수 있습니다. 이 진실함으로 우리가 믿는 바를 드러내는 것이 바로 전도입니다.

전도는 사람들로 하여금 우리의 말을 믿게 만드는 것이 아닙니다. 우리의 말이 진리임을 우리가 사랑하는 사람들이 알고 믿으면 좋겠다는 간절한 마음은 있지만 다른 사람을 믿게 만드는 것은 우리의 책임이 아닙니다. 우리에게 속한 능력도 아닙니다. 전도자는 다른 사람을 믿게 만드는 사람이 아니라 전하고자 하는 것을 진실로 믿는 사람입니다. 진실로 믿지 않으면서, 진실을 말하지 않으면서 다른 사람들을 잘 믿도록 만드는 사람은 전도자가 아니라 기술자입니다.

전도하지 못하는 이유

그 반대 경우도 우리는 인정해야 합니다. 진리를 진실하게 믿으면서도 드러내지 못하는 무기력함입니다. 이는 어쩌면 상대방을 전도해서 믿게 할 수 있다는 자신감의 결여에서 비롯된 현상일 수도 있습니다. 아니면 진리에 대한 확신이 없기 때문일 수도 있습니다. 아니면 병이 들어서일 수도 있습니다. 여러 가지 일로 분주하거나 나약해져서 의욕 상실증에 걸리고 열정을 잃어버린 것일 수 있습니다. 왜냐하면 제가 이해하는 진실함은 그 믿는 바를 일관성 있게 드러나게 할 수 있는 열정이기 때문입니다.

메리암 웹스터 사전(www.merriam-webster.com)을 보았더니 열정을 재미있게 정의했습니다. 열정이란 "위험하게 행동하도록 만들 수 있는 강력한 느낌"이라고 했습니다. 그렇지만 열정이 격양됨과 요란함을 의미하지는 않습니다. 저는 그 열정을 사마리아 여인에게서 봅니다. 지금까지 그렇게 행동한 적이 없기 때문에 위험할 수 있고 또다시 상처 받을 수도 있지만 그가 듣고 본 것을 말하지 않을 수 없어서 동네 사람들을 찾아가는 것입니다. 상기되기는 했지만 요란했다고 전제할 필요는 없습니다. 동네 사람들은 사마리아 여인이 자기가 보고 경험한 것을 진실하게 말하고 있다고 믿었습니다. 그래서 그 여인을 따라 동네 밖으로 예수님을 만나러 갈 수 있었습니다.

우리가 전도하지 못하는 문제는 어디에 있다고 생각하십니까? 저는 전도 기술이 부족해서, 다시 말하면 다른 사람을 설득시킬 만한 지식이나 능력이 부족해서 그렇다고 생각하지 않습니다. 문제는 진실치 못함에 있다고 생각합니다. 그래서 우리는 이 진실함을 확인해야 하고 점검해야 하고 회복해야 합니다. 우리가 믿고 있는 것이 진리라는 확신이 있다면 진실로 그리 믿고 있는지 스스로 물어봐야 합니다. 진실로 그리 믿는다면 우리가 혹 잘못된 기대나 무거운 삶의 무게에 눌려 무기력해진 것은 아닌지 영적으로 아픈 건 아닌지 돌아보아야 합니다.

사마리아 여인은 대단한 지식, 탁월한 실력, 획기적인 변화로 인한 성숙한 인격을 갖출 수 없었겠지만 그늘진 곳에서 아무도 만나려 하지 않던 여인이 물동이를 버려둔 채 동네 사람들을 찾아 나왔다는 것만으로 동네 사람들은 이 여인의 진실함을 믿어 줄 수 있었습니다. 오해하지 마십시오. 그러니까 단순히 획기적인 변화나 위험한 행동을 말씀드리는 것이 아닙니다. 위험한 행동도 감수할 수 있을 만큼의 진실함을 말씀드리는 것입니다.

여러분은 예수 그리스도가 하나님의 아들이며, 우리의 주님임을 진실로 믿습니까? "아멘 아멘, 진실로 진실로 그러하나이다." 이 고백이 진실로 우리 안에 살아 있다면 그 불이, 그 열정이 우리가 믿는 것을 때로는 말하지 않아도 드러내 줄 것입니다. 사람들이 느낄 수 있을 것입니다. 그게 전도입니다. 전도는 다른 사람을 믿게 만드는 것이 아니라 내가 믿는 것을 진실하게 드러내는 것입니다. 전도는 내가 믿는 것을 다른 사람들에게 강요하는 것이 아니라 내가 믿고 있는 것을 진실하게 보여 주는 것입니다.

두 가지 극단을 피하고 싶습니다. 한 가지는 남을 믿도록 만들기 위해서 강요하는 것이 좋은 전도라고 생각하는 것입니다. 다른 하나는 바로 그런 이유로 진실함의 결여를 합리화하는 것입니다. 그래서 우리는 오늘도 진실함으로 예배해야만 합니다. 아니 진실함으로 예배하지 않을 수가 없습니다. 예배 자리에 처음 나온 사람이 있다면, 굳이 열광적이지는 않아도 진실한 우리의 모습 때문에 우리가 예배하는 하나님을 궁금해 할 수도 있습니다.

John
요한복음

요한복음 4장 43-54절

이틀이 지나매 예수께서 거기를 떠나 갈릴리로 가시며 친히 증언하시기를 선지자가 고향에서는 높임을 받지 못한다 하시고 갈릴리에 이르시매 갈릴리인들이 그를 영접하니 이는 자기들도 명절에 갔다가 예수께서 명절 중 예루살렘에서 하신 모든 일을 보았음이더라 예수께서 다시 갈릴리 가나에 이르시니 전에 물로 포도주를 만드신 곳이라 왕의 신하가 있어 그의 아들이 가버나움에서 병들었더니 그가 예수께서 유대로부터 갈릴리로 오셨다는 것을 듣고 가서 청하되 내려오셔서 내 아들의 병을 고쳐 주소서 하니 그가 거의 죽게 되었음이라 예수께서 이르시되 너희는 표적과 기사를 보지 못하면 도무지 믿지 아니하리라 신하가 이르되 주여 내 아이가 죽기 전에 내려오소서 예수께서 이르시되 가라 네 아들이 살아 있다 하시니 그 사람이 예수께서 하신 말씀을 믿고 가더니 내려가는 길에서 그 종들이 오다가 만나서 아이가 살아 있다 하거늘 그 낫기 시작한 때를 물은즉 어제 일곱 시에 열기가 떨어졌나이다 하는지라 그의 아버지가 예수께서 네 아들이 살아 있다 말씀하신 그 때인 줄 알고 자기와 그 온 집안이 다 믿으니라 이것은 예수께서 유대에서 갈릴리로 오신 후에 행하신 두 번째 표적이니라

24장
'그러므로'의 역설적인 사랑을 입은 자들

저는 미국에 살기 시작하면서 처음으로 나가기 시작한 교회에서 고등학교와 대학교 시절을 보냈습니다. 문제가 끊이지 않던 전형적인 이민 교회였지만 저는 그 교회에서 학창 시절을 보내고 교회학교 교사, 학생회 회장, 청년회 회장을 하면서 교회와 정이 많이 들었습니다. 신학교에 입학해서 필라델피아로 이사하고 4개월쯤 되었을 때 그 교회에서 저를 학생부 전도사로 초청했습니다. 그래서 저는 그 교회에서 5년간 전도사로 섬겼습니다. 그때 제가 학창 시절을 보낸 교회에서 전도사를 하고 있다고 말하면 친구들이 "선지자는 고향에서 대접을 받지 못하는 법"이라며 다른 교회에 가면 배울 것도 많고 대접도 제대로 받을 것이라고 조언해 주기도 했습니다. 사실 전도사라고 하지만 교인들이 보기에는 그냥 학생들을 지도하는 대학원생 정도로 인식했을 것입니다. 그것은 제게 전혀 문제가 되지 않았습니다. 교인들이 오히려 가족 같고 저에게 큰 기대가 없을 테니 편안하고 좋았습니다.

신학교를 졸업하고 얼마 지나지 않아서 담임 목사님이 안식년을 가지면서 일 년간 한국에 가셨습니다. 그때 당회에서는 담임 목사가 공석인 일 년 동안 제게 설교와 성경 공부를 해줄 것을 요청했고 저는 겁도 없이 승낙을 했습니다. 그래서 스물여섯 살 때 제가 자란 교회에서 담임 목회를 시작하게 되었습니다.

설교를 하게 된 첫 주일로 기억합니다. 설교를 마치고 제가 뒤에서 교인들과 인사하는데 어느 집사님이 제 손을 잡고 한마디 했습니다. "제법인데." 저는 그때 "선지자가 고향에서 대접을 받지 못한다"는 말이 가장 먼저 떠올랐습니다. 설교를 잘해도 은혜 받았다고 말하지 않고 제법이라고 말할 수 있는 곳이 고향이고, 열심히 목회하면 충성된 하나님의 사람이라고 말하지 않고, 어릴 적부터 쭉 봐 온 괜찮은 청년이라고 말할 수 있는 곳이 고향입니다. 그러니까 고향은 어린 시절을 보낸 추억이 있는 곳을 의미하기도 하지만 철없던 어린 시절을 아는 사람들이 있는 곳을 의미하기도 합니다.

어떤 사람이 유명한 정치인이나 법조인이 되면 그가 자란 동네 사람들은 그것이 유익이 될 수도 있고 자랑거리가 될 수도 있어서 현수막까지 걸어 놓고 축하하고 좋아합니다. 정치인과 유명 연예인은 고향에서 환영받는데 왜 선지자는 고향에서 환영과 존경을 받지 못할까요? 여러 가지 이유가 있겠지만 아마도 사람들의 죄를 지적하고 하나님의 뜻을 전해야 하는 선지자의 독특한 역할 때문에 유대인들은 그런 속담을 만들어 낸 것 같습니다. 어릴 적부터 잘 아는 사람이 자꾸 가르치려 들고, 잘못을 지적하고, 하나님의 뜻이라고 이래라 저래라 하면 기분이 나쁘기도 할 것입니다. 그런 인식 때문에 고향 사람들은 선지자의 권위를 쉽게 인정해 주지 않을 것입니다.

예상과는 빗나간 영접

마태, 마가, 누가, 요한 모두 이 속담을 기록하고 있습니다. 예수님이 어린 시절을 보낸 갈릴리, 특히 나사렛 지방에서는 예수님을 환영하지도 존경하지도 않았습니다. 어찌 생각하면 동네 사람들이 자기 동네 출신 선지자를 존경하지 않는 것은 섭섭한 일이기는 하지만 당연한 현상입니다. 그런데 주님이 하신 이 말씀에 대한 요한복음의 기록은 다른 복음서들의 기록과 조금 다릅니다.

누가복음 기록을 보면 예수님이 어릴 적 자라신 나사렛에 가셔서 한 회당에서 설교하셨는데 동네 사람들이 예수님의 가르침에 놀라면서도 존경하거나 받아들이지 않았습니다. 그러자 예수님이 선지자는 고향에서 환영받지 못한다고 말씀하셨더니 동네 사람들이 예수님을 낭떠러지로 끌고 가 떨어뜨리려고 해서 가버나움으로 피신하셨습니다(눅 4:16-30).

마태복음과 마가복음 기록을 보면 예수님이 고향에서 가르치실 때 사람들이 믿지 않고 예수님을 배척함으로 고향에서는 그들의 불신 때문에 사역을 자제하시고 능력도 행하지 않으셨을 뿐만 아니라 고향에 오래 머물지 않았습니다(마 13:53-58, 막 6:1-5). 그러니까 세 복음서를 보면 예수님께서 고향이 아닌 다른 곳에서 더 많은 사역을 하신 이유가 무엇인지 어렵지 않게 알 수 있습니다.

그런데 요한은 전혀 다른 관점에서 주님이 말씀하신 "선지자가 고향에서 환영받지 못한다"(요 4:44)는 속담을 소개하고 있는데 요한복음에서 이 말씀은 상당히 난해합니다. 그래서 이 말씀에 대한 해석도 무척 다양합니다. 요한복음에서 이 말씀이 무엇을 의미하는지 여러분과 함께 생각해 보겠습니다.

예수님은 갈릴리로 가시는 길에 사마리아에 들려 사마리아 여인을 만나셨습니다. 그리고 그 여인을 통해 사마리아 사람들이 예수님을 영접하고 환영하는 것을 보셨습니다. 전혀 환영할 것 같지 않고 유대인이던 예수님을 대적할 것 같은 사람들임에도 예수님이 그들을 찾아가셨을 때 그들은 예수님을 영접하고 믿었습니다. 주님이 사마리아 여인과 대화를 나눈 것도 흔치 않은 일이지만 사마리아 사람들이 예수님을 영접하고 예수님을 메시아로 믿은 것은 엄청난 반전이었습니다. 그러고 나서 주님은 원래 계획하신 대로 갈릴리로 가시면서 "선지자가 고향에서는 높임을 받지 못한다"고 하셨습니다. 다른 복음서와 차이가 있다면 다른 복음서에서는 그렇게 말씀하시고 고향을 떠나신 것 같은데 요한복음에서는 그렇게 말씀하시고 고향으로 들어가신 것입니다.

요한복음에서 이 말씀이 난해한 이유는 그 다음에 이어지는 접속사 때문입니다. 한글 성경에는 정확하게 나와 있지 않지만 이 부분을 직역하자면 "선지자가 고향에서는 높임을 받지 못한다 하셨다. 그러므로 갈릴리에 이르셨을 때 갈릴리인들이 그를 영접했다"가 됩니다. "그러므로", "그래서"라고 번역될 수 있는 이 단어(οὖν)가 난해합니다. 조금 더 설명하자면 이렇습니다. 예수님은 선지자가 고향에서는 높임 받지 못한다고 하셨습니다.

그렇게 말씀하시고 갈릴리로 들어가셨습니다. 그런데 갈릴리 사람들이 예수님을 영접했습니다. 그러니까 이렇게 말하면 맞습니다. "예수님은 선지자가 고향에서 환영받지 못한다고 하셨다. 그러나 갈릴리에 가셨을 때 사람들이 예수님을 영접했다."

예수님의 예상이 빗나간 겁니다. 고향에서는 선지자가 대접받지 못한다는 예수님의 편견이 잘못된 것입니다. 많은 갈릴리 사람은 예루살렘에서 예수님이 행하시는 것을 보았고, 그래서 예수님을 기다리고 있던 것입니다. 그리고 예수님을 영접했습니다. 이들이 예수님을 영접하고 믿은 것이 예수님이 예루살렘에서 행하신 기적들 때문이라서 그들의 믿음이 문제가 있다면 몰라도 예수님의 예상과는 반대로 고향 사람들이 예수님을 환영해 주었습니다. 그러니까 주님의 예상과 기대는 틀렸던 것입니다.

세 복음서가 기록하는 대로 사역 초기에는 예수님을 영접하지 않았지만 아마도 나중에는 예수님을 영접했을 것입니다. 처음에 예수님을 영접하지 않았다고 나중에도 예수님을 영접하지 않을 것이라고 생각한 것은 틀린 것입니다. 고향 사람들은 영접하지 않을 것이라는 선입관에 만일 고향으로 가지 않았더라면 그 영혼들은 어떻게 되었을까요?

대접받지 못할 것이기 때문에

저는 여기에 요한이 말하려는 접속사의 역설이 있다고 생각합니다. 요한은 이렇게 기록했습니다. "예수님은 선지자가 고향에서 환영받지 못한다고 하셨다. 그러므로 갈릴리에 가셨을 때 사람들이 예수님을 영접했다." 그러니까 이것은 예수님의 선입관이 아니라 일반 사람들의 선입관입니다.

사람들은 고향에서는 선지자가 높임을 받지 못한다고들 합니다. 주님도 선지자가 고향에서 대접받지 못하는 것은 경험한 바 있습니다. 요한은 바로 '그러므로' 주님이 갈릴리로 가셨다고 말하는 것입니다. 선지자들은 고향에서 환영을 못 받습니다. 그러니까 사람들은 고향을 피합니다. '그러므로' 주님은 들어가셨습니다. 그리고 그런 마음으로 들어가셨을 때 고향 사람들이 예수님을 영접했습니다.

고향에서는 선지자가 대접받지 못함으로 예수님이 고향에 들어가셨습니다. 예수님이 대접받고 환영받기 위해 오셨다면 고향에는 가지 않았을 것입니다. 예수님이 의인을 부르러 오셨다면 죄인에게는 가지 않았을 것입니다. 예수님이 고난보다 영광을 위해, 십자가의 길보다 영광의 보좌에 거하기를 원하셨다면 이 땅에 오지 않았을 것입니다. 그런데 주님은 선지자가 고향에서는 대접받지 못하지만 그런 선입관 때문에 고향 사람들이 사랑의 대상에서 제외되어서는 안 되기 때문에 고향에 가셨습니다.

그것은 사마리아 사람들의 경우에도 마찬가지였습니다. 사마리아 사람들은 혼합 종교에 찌들어 여호와를 온전히 사랑하지도, 메시아를 기다리지도 않는다는 선입관에서 그들을 사랑의 대상에서 제외시켰다면 주님은 사마리아로 가지 않았을 것입니다. 그들의 초청에 응하지도 않았을 것입니다. 비록 그들에게 과거 전력이 있다 해도, 그럴 수 있는 가능성이 높다 해도 주님은 그들을 포기할 수 없었습니다. 일반적으로 선지자는 고향에서 대접을 받지 못합니다. '그러므로' 주님은 고향에 가셨습니다. 대접받지 못하는 것을 알고 가셨습니다. 아니 대접받지 못할 것이기 때문에 가셨습니다.

반대와 고난을 피하는 것이 우선적인 바람이 되어 있는 현대인들에게는 선지자가 고향에서는 대접을 받지 못한다고 말씀하시고, 바로 "그러므로" 고향으로 가셨다는 것이 이해 되지 않습니다. 선교사가 되는 일은 고난의 길입니다. 선교지에 가면 목숨이 위태로울 수도 있고, 가난을 경험해야 하고, 일주일 동안 몸을 씻지 못할 수도 있습니다. 이 말의 바탕에 깔려 있는 전제는 그러니까 가지 말라는 것입니다. 하지만 사명으로 사는 사람들에게는 그래서 아무도 가지 않으려 하기 때문에 우리가 가야 한다는 거룩한 부담이 있습니다. 단순히 고난 받기 위해서 가는 것이 아니라 그들에게도 복음이 필요하기 때문에 가는 것입니다.

동부에 있을 때 어떤 교인이 제가 섬기던 교회에 오셨습니다. 그리고 그 교인에 관해 여러 사람에게서 참 많은 이야기를 들었습니다. "그 사람 조심하셔야 합니다. 문제가 많은 사람입니다. 교회에 오지 못하게 해야 합니다." 틀림없이 맞는 말이고 조심해야 할 사람입니다. 그런데 주님은 이렇게 말씀하셨을 것 같습니다. "그는 참 문제가 많은 사람이더라. 그러므로 주님이 그를 찾아 가셨더라."

기적을 행하신 예수님

저는 비슷한 논조를 예수님이 갈릴리에서 행하신 두 번째 표적에서도 볼 수 있었습니다. 예수님이 첫 번째 표적을 행하신 가나에 다시 가셨을 때 가버나움에서 한 사람이 찾아왔습니다. 아마도 헤롯왕의 신하였다고 생각되는 사람이 자기 아들이 죽을병에 걸렸다고 예수님을 청하기 위해 찾아 온 것입니다. 그는 예수님께 자기 아들을 살려 달라고 간청했습니다. 그때 주님이 하신 말씀도 죽을병에 걸린 아들을 둔 아버지의 마음을 조마

조마하게 했습니다. "너희는 표적과 기사를 보지 못하면 도무지 믿지 아니하리라"(요 4:48). 마치 그런 미성숙함 때문에 주님이 기적을 행하시지 않을 것처럼 말입니다. 그냥 "가자" 하시거나 "네 아들이 이미 나았다"라고 말씀하시면 되지 왜 꼭 이런 말씀을 하시는지 모르겠습니다.

이런 주님의 모습과 비슷한 면이 저에게도 있습니다. 저는 아내가 뭘 부탁하면 한 번에 선뜻 해주겠다고 대답하는 법이 없습니다. "여보, 아들한테 전화 좀 해봐요." 그러면 제가 대답합니다. "걔도 안 하는데 내가 왜 해?" "여보, 들어올 때 장에 들러서 간장 좀 사오세요." "나 오늘 늦게 들어갈 건데." "여보, 이번 주말에 영화 보러 갑시다." "주말에 바빠서 시간이 어떻게 될지 몰라." 이렇게 대답한다고 안 하는 것도 아닌데, 결국 다 하면서 대답은 꼭 이렇게 합니다. 한번은 아내가 무척 답답한지 자기가 뭘 부탁하면 한 번도 시원하게 그렇게 하겠다고 대답을 안 하는데 도대체 왜 그러느냐고, 한 번에 시원하게 대답하면 어디가 덧나느냐고 물었습니다. 그때도 저는 "덧나지"라고 대답했습니다. 저는 왜 그럴까요? 제 경우에는 좋게 말하면 장난기이고 나쁘게 말하면 남의 울화통이 터지게 해야 속이 시원한 심통입니다. 여러분은 이런 제 모습이 참 귀엽죠? 그렇지만 제 아내는 속이 터집니다.

예수님도 이런 분인가요? 가나에서 첫 번째 기적을 베푸실 때에도 그랬잖아요? 포도주가 떨어졌다고 했을 때 결국 물을 포도주로 만드실 것이면서 "나와 무슨 상관이 있습니까?"라고 하셨습니다. 이번에도 그 아들의 병을 고쳐 주실 것이면서 "표적과 기사를 봐야만 믿겠느냐?"라며 안 고쳐 주실 것처럼 말씀하셨습니다. 예수님의 장난기인가요? 아니면 예수님도 심통스러우신 건가요?

물론 아닙니다. 저는 예수님이 고향에서는 선지자가 환영받지 못한다는 일반적인 현상처럼 사람들이 표적을 봐야 믿는다는 일반적인 현상을 말씀하셨다고 생각했습니다. 그것이 보편적인 반응입니다.

사람들은 표적을 봐야 믿습니다. 사실 표적을 봐도 잘 믿으려고 하지 않습니다. 주님은 그런 모습이 안타까우셨을 것입니다. 아니 괘씸하셨을지도 모릅니다. 그러나 아들이 죽어 가는 절박한 상황에서 왕의 신하는 다시 간청합니다. "내 아이가 죽기 전에 내려오소서"(요 4:49). 주님이 그에게 말씀하셨습니다. "네 아들이 살아 있다"(요 4:50). 살아날 것이라는 의미도 있고 이제 살았다는 의미도 있습니다.

저는 여기서도 우리를 향한 주님의 마음을 느낄 수 있습니다. 선지자가 고향에서 대접받지 못하는 것이 일반적인 통례이지만 그들을 불쌍히 여기셔서 주님이 고향으로 가신 것처럼 표적을 보고야 믿을 수 있는 연약한 인간들이지만 주님은 그들이 불쌍해서 거절할 수 없었습니다. 그것은 첫 번째 가나에서 표적을 보이실 때도 마찬가지였습니다. 표적을 보지 못하면 도무지 믿지 못함이 인간의 불완전함이지만 그 불완전한 인간이 경험하고 있는 고통과 불안을 주님은 불쌍히 여기셨습니다. 그래서 기적을 행하셨습니다. 그리고 십자가의 길을 가셨습니다.

주님이 이 땅에 오신 이유는 "그러므로"입니다. 선지자를 환영하지 않는 고향이기 때문에 주님은 그곳에 가셔야 했습니다. 당장 아들의 목숨을 살리는 일에만 절박했기 때문에 주님은 그 아들을 고쳐 주셨습니다. 그리고 주님은 우리가 죽을 수밖에 없는 죄인이기 때문에 우리를 구원하시기 위해서 이 땅에 오셨습니다.

죄인을 찾아가시는 주님

우리는 힘든 것을 피하고 싶어 합니다. 나를 인정해 주지 않고 상처가 많은 사람은 멀리하고 싶습니다. 그런데 우리 주님은 '그러므로' 다가가십니다. 1장에서 요한이 증언한 대로 세상은 그로 말미암아 지음을 받았으되 세상이 그를 알지 못하였습니다. 세상은 심판의 대상입니다. 그가 자기 땅에 오매 자기 백성이 영접하지 아니하였습니다. 그런데도 주님은 세상에 오셨고 자기를 영접하는 자에게 하나님의 자녀가 되는 권세를 주셨습니다. 우리는 죄인이라서 멀리하지만 주님은 죄인이라서 찾아오십니다. 그리고 말씀하십니다.

> 건강한 자에게는 의사가 쓸데 없고 병든 자에게라야 쓸데 있나니 내가 의인을 부르러 온 것이 아니요 죄인을 불러 회개시키러 왔노라(눅 5:31-32).

우리는 '그러므로'의 역설적인 사랑을 입은 자들입니다. 죄인이라서, 불완전해서 주님이 오셨습니다. 하나님이 주인이신데 왜 이렇게 고난이 끊이지 않느냐고, 하나님이 나를 사랑하신다면 어떻게 내 아내, 내 자식을 그렇게 데려가실 수 있느냐고 사람들이 묻는다면 이 사실을 기억해야 합니다. 그래서 주님이 오셨다는 사실 말입니다.

죽음이 너무 참혹해서, 그 저주가 너무 엄청나서, 우리의 현실이 너무 절망적이라서 주님이 오셨습니다. 그리고 십자가의 길을 가셨습니다. 그래서 우리는 '그러므로'의 역설적인 사랑을 입은 구속받은 죄인입니다. 죄인이라서 버리는 것이 아니라 죄인이라서 찾아가십니다. 약자라서 무시하는 것이 아니라 약자라서 더 다가가십니다. 요한은 죄인을 구하러 오셔서 연약함에도 믿게 하시고 끝까지 동행하실 이 놀라운 사랑을 말하고 싶어서 예수님이 갈릴리 고향에 가신 사건을 우리에게 소개하고 있는 것입니다.

여러분은 '그러므로'의 역설적인 사랑을 입은 자들임을 늘 기억하십시오. 그래서 힘든 세상 삶에서도 주님을 향한 소망의 끝을 놓지 말기를 바랍니다.

요한복음 Vol.1・1-4장

초판 발행	2018년 12월 30일
초판 3쇄	2023년 9월 20일
지은이	노진준
발행인	손창남
발행처	(주)죠이북스(등록 2022. 12. 27. 제2022-000070호)
주소	02576 서울시 동대문구 왕산로19바길 33, 1층
전화	(02) 925-0451 (대표 전화)
	(02) 929-3655 (영업팀)
팩스	(02) 923-3016
인쇄소	송현문화
판권소유	ⓒ(주)죠이북스
ISBN	979-11-983839-9-0 03230

책값은 뒤표지에 있습니다.
잘못된 도서는 교환하여 드립니다.
이 책 내용을 허락 없이 옮겨 사용할 수 없습니다.